Marianne Feilchenfeldt Breslauer

Bilder meines Lebens

Erinnerungen

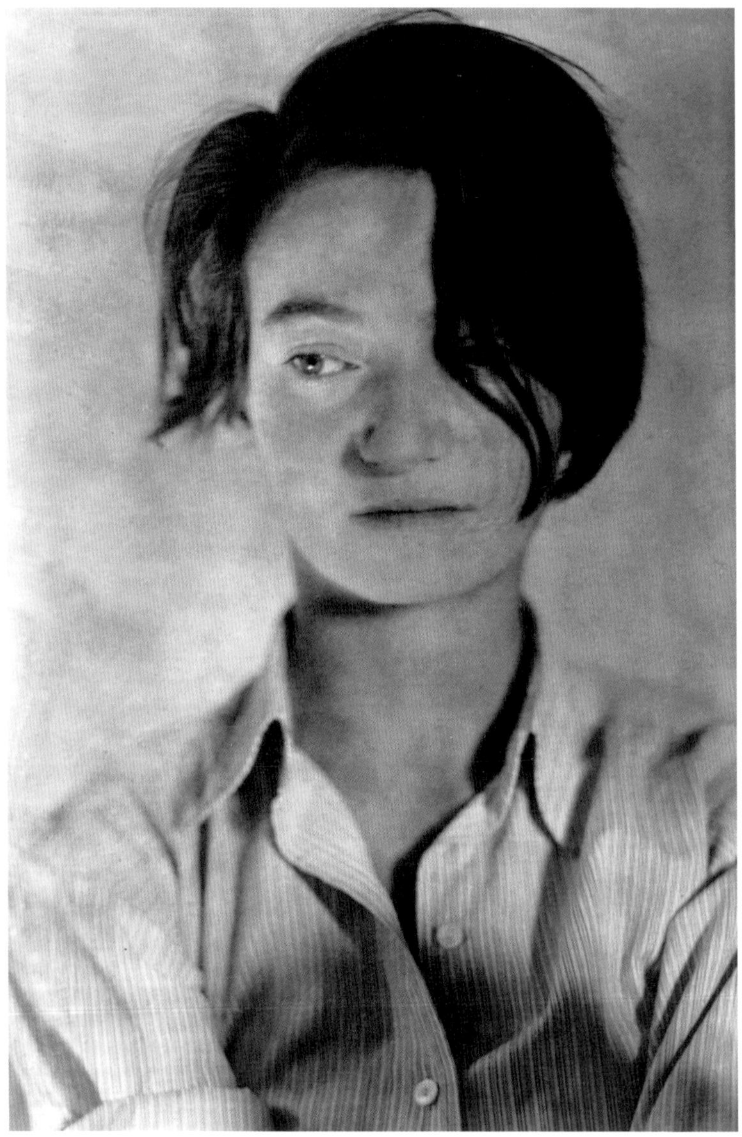

Marianne Feilchenfeldt Breslauer

Bilder meines Lebens

Erinnerungen

Nimbus. Kunst und Bücher

Einleitung

Es ist ein merkwürdiges Unterfangen, im Alter von gut 90 Jahren auf das eigene Leben und das zu Ende gegangene Jahrhundert zurückzublicken. Zahllose Veränderungen und Katastrophen sind in dieser langen Zeit eingetreten. Sie nachzuzeichnen und einen Begriff von ihnen zu geben, ist unmöglich, auch wenn man vieles davon direkt mitverfolgt und miterlebt hat. Tatsächlich habe ich ja noch – es ist dies eine meiner frühesten Erinnerungen – Kaiser Wilhelm II. zu Pferde im Jagdschloß Grunewald gesehen. Er trug eine wunderschöne Uniform, und er hatte, glaube ich, einen Ulanenhelm auf. Da ritt er also in aller Ruhe und verkörperte eine Welt, von der man meinte, daß sie beständig und in bester Ordnung sei.

Und wenige Jahre später war diese Welt so vollständig verschwunden, daß man heute kaum noch glauben kann, daß sie je existiert hat. Zahllose schreckliche Dinge sind geschehen, doch ich bin auf wundersame Weise verschont geblieben. Ja, ich darf sogar sagen, daß ich – im Unterschied zu so vielen anderen – über weite Strecken meines Lebens sehr glücklich war. Natürlich gab es auch für mich schwere Zeiten: Die Emigration mit ihren Ungewißheiten war schwierig, der Verlust der Heimat ein nie zu verwindender Schmerz. Daneben die Angst um Verwandte und Freunde, die in Deutschland in Gefahr waren; später auch die Zeit, als mein Mann starb – all dies war gewiß nicht leicht. Schlimmeres ist mir und meinen Allernächsten jedoch erspart geblieben. Mehr noch. Es hätte mir – ob nun friedliche oder unfriedliche Zeiten waren – jeweils kaum besser gehen können. Ich habe viele interessante Menschen kennengelernt und großartige Freunde gehabt. In

»Feilchen« fand ich einen Mann, wie er vollkommener zu mir nicht hätte passen können. Während meines ganzen Lebens durfte ich mich mit Kunst beschäftigen, der von Kindheit an meine Leidenschaft galt und die mein innerstes Wesen bildete. Meine Tätigkeit – zunächst als Photographin, dann als Kunsthändlerin – hat mich in viele Länder der Erde geführt, so daß ich wahrhaft sagen kann, vieles Schöne und Merkwürdige gesehen und erlebt zu haben.

Diese Erfahrungen und Erlebnisse habe ich jedoch immer eher als etwas Privates empfunden. Der Gedanke, daß sie von allgemeinem Interesse sein könnten, war mir lange fremd, und noch jetzt zweifle ich insgeheim daran. Doch in den letzten Jahren bin ich, gerade von jüngeren Menschen, immer häufiger nach meinen Erinnerungen befragt worden. Auch habe ich selbst begonnen, mehr über die Vergangenheit nachzudenken, seit ich weniger im Alltäglichen zu tun habe. Zur Zeitzeugin fühle ich mich deswegen noch nicht berufen; was mich im Rückblick interessiert, sind, wie gesagt, eher die privaten, persönlichen Dinge und weniger die großen Ereignisse und Entwicklungen der Zeit. Mit ihnen kam mein Leben nur an wenigen Punkten direkt in Berührung, und zwar, wie mir scheint, zu meinem Vorteil und Glück. Aber vielleicht lohnt es sich deshalb, davon ein wenig zu erzählen.

Aus der Geschichte meiner Familie

Für die Geschichte meiner Familie habe ich mich erst spät zu interessieren begonnen, obwohl sie eine durchaus merkwürdige ist. In jungen Jahren spielt das aber wohl noch keine sonderliche Rolle. Ein weiterer Grund mag darin gelegen haben, daß ich ohne Großeltern aufgewachsen bin, von denen zwar immer wieder das eine oder andere erzählt wurde, die ich aber nicht mehr gekannt habe. Als letzter von ihnen ist 1908 Julius Lessing, mein Großvater mütterlicherseits, gestorben – ein Jahr, bevor ich auf die Welt kam. Daß er ein bedeutender Mann gewesen sein muß, habe ich allerdings schon als Kind mitbekommen, denn sonntags zeigte mir mein Vater gerne die großen Bände der Zeitschrift »Das Museum« und erklärte mir, mein Großvater habe sie mitherausgegeben.

Julius Lessing ist von 1872 bis zu seinem Tod der erste Direktor des Berliner Kunstgewerbe-Museums gewesen und hat dort bedeutende Aufbauarbeit geleistet, denn das Kunstgewerbe war zuvor kaum wahrgenommen worden, stieß dann aber um die Jahrhundertwende auf immer mehr Interesse. Julius Lessing hat über sein Leben auch Aufzeichnungen hinterlassen, die zwar leider Fragment geblieben sind, dennoch aber ein bemerkenswertes Dokument ihrer Zeit darstellen, so daß sie zum 100. Jubiläum des Berliner Kunstgewerbe-Museums auszugsweise gedruckt worden sind. Julius Lessing wurde 1843 in Stettin geboren und verlor früh seinen Vater, doch muß die Mutter trotz größter wirtschaftlicher Schwierigkeiten ihre drei kleinen Söhne vortrefflich erzogen haben. Er kam dann nach Berlin, und seine Laufbahn, die er sehr schön und anschaulich beschreibt, liest sich wie eine typische Aufstiegsgeschichte aus der zweiten Hälfte des 19. Jahrhunderts: ein armer junger Mann, der es zu Ansehen und Wohlstand bringt. Er studierte als einer der ersten das Fach Kunstgeschichte, arbeitete dann als Berichterstatter für Zeitungen und Kunstausstellungen, auch für die Weltausstellung, bis er schließlich nach der Gründung des Kunstgewerbe-Museums dessen erster Direktor wurde. Untypisch an dieser Geschichte war lediglich, daß er Jude blieb, was damals viel Charakterstärke erforderte. Mein langjähriger Freund Max J. Friedländer, der legendäre MJF, hat mir später nie recht glauben wollen, daß der »alte Lessing« sich wirklich nicht hatte taufen lassen. Zuletzt ernannte man ihn sogar zum preußischen Geheimrat, und ein solcher Aufstieg war damals praktisch immer mit einer vollständigen Assimilation verbunden. Mein Großvater blieb jedoch seiner Herkunft treu, wobei mitgespielt haben mag, daß ihm in den armen Zeiten seiner Jugend von einer jüdischen Familie sehr geholfen worden war. Seine eigenen drei Kinder hat er allerdings gleich nach ihrer Geburt taufen lassen.

Diese Kinder entstammten der Ehe mit Agathe Friedheim, der einzigen Tochter eines sehr wohlhabenden jüdischen Kaufmanns in Berlin. Auch die Wurzeln dieses Familienzweiges sind ungewöhnlich, denn die Vorfahren von Agathe Friedheim, die aus Coswig stammten, waren in Freienwalde Hofjuden bei einem preußischen Fürsten gewesen. Es scheinen nicht nur vermögende, sondern auch gebildete Leute gewesen zu sein, denn von meiner Urgroßmutter Friederike Blumenthal her vererbt sich ein altes Exemplar von Heines »Buch der Lieder« in der Familie, das sie von einem Verehrer, Herrn Prof. Sklower, geschenkt bekam, der es seinerseits von Heine selbst »an den Ufern der Seine, an Bérangers Seite wandelnd« erhalten hatte. Von Friederike und ihrem Mann Bernhard Friedheim existiert noch ein altes Photo, auf dem auch die kleine Agathe zu sehen ist; sie trägt einen Rock, unter dem eine lange Spitzenhose hervorsieht, während sie eine Geige in der Hand hält. Die Familie sieht außerordentlich wohlhabend aus, der Vater elegant und sehr dunkel. Auf jener Geige habe ich Unglückliche, zwei Generationen später, sogar noch gespielt, d.h. gekratzt, denn ich war für dieses Instrument leider nicht geschaffen.

Agathe und Julius Lessing lebten nach ihrer Hochzeit im Haus der Eltern Friedheim an der Potsdamer Straße in Berlin. Dieses Haus ging später in den Besitz meiner Mutter und ihrer Geschwister über und gehörte der Familie bis zur Emigration. Lange Jahre hatte auch das Auktionshaus Lepke darin seine Geschäftsräume.

Über meine ›Ahnen‹ väterlicherseits ist weniger Genaues bekannt. Heinrich Breslauer, der Vater meines Vaters, stammte wahrscheinlich aus Schlesien und ließ sich in Berlin als Zahnarzt nieder. In der Familie wurde allerdings auf die Feststellung wert gelegt, daß er kein normaler Zahnarzt war, sondern ein »american dentist«, denn er hatte in Philadelphia studiert und war dann nach Europa zurückgekehrt – alles damals natürlich noch per Segelschiff. Auch seine Wurzeln waren teilweise jüdisch, zumindest von väterlicher Seite her. Er selber aber brachte das merkwürdige Kunststück fertig, nacheinander protestantisch, katholisch und wieder protestantisch zu sein. Der zweite Wechsel hing wahrscheinlich mit seiner Ehe zusammen, denn er heiratete eine Küsterstochter aus Strausberg in der Mark Brandenburg.

Für diese Großmutter, Ida Breslauer, geb. Koch, habe ich von Kind auf eine besondere Sympathie empfunden, denn sie sah auf Photographien und vor allem auf einem Ölbild, das bei uns hing, sehr liebenswürdig aus. Dieses Porträt stammt von dem Maler R. Lauchert, und sie strahlt darauf eine heitere weibliche Würde aus, die mir seit je ganz besonders gefallen hat.

Charakteristisch sind auch ihre weit auseinanderstehenden blauen Augen, die mein Vater von ihr geerbt hat. Ich habe außerdem noch einige Altersphotos von ihr, wo sie mit meinem Großvater und ihrer Schwester Marie Edelmann zu sehen ist – alle ganz weißhaarig; aber noch immer besitzt sie darauf einen besonderen Charme. Im übrigen aber weiß ich praktisch nichts von ihr, nicht einmal, wo sie starb. Nur von der Tatsache, daß sie und ihr Mann Wert darauf legten, kremiert zu werden, habe ich später erfahren. Dies war damals in Berlin noch verboten, weswegen es in Gotha zu geschehen hatte. Als Kind sah ich deshalb noch nicht einmal ein Grab von den Großeltern, und ich mußte tatsächlich fast 90 Jahre alt werden, bis ich erstmals eines zu Gesicht bekam; als wir diesen runden Geburtstag in Berlin feierten, habe ich mich aufgemacht, das Grab von Julius Lessing zu suchen, und fand es schließlich auch: ein schöner verwitterter Stein auf dem jüdischen Friedhof an der Schönhauser Allee.

Heinrich und Ida Breslauer hatten fünf Kinder; das zweite war mein Vater. Er kam am 23. Juni 1866 zur Welt und wie damals zur Ehrung der Paten üblich, gab man ihm drei Vornamen; so hieß er Franz Friedrich Alfred Breslauer, gerufen wurde er mit dem letzten: Alfred. Er hatte noch eine ältere und zwei jüngere Schwestern namens Hedwig, Lene und Else, während ein kleiner Bruder, Walter, früh starb. Besonders Lene habe ich von Kindesbeinen an sehr geliebt und bewundert, und es betrübt mich noch heute, daß ich sie nach dem 2. Weltkrieg, den sie in Berlin überlebte, nicht mehr gesehen habe.

Mein Vater muß schon früh eine gewisse künstlerische Ader gehabt haben, so daß er als Heranwachsender den Wunsch äußerte, Maler zu werden. Auch wenn dies in der Familie nicht gerade auf Gegenliebe stieß, hat ihm sein Vater zum 17. Geburtstag einen Farbkasten geschenkt – vielleicht schlummerte da ja wirklich ein Talent. Mein Vater hat dann auch tatsächlich ein Bild gemalt, und zwar durchaus sorgfältig und nicht nur obenhin; ich besitze es noch immer. Als er damit fertig war, schenkte er es offenbar seinem Vater, denn von dessen Hand stehen auf der Rückseite die lakonischen Worte: »Erstes und letztes Bild von Alfred.« Ganz stimmt dies allerdings nicht, denn mein Vater hat später auf seinen Reisen sehr gerne gezeichnet und aquarelliert. Es gibt noch sehr schöne Skizzenbücher von ihm, und Justi, der Direktor der Berliner Nationalgalerie, hat ihm später sogar einige Aquarelle abgeschwatzt, die bis heute an diesem ehrwürdigen Ort aufbewahrt werden.

Als Beruf hat sich mein Vater dann die Architektur gewählt. Während des Studiums lernte er die Brüder Max und Paul Salinger kennen, die Söhne eines reichen jüdischen Getreidehändlers, der am Kupfergraben 5 ein sehr reizvolles Haus bewohnte. Es hatte einen geräumigen Dachgarten, auf dem ein Fliederbusch gepflanzt war, was mich immer wieder entzückt hat, als ich es später sah. Mit den beiden Salinger-Brüdern hat mein Vater in den 80er Jahren drei große Reisen in den Orient unternommen. Sie sind dabei bis Persien gekommen, und waren auch in Ägypten, Kleinasien und Griechenland. Außerdem ist mein Vater nach Italien gefahren, und es gibt dazu die hübsche Anekdote, daß er vor den großen Orientreisen von seinem Vater zu einem Zusammentreffen der Geographischen Gesellschaft mitgenommen wurde, um dort seine kühnen Pläne vorzustellen. Die Herren hörten auch ganz andächtig zu, bis einer schließlich sagte: »Wissen Sie, junger Mann, wenn ich dazu was sagen darf – was Sie da vorhaben, ist ja alles sehr beachtlich, aber ich gebe Ihnen einen Rat: Fahren Sie über Italien – und bleiben Sie da.«

In gewissem Sinn hat mein Vater dies später auch beherzigt, denn Italien wurde für ihn – wie für so viele Deutsche dieser Generation – das Land der Kunst und Kultur schlechthin.

Während meiner ganzen Jugendzeit ist er immer über Weihnachten allein nach Italien gereist, das war sein Schönstes. Er liebte die italienische Kunst und hat auch kleinere Sachen von diesen Reisen mitgebracht, eine Pietà und dergleichen, und zu Hause hingen in seinem Zimmer Reproduktionen von Werken Dosso Dossis und Tizians an der Wand. Die Antike und die Spätrenaissance, das war seine Welt.

Nach dem Studium und den großen Reisen hat er sich mit den Brüdern Salinger zusammengetan und ein Architekturbüro gegründet. Hinzu kam, daß Paul Salinger sich in Else, die jüngste Schwester meines Vaters, verliebte und sie auch heiratete. So hingen Geschäft und Familie in mehrfacher Hinsicht zusammen. Auch mein Vater hat in dieser Zeit geheiratet und bald darauf ein Haus in der Berliner Schellingstraße bezogen. Auf welche Weise er mit der Familie Lessing in Kontakt kam, weiß ich allerdings nicht. Dies rührt daher, daß die Ehe von Unglück überschattet war, was zuletzt eine eigentümliche Konsequenz hatte. Die Frau, die mein Vater ehelichte, war das älteste der drei Lessing-Kinder: Frida Lessing. Sie scheint eine Person gewesen zu sein, für die das Lebenspraktische sehr im Vordergrund stand, wahrscheinlich weil sie schon in jungen Jahren die früh verstorbene Mutter gegenüber ihren Geschwistern hatte vertreten müssen. Sie selbst wurde dann ebenfalls nicht alt, sondern starb schon nach wenigen Ehejahren an »galoppierender Schwindsucht«, wie dies damals hieß. Man hatte sie noch zu einer Kur nach Bad Honnef am Rhein geschickt, die jedoch nichts mehr half, so daß mein Vater mit zwei noch ganz jungen Töchtern zurückblieb.

In dieser schwierigen Situation sprang die jüngere Lessing-Tochter Dora ein; sie hatte ihre Schwester noch in Bad Honnef gepflegt und übernahm es dann, sich um die kleinen Mädchen zu kümmern. Aus dieser Zeit existieren noch einige Photos, die andeuten, daß sie von etwas anderer Wesensart war als ihre ältere Schwester. Sie schien eher zurückhaltend, wirkte feinfühlig und klug, ohne aus ihrer Begabung irgendwie Wesens zu machen. Vielmehr spielte sie Tennis und Eishockey, was für eine junge Frau nach damaligen Maßstäben ziemlich ungewöhnlich war. Dem »alten Lessing« wird dies allerdings nicht unbedingt gefallen haben; ihm war vielmehr darum zu tun, Dora in seine Kreise hineinzuziehen, und daher nahm er sie häufig auf die Reisen für seine Ankäufe mit. Aber auch sein Sohn Albert war etwas aus der Art geschlagen. Er interessierte sich leidenschaftlich für technische Neuerungen: Autos, Flugzeuge etc., und wurde schließlich Chemiker – alles Dinge, die von der Tradition der Familie etwas abstachen. Er und seine jüngere Schwester hatten eine sehr enge Beziehung, und diese andere Mentalität lernte mein Vater nun kennen, als er über Doras selbstlosen Einsatz für die Kinder näher mit ihr zusammenkam. Das Ergebnis war schließlich, daß mein Vater einige Zeit nach dem Tode seiner Frau deren Schwester heiratete: meine Mutter. Sie gebar ihm ebenfalls zwei Töchter, Edith und mich, was bedeutete, daß unsere zwei Halbschwestern gleichzeitig unsere Cousinen waren.

Meine Eltern haben darüber während meiner Kindheit allerdings nie ein Wort verlauten lassen, und ich habe erst von einer Schulkameradin erfahren, daß meine beiden älteren Schwestern gar nicht meine wirklichen Schwestern waren. Ich bin damals natürlich ganz aufgeregt nach Hause gelaufen und habe gefragt, ob dies stimme, und meine Mutter hat es mir so ruhig und selbstverständlich bestätigt, daß für mich nie ein Problem daraus geworden ist. Nur für meine älteste Schwester Agathe war die Konstellation schwierig, denn sie hatte offenbar noch deutlichere Erinnerungen an ihre leibliche Mutter; für uns drei andern aber, für Ruth, Edith und mich, war die Situation ganz selbstverständlich und problemlos, zumal meine Mutter ein ganz besonders lieber Mensch war. Sie hatte deswegen vielleicht sogar den schwersten Stand von uns allen, denn ihre Art war etwas feiner, und sie hat sich damit gegenüber den selbstgewissen und optimistischen Breslauers nie durchgesetzt oder dies auch nur versucht. Man kann den Wesensunterschied, der zwischen den beiden Familien bestand, sehr schön auf einem alten Photo erkennen, das die Eltern meines Vaters zusammen mit dem alten Lessing zeigt. Die Breslauers waren unbefangene, lebensbejahende Menschen, die von dem, was sie machten, immer ganz begeistert waren, während Großvater Lessing eher vergeistigt und intellektuell wirkte. Auch meine Mutter besaß diese zartere Veranlagung und hat ihre Klugheit fast zu wenig zur Geltung gebracht. In ihrem Geschmack war sie ganz eigenständig; ihr gefiel zum Beispiel schon früh van Gogh, von dem sie Werke bei einer Bekannten, der Übersetzerin Margarete Mauthner, gesehen hatte. Obwohl meine Mutter sehr vermögend war und sich solche Bilder durchaus hätte leisten können, tat sie nichts dergleichen, und ich weiß bis heute nicht, ob sie keinen wirklichen Wunsch danach verspürte oder ihn einfach nur zurückstellte. Auch sonst machte sie aus ihren ungewöhnlichen Fähigkeiten keinerlei Wesens; so war sie eine Tennisspielerin der Spitzenklasse, ohne daß dies bei uns jemand recht ernst nahm. Als sie einmal zur deutschen Meisterschaft nach Bad Homburg fuhr, war mein Vater über diese Tatsache höchst verblüfft; es war das einzige Mal, daß er sie zu einem Turnier begleitete, und noch später war er ganz verwundert darüber, welche bemerkenswerten Seiten seine Frau da offenbarte. Sie war es im übrigen dann auch, die – im Gegensatz zu meinem Vater – darauf drängte, daß ich Abitur machen sollte, um studieren zu können. Ihr schien es wichtig, daß ich die Möglichkeit hätte, einen qualifizierten Beruf zu ergreifen, ein Weg, der ihr verbaut gewesen war. Ich sah dies damals nicht recht ein, und bin mit 16 Jahren von der Schule abgegangen. Doch damit greife ich bereits vor.

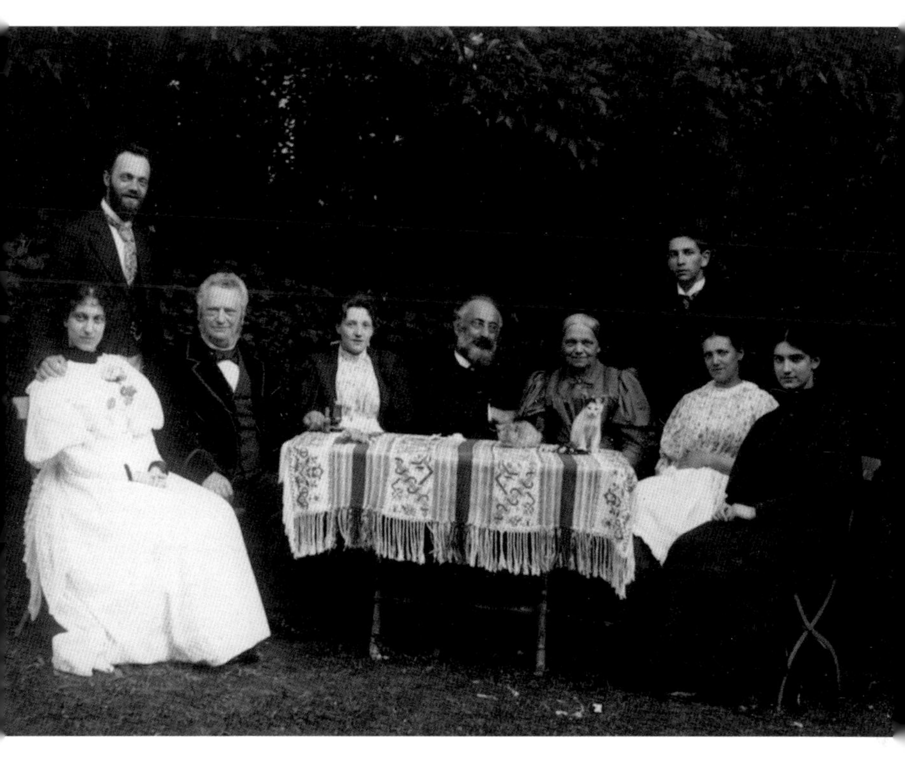

Rheinbabenallee

Wenn ich an meine Kindheit und Jugend zurückdenke, dann steht mir zunächst das Haus meiner Eltern und die Grunewald-Umgebung vor Augen. Geboren bin ich zwar an der Kurfürstenstraße 53 in Berlin, doch ich war noch kein Jahr alt, da zogen meine Eltern in die Rheinbabenallee nach Dahlem. Mein Vater hatte dort ein wundervolles großes Haus gebaut, zu dem ein Garten und ein Waldstück gehörten, und hier habe ich meine ganze Kindheit und Jugend bis hinein ins Erwachsenenalter verbracht. Dieses Dahlem-Grunewald war meine Heimat und ist es merkwürdigerweise noch heute. Wenn ich da über die Straße gehe, dann riecht es noch wie früher, die Luft fühlt sich noch so an wie damals, und man vergißt beinah, was in der Zwischenzeit alles passiert ist. Das Haus steht allerdings nicht mehr; es wurde, nachdem es den Krieg und alle widrigen Zeitumstände überdauert hatte, 1971 von einer Immobilienfirma erworben und einfach abgerissen, damit man dort zwei gesichtslose Bungalows hinstellen konnte. Für mich war das damals kaum zu fassen, und ich finde es noch heute eine entsetzliche Schande.

Diese Gegend mit ihren schönen Häusern, Gärten und dem Wald war meine Welt. Und im Grunde bin ich eine Art Kind vom Lande, denn wir kamen nur relativ selten in die Stadt. Das war damals fast eine Reise. Die elektrische Bahn fuhr alle halbe Stunde vom Roseneck den Hohenzollerndamm oder den Kurfürstendamm hinunter bis zur Gedächtniskirche, und ich sehe noch die dicken Schaffner, wie sie sich, nachdem sie ihre Stullen gegessen hatten, langsam erhoben, mit den Füßen aufstampften und sagten: »Na, nu woll'n wa mal.«

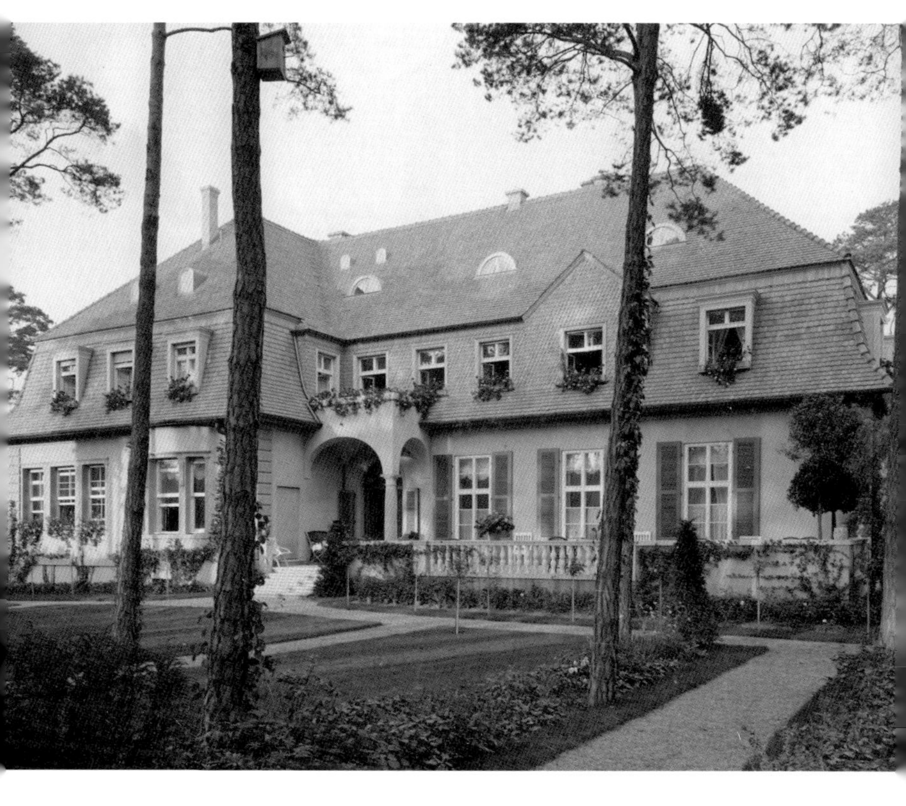

Unsere Straße, die Rheinbabenallee, kam mir damals breit und stattlich vor wie eine große Prachtstraße und blieb mir auch lange Zeit so in Erinnerung. Als ich 1956 zum ersten Mal nach dem 2. Weltkrieg wieder in Berlin war, stellte ich fest, daß es eigentlich nur eine bessere Dorf-Allee war, aber als Kind nahm ich das selbstverständlich ganz anders wahr. Zu jener Zeit befand sich in der Mitte ein Reitweg, rechts und links zwei Fahrradwege, dann zwei Fahrbahnen und die Bürgersteige.

Am Beginn der Straße hatte mein Vater vor dem unsrigen bereits ein anderes reizendes Haus gebaut, und zwar für seinen Freund und Kollegen Carl Zöllner, der dort mit seiner Frau und seiner Mutter lebte. Zöllner wurde mein Patenonkel, fiel aber schon im ersten Jahr des 1. Weltkriegs. Seine Mutter blieb mit ihrer Schwiegertochter dort wohnen, und ich habe die alte Dame später noch manches Mal gesehen. Wie alt sie damals war, kann ich erst heute ermessen: Sie stammte tatsächlich noch aus der Goethe-Zeit! Sie war ein Kind von vier Jahren, als Goethe starb.

Auf der gegenüberliegenden Seite der Straße baute sich 1914 ein Herr Hübner, der sich Rittmeister nannte, eine stattliche Villa. Er pflegte vierspännig durch die Rheinbabenallee zu fahren, was in dieser eher bürgerlichen als aristokratischen Umgebung ein gewisses Aufsehen erregte. Vom Äußeren wirkte er etwas brummig, dabei aber gutaussehend und respektabel. Seine Frau war entzückend hübsch und fast unwiderstehlich charmant. Sie liebte es, sich vom Prinzen Friedrich Carl von Preußen im offenen Auto für eine Fahrt rund um den Wannsee abholen zu lassen – und nahm uns Kinder alle mit!

Wir Kinder – das waren die Hübner-Töchter Inge und Helga und ich. Wir bildeten ein unzertrennliches Gespann. Inge und Helga waren die ersten Menschen außerhalb unserer Familie, die ich liebte: Inge ein Jahr älter als ich und Helga ein Jahr jünger – diese beiden erfüllten ganz mein damaliges Leben. Wir wuchsen miteinander auf und taten alles zusammen: Spielen, auf Bäume klettern, turnen, schwimmen und was es an schönen Dingen mehr gab. Unerschöpflich war unsere Unterhaltung. Meine besondere Liebe galt Inge, und ich glaube fast, nie wieder eine so innige Freundin gehabt zu haben wie sie. Im Lauf des Krieges verloren wir uns leider aus den Augen. Ich erinnere mich zwar noch an Briefe, die ich von ihr erhielt, doch ihr Vater hatte das Haus in der Rheinbabenallee verkauft und die Familie war fortgezogen. Immer wieder habe ich nach Inge und Helga gerufen, doch sie kamen nicht wieder, und ich habe sie nie wieder gesehen.

Meine Eltern hatten 1903 geheiratet. Ein Jahr später kam meine Schwester Edith auf die Welt; nach Agathe und Ruth, den beiden Töchtern aus der ersten Ehe meines Vaters, war sie das dritte Mädchen. Dieser Umstand scheint nicht ganz nach seinen Wünschen gewesen zu sein, denn als dann vier Jahre später ich unterwegs war, soll er gesagt haben: »Wenn es wieder ein Mädchen wird, dann schmeiß' ich's aus dem Fenster.« Der besagte Fall trat ein, doch mein Vater blieb friedlich, wie er ja überhaupt der gütigste Mensch war. Später hat er am Mittagstisch gerne gesagt, er fühle sich wie »Apoll mit den neun Musen«, denn meine Schwestern und ich brachten gerne Freundinnen mit, so daß er oft ganz und gar von Weiblichkeit umgeben war.

Der Haushalt, den meine Eltern führten, war sehr großzügig, und auch diese gehobene bürgerliche Welt kann man sich heute nur noch schwer vorstellen. Es war eine Villa mit mehr als einem Dutzend Zimmern, darunter einem richtigen Ballsaal mit Fresken, die ursprünglich aus dem großelterlichen Haus in der Potsdamer Straße stammten. Hier fanden vor dem Krieg Feste mit Tanz statt, und Weihnachten feierten wir da unter einem großen Weihnachtsbaum. In dem Saal stand auch ein

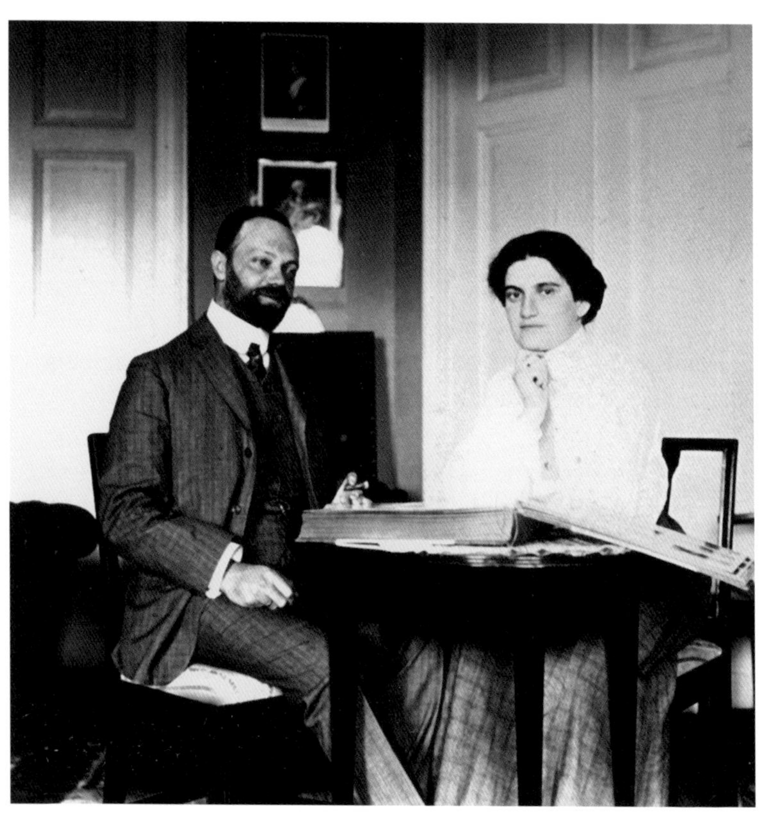

Flügel, an dem mir später, als ich ins Theater und in die Oper zu gehen begann, meine Mutter die Klavierauszüge der Werke vorspielte, die ich sehen und hören würde. Mir erschien es damals ganz selbstverständlich, daß sie das konnte, und erst heute wird mir bewußt, wie versiert sie in musikalischen Dingen gewesen sein muß, daß sie alle diese Stücke auf dem Klavier beherrschte. Sie meinte jedoch einfach nur, man müsse bereits eine Ahnung von der Musik haben, bevor man sie auf der Bühne erlebte, setzte sich an das Instrument und spielte.

Das Haus hatte außerdem eine große Bibliothek und das schönste Badezimmer, das ich je in meinem Leben gesehen habe. Es war mit Marmor ausgekleidet und mit Fresken bemalt, die mein Vater selber entworfen hatte. Man fühlte sich da, wenn man in der Badewanne lag, wie in einer von Weinranken umwachsenen Laube der Toskana, aus der man in eine sanft geschwungene Landschaft hinausblickte. Allerdings durften wir Kinder hier normalerweise nicht baden; nur wenn wir krank waren, gab es diesen ›extra treat‹, eine Vergünstigung, die wir dann immer sehr genossen.

Bei den Mahlzeiten waren wir meist recht zahlreich, weil Kollegen meines Vaters oder Freundinnen meiner Schwestern zu Gast waren – es ging jedenfalls immer recht lebhaft zu. Das Eßzimmer hatte eine ovale Form, was ganz wundervoll war, und in der Mitte stand der Tisch, ebenfalls oval. Serviert wurde von einem Diener in weißen Handschuhen, dem ›Portier‹, wie wir ihn nannten, der als Hausmeister mit seiner Frau bei uns wohnte. Diese Leute sind auch in den schweren Zeiten des 1. Weltkrieges immer bei uns geblieben, und haben dann sogar Ziegen gezogen, so daß wir eine Zeitlang eine ganze Herde im Garten hatten. Eine dieser Ziegen liebte ich besonders, sie war hübsch braun-weiß gefleckt und hieß Helene. Meine Schwester Edith war leidenschaftlich interessiert an all diesen Tieren, besonders den Hunden.

Neben dem Portierspaar und zwei Hausmädchen gab es auch eine Köchin, die aus Ostpreußen stammte und vorzüglich kochte. Sie hieß Martha Seidenkranz und sprach unglaublich ostpreußisch. Noch heute höre ich, wie sie sich am Telephon meldete und sagte: »Hier bääii Prrofessorr Brress-lauer.« Sie war über zwanzig Jahre bei uns und hat ein schreckliches Schicksal gehabt. Schon als sie zur Zeit des Krieges aus Ostpreußen nach Berlin kam, hatte sie eine panische, für uns ganz unverständliche Angst vor den Russen, die sie nie verlassen sollte, und tatsächlich ist sie am Ende des 2. Weltkriegs von russischen Soldaten erschossen worden, als sie sich gegen eine Vergewaltigung wehrte. Es war zu jener Zeit, da ich in Zürich in der Zeitung las, am »Wilden Eber«, dem kleinen Platz am Ende der Rheinbabenallee, fänden letzte Rückzugsgefechte gegen russische Truppen statt – eine Meldung, die all meine Vorstellungskraft überstieg, wenn ich an die friedlichen Zeiten meiner Kindheit zurückdachte.

Damals hatten wir außerdem noch unsere Kinderfrau Aja – eine echte Spreewälderin, wie sich das in Berlin gehörte – und Jenny, mein Kinderfräulein. Von Aja gibt es noch alte Photos, wie sie mich im Kinderwagen durch den Grunewald schiebt und die große weiße Spreewälderhaube auf dem Kopf trägt. Jenny, die sich um mich kümmerte, bis ich 12 Jahre alt war, habe ich als Kind geradezu abgöttisch geliebt; sie war ein sehr hübsches junges Mädchen mit vielen Verehrern, was für meine Eltern manchmal nicht ganz einfach gewesen zu sein scheint. Während des 1. Weltkriegs stellte sich dies jedoch als Glücksfall heraus, denn einer dieser Verehrer war ein reicher Industrieller aus dem Ruhrgebiet, der wegen Jenny unsere Familie mit der dringend benötigten Kohle versorgte. Er war es auch, dem ich die ersten Austern meines Lebens verdanke; als ich zehn Jahre alt war, lud er mich nämlich ins Hotel »Esplanade« ein, und so lernte ich ausgerechnet im schlimmen Jahr 1919

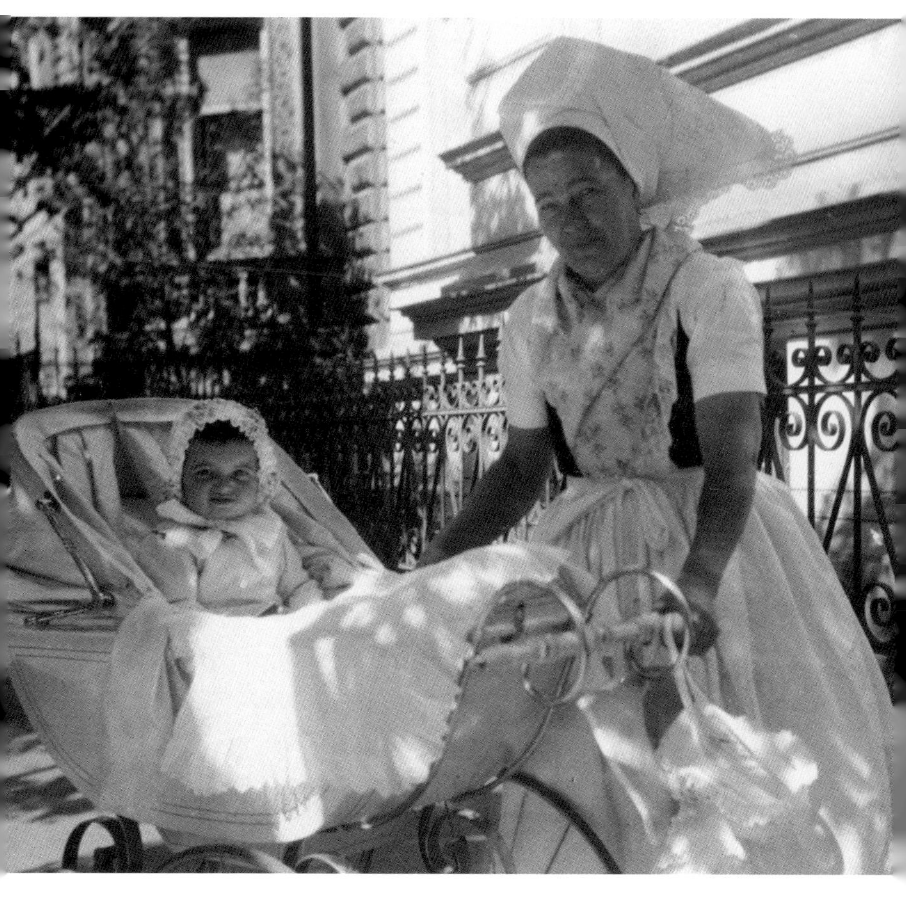

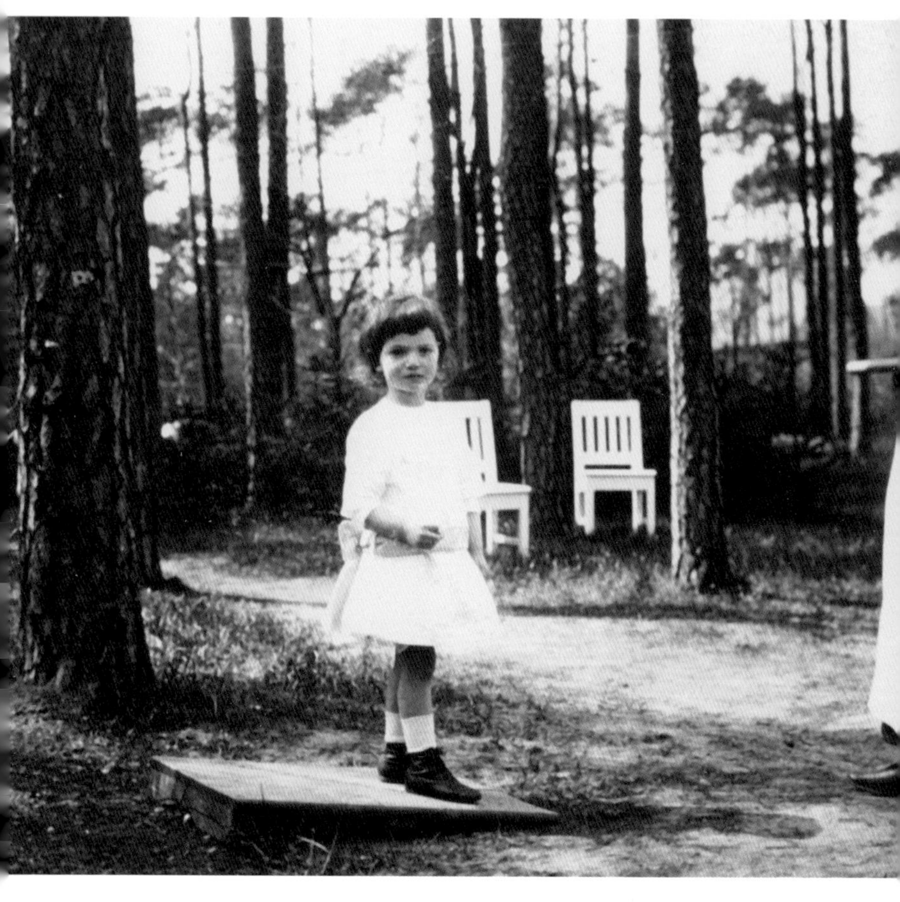

diese Delikatesse kennen. Jenny blieb, wie die anderen Hausangestellten, durch all diese schwierigen Zeiten bei uns, und ich habe sie erst später aus den Augen verloren, als sie mir Mitte der 30er Jahre auf einer Postkarte schrieb, sie sei auf dem Weg nach Nürnberg, »dem Ziele Hunderttausender...«.

In der idyllischen Zeit vor dem 1. Weltkrieg ahnte man freilich von all dem nichts. Meine Eltern waren außerordentlich wohlhabend, führten ein großzügiges, gastliches Haus. Warum und wovon wir so sorglos lebten, war mir ebenso unerfindlich wie gleichgültig – es schien mir selbstverständlich. Im Sommer fuhren wir für mehrere Wochen an die See. Diese Ferien waren der Höhepunkt des Jahresablaufs, auch wenn das Abschiednehmen von zu Hause mir jeweils schwer fiel. Man erzählte mir später, wie ich vor der Abreise einmal in den Garten und den Wald gelaufen sei, um dort unter Schluchzen »Nun ade, du mein lieb Heimatland« zu singen – was mich dann allerdings nicht hinderte, die Sommerferien überaus zu genießen.

Im Sommer 1914 fuhr die ganze Familie – Vater, Mutter, meine Schwestern und ich samt Kinderfräulein und Hund nach Holland. Es war dies der Traum des gehobenen Bürgertums: Hotel »Huis ter Duin« in Nordwijk. Und hier lernte ich: In Holland ist man nur vormittags am Strand, nachmittags dagegen macht man Besichtigungen. Die Städte Leiden und Haarlem lagen in nächster Nähe, auch der Haag und Amsterdam waren nicht weit.

Dies sollte für mein Leben folgenreich werden; denn ich war wirklich nicht älter als viereinhalb Jahre, als die Leidenschaft für die Kunst mich packte. Haarlem, die »Groote Kerk« und die Männer mit den Halskrausen im Frans-Hals-Museum, die ich immer wieder sehen wollte – so begann es!

Und es begann mit den Postkarten, die ich seit dieser Zeit sammle. Durch sie konnte ich die Bilder und Kunstwerke, die mich faszinierten, wieder und wieder ansehen – und tue dies noch heute. Diese Postkartensammlung legte die Basis zu meiner gesamten Kunstkennerschaft, soweit ich mir eine solche erworben habe. Auch hat mich das immer wieder neue Betrachten der gleichen Bilder bis zum heutigen Tag nie ermüdet oder gelangweilt. Schon früh stellte sich zudem heraus, daß ich mit einer speziellen Eigenschaft gesegnet bin: dem optischen Gedächtnis. Diese Gabe hat mich zunächst in keiner Weise beeindruckt, da ich der Ansicht war, daß selbstverständlich jeder Mensch sie besäße. Der Gedanke, daß irgend jemand ein einmal gesehenes Bild wieder vergessen könnte, kam mir überhaupt nicht in den Sinn. Erst viel später bemerkte ich, wie wenig sich die meisten Menschen von dem, was sie sehen, wirklich einprägen. Wie oft habe ich erlebt, daß ich mit Freunden, Kollegen und Bekannten ein Museum besuchte und dann verständnislos angeschaut wurde, wenn ich danach auf ein bestimmtes Bild – beispielsweise links vom Eingang eines Saales – zu sprechen kommen wollte. Man hatte es meist schon vollkommen vergessen, während ich es noch genau vor Augen hatte.

Meine Fähigkeit in dieser Hinsicht wurde allerdings schon früh geschult, und dies verdanke ich meinem Vater. In meiner Kindheit besuchte er sonntags häufig ein Museum und nahm mich dabei mit. Von Dahlem bis Unter die Linden brauchte die Elektrische damals noch mehr als eine Stunde, was der Sache für mich einen besonderen Reiz verlieh. Es war ein richtiger Ausflug, bis wir schließlich am Kaiser-Friedrich-Museum, am Schloß, der Nationalgalerie, dem Kronprinzenpalais, dem Ägyptischen-, Völkerkunde- oder Kunstgewerbemuseum anlangten. Und bei der Rückkehr am Nachmittag gab es im Dorfkrug von Dahlem noch eine Bouillon für die überstandenen Strapazen. Das alles war für mich ganz wunderbar.

Einzig die alten Ägypter haben mich schon damals überhaupt nicht interessiert – im Gegenteil: Die ausgestellten Mumien verursachten mir nachts schlimme Träume, und noch heute finde ich sie einfach nur abscheulich. Zur Zeit meiner Kindheit war jedoch ständig von den Ägyptern die Rede, da in jenen Jahren die großen Ausgrabungen in El-Amarna und im Tal der Könige stattfanden. Die sensationellen Funde hielten die ganze Welt in Atem, nur mich nicht, denn mich schauderte es nur vor diesen Mumien. Nach dem 2. Weltkrieg bin ich dann in Berlin noch einmal ins Bode-Museum gegangen, um den kleinen Kopf der Königin Teje anzusehen, doch auch da waren es wieder nur die gräßlichen Mumien, die man mir aufdrängen wollte. Als ich eine der dicken Museumswärterinnen, die zahlreich in den hohen Gängen und Hallen herumstanden, nach dem Teje-Köpfchen fragte, erhielt ich zur Antwort: »Wees ik ooch nich, hier sin doch nur de Mumien, wo so jefracht sin.«

Im Grunde habe ich schon als Kind immer nur Gemälde geliebt, und ich muß einen richtigen Hunger nach Bildern gehabt haben; wenn wir sonntags einmal nicht unterwegs waren, gab mir mein Vater einen der dicken grünen Bände der Zeitschrift »Das Museum« in die Hand, die Großvater Lessing mitherausgegeben hatte. Darin blätterte ich mit Wonne und betrachtete voller Neugierde die dunklen Schwarz-Weiß-Abbildungen. So lernte ich, ohne daß ich es merkte, schon damals alle großen Museen Europas mit ihren bedeutendsten Werken kennen. Eine besondere Vorliebe hatte ich außerdem für Carl Larsson und sein »Haus in der Sonne« sowie für drei große Böcklin-Mappen, die ich noch heute besitze, auch wenn ich ein gewisses Mißtrauen Böcklin gegenüber nie ganz verloren habe. Jene ›Tiefdrucke‹ sind jedoch tief mit den Wurzeln meiner Kunstleidenschaft verbunden, die bis in mein fünftes Lebensjahr, den Sommer 1914 zurückreicht.

Kriegszeit

Daß jener wunderschöne, später so oft beschriebene Sommer 1914 plötzlich zu einer Zäsur der gesamten europäischen Geschichte wurde, konnte ich kleines Mädchen natürlich nicht im entferntesten erfassen. Doch selbst den Erwachsenen, die nicht im Felde waren, erschloß sich dies erst nach und nach, obwohl der Krieg sich schon sehr bald in unserem alltäglichen Leben bemerkbar machte. Jennys Schwager, ein Mann namens Eisen, fiel bereits in den ersten Wochen, und dieses Ereignis nahm mich furchtbar mit. Die Begräbnisse häuften sich, und immer, wenn ich einen Sarg sah, fragte ich, ob da Herr Eisen drin sei. Dann starben mein Patenonkel Carl Zöllner und bald darauf Onkel Albert, der Bruder meiner Mutter, ein sehr sportlich wirkender junger Mann, der uns kurz zuvor noch in Uniform besucht hatte. Er war Pilot und erlitt durch einen Defekt seiner Maschine eine tödliche Kohlenmonoxydvergiftung.

Ich muß in dieser Zeit, an die ich mich dunkel erinnere, ein überaus zartes, nervöses und nahezu erschreckendes Kind gewesen sein, dem all dies außerordentlich nahe ging. »Böse Gedanken« wurde ein geflügeltes Wort in der Familie, und dies waren meine Gedanken, die mich tags und noch mehr nachts bedrängten. Angst vor dem Tode in jeder Form plagte mich, besonders vor dem Tod der Eltern. Bei jedem Regenwetter erwartete ich neu die Sintflut! Auch jede unheimliche Krankheit und Vergiftung meinte ich sofort zu haben. Nachts konnte ich oft nicht schlafen, dachte an die gefallenen Soldaten und weinte darüber, daß ich diese Toten nicht beweinen konnte. Dieser fast talmudische Gedanke eines 5-6jährigen Kindes erstaunt mich, wenn ich daran denke, noch heute.

Auch meine Mutter sah ich häufig weinen; sie verabscheute den Krieg von Anfang an und haßte den Gedanken, zu flaggen, weil Tausende von Russen bei der Schlacht von Tannenberg in die masurischen Seen getrieben worden waren, wovon – wie es dann hieß – nun die Aale fett würden. Die ganze patriotische Stimmung und Propaganda war ihr zutiefst zuwider, während mein Vater in dieser Beziehung naiver war und bei der Verkündung neuer Siege ganz unbefangen die Fahne im Garten aufzog. Er glaubte selbstverständlich an den deutschen Sieg, und auch ich war in kindlicher Unerschütterlichkeit davon überzeugt, daß der Kaiser natürlich siegen würde. Es muß in jener Zeit gewesen sein, daß ich ihn, als wir mit unseren Hunden im Grunewald spazieren gingen, hoch zu Pferde durch den Wald reiten sah, eine märchenhafte Erscheinung mit seinem Ulanenhelm...

In den ersten Kriegsmonaten organisierte die Zeitschrift »Die Dame« einen Hort für Kinder arbeitender Mütter, die dort beaufsichtigt wurden und zu essen bekamen. Auch meine Mutter beteiligte sich an der Aktion und nahm mich dazu mit. Obwohl ich als kleines Mädchen schüchtern und sehr ängstlich war, muß mir die Atmosphäre unter all den Proletarierkindern sichtlich gefallen haben. Jahrelang wurde in der Familie noch der Ausspruch eines etwas älteren Jungen zitiert, mit dem ich gespielt hatte und der beim Abschied zu meiner Mutter gesagt haben soll: »Komm' man morjen wieder mit det drollerte Balg.«

Wenig später, zu Ostern 1916, wurde ich eingeschult. Damals gab es noch Lyceen für Mädchen, denn die allgemeine Volksschule wurde erst nach Kriegsende eingeführt. Wie meine drei älteren Schwestern kam auch ich ins Bismarck-Lyceum an der Siemensstraße; mit Edith bin ich sogar noch ein paar Jahre gleichzeitig auf diese Schule gegangen. Wir fuhren meist mit dem Rad dorthin, es waren nur etwa 10 Minuten, und genossen den schönen Weg durch die Bäume und Gärten von Dahlem.

Neugierig auf Bilder, wie ich war, erinnere ich mich, daß in der Aula die Kopie von Lenbachs Bismarck-Porträt auf einer Staffelei stand, während in unserem Klassenzimmer die »Allee von Middelharnis« von Hobbema hing, unvergeßlich für mich, als grünbraune Photographie. Als ich 1935 das erste Mal die National Gallery in London besuchte, war meine Freude groß, dieses so eng mit meiner Kindheit verknüpfte Gemälde dort im Original zu entdecken.

Meine beste Freundin in dieser ersten Schulzeit hieß Toni Heintzmann; sie war am 10. November 1909 geboren, war also fast gleich alt wie ich. Wenig später wechselte meine Vorliebe zu Asta Gartmann. Sie erzählte mir Merkwürdiges von ihrem Vater; ihre Eltern seien geschieden, sagte sie, ohne daß ich verstand, was dies bedeutete. Ihr Vater sei eines Tages nicht mehr nach Hause gekommen, denn er hätte seinen »Charme« in der Elektrischen stehen lassen.

Zu meinen frühesten Schulerinnerungen gehört auch, daß ich einmal zu spät kam, was aber niemand merkte, da gerade wieder ein Sieg zu feiern war und wir deswegen alle frei bekamen. Und als wenig später eine große Bismarck-Figur im Tiergarten aufgestellt wurde, um als eine Art Spende für den Krieg mit Nägeln beschlagen zu werden, erkor man mich mit meiner Freundin Elrud Baum dazu aus, für die Schule einen goldenen Nagel einzuschlagen. Ich war jedoch noch so klein, daß man mich dazu in die Höhe heben mußte, woran ich mich eigenartig genau erinnere.

Dies war allerdings einer der wenigen Höhepunkte meiner Schulzeit, denn meine Leistungen wurden bald schlechter und schlechter, und ich muß bekennen, daß mir die Schule nie Spaß gemacht hat. Gut war ich eigentlich nur in »Schönschreiben«, Religion und Sport, im Rechnen dagegen miserabel. Wir wurden meist von hausbackenen Fräuleins und müden alten Lehrern unterrichtet, da die jungen im Kriege waren. Außerdem ist mir verordnetes Lernen von kleinauf eine Qual gewesen; was mich nicht interessierte, blieb mir einfach fremd. Niemand konnte mich je dazu animieren, etwas aufzunehmen, was ich nicht im mindesten zu wissen begehrte. Tatsächlich höre ich auch heute noch bei Dingen, die mich nicht interessieren, einfach weg. Angelegenheiten wie Mathematik, Chemie oder Physik hat mir die Schule jedenfalls auf alle Zeiten verdorben. Auch für die Fremdsprachen schien ich kein Talent zu besitzen, obwohl mir schon früh bewußt war, wie wichtig sie sind. Vokabeln und Grammatik waren jedoch nicht meine Sache, und so lernte ich diese Dinge mehr schlecht als recht. Kurz gesagt, sind meine Erinnerungen an die Schulzeit wenig erquicklich. Das einzige Glück war, daß all dies meinen Vater nicht weiter kümmerte und er nicht einmal die Brille aufsetzte, wenn ich das Zeugnis nach Hause brachte. Die schlechten Noten hat er so gar nicht lesen können.

Zu meinen deutlichsten Erinnerungen aus den Kindheitsjahren gehört auch, daß meine älteste Schwester heiratete. Sie war damals erst 17 Jahre alt, und das Auftreten ihres späteren Mannes hat mir tiefen Eindruck gemacht. Wie bereits erwähnt, war mein Vater bis zum 1. Weltkrieg jeweils um die Jahreswende nach Rom gefahren, meist allein, während meine Mutter erst später nachreiste. Bei einem dieser Rom-Aufenthalte hatte er einen ebenso gebildeten wie wohlhabenden jungen Holländer kennengelernt: Hendrik Jan de Marez Oyens. Er war sehr musikalisch, spielte herrlich Klavier, sprach mehrere Sprachen vorzüglich und war der jüngste Sohn eines großen Amsterdamer Bankiers. Seine Eltern lebten nicht mehr, die Brüder führten das Unternehmen, während er seinen Neigungen und Liebhabereien nachgehen konnte. Er gehörte zu den Verehrern von Alma Mahler und war eng mit dem berühmten Dirigenten Willem Mengelberg befreundet, den er später auch zu uns mitbrachte.

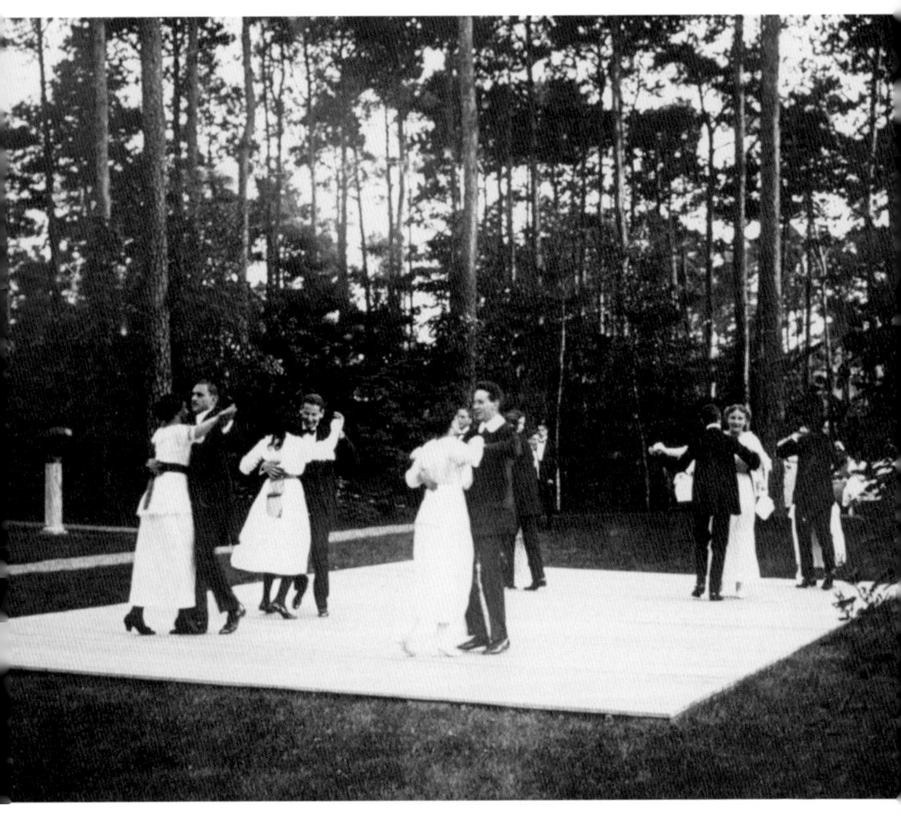

Dieser blonde, lockige, für uns ganz und gar fremdartig wirkende Ausländer erschien nach Kriegsausbruch plötzlich bei uns, um unseren Vater zu besuchen. Er war von der Familie und der Atmosphäre des Hauses sofort begeistert und beschloß, die älteste Tochter zu heiraten. Agathe ihrerseits war damals noch blutjung und in vielem ahnungslos. Sie verliebte sich naiv in das Pathos des interessanten Mannes, während Ruth, meine zweitälteste Schwester, sein feinsinniges Auftreten nur höchst komisch fand. Agathe aber wollte von zu Hause fort, denn sie litt unter meiner Mutter und dem Verschweigen ihrer wirklichen Mutter. Ich selbst ahnte damals noch nicht das mindeste davon, daß es eine andere Frau meines Vaters je gegeben hatte. Meine Mutter liebte Agathe sehr, aber sie konnte nie verstehen, daß Menschen über ein und dieselbe Sache verschiedene Ansichten und Gefühle hegen konnten – eine Eigenschaft, die ich, wie ich später merkte, von ihr geerbt habe und gegen die ich jahrzehntelang in mir ankämpfte. Agathe, die ein hochoriginelles und apartes Wesen war, fühlte sich auf diese Weise von meiner Mutter nicht verstanden; um so mehr flog sie auf den jungen Mann, der da ins Haus gekommen war. Die Hochzeit fand im Oktober 1915 statt und war für uns alle ein herrliches Fest.

Anschließend zog das junge Paar nach den Niederlanden. Dort kam am 25. August 1916 Nina, meine einzige Nichte, zur Welt, die also nur sieben Jahre jünger ist als ich. Meine Eltern waren begreiflicherweise sehr neugierig und wollten ihr erstes Enkelkind unbedingt sehen, doch war es durch die Kriegsereignisse unterdessen sehr schwierig geworden, nach Holland zu gelangen. So reisten wir in den Herbstferien 1917 alle zusammen nach Münster, um dort, nahe der niederländischen Grenze, Agathe mit der einjährigen Nina zu treffen. Unvergeßlich ist mir, wie Agathe damals im Hotel alle Butterkugeln aufaß, die eigentlich für den ganzen Tisch bestimmt waren.

Wir waren völlig ausgehungert und starrten wie gebannt auf ihr unbefangenes Zugreifen, sagten aber kein Wort, um die Lage der Heimat nicht ›preiszugeben‹.

Die Stadt Münster hat mich in den 14 Tagen, die wir dort verbrachten, sehr beeindruckt, und ich kaufte Postkarten von der Lamberti-Kirche mit den Käfigen der Wiedertäufer, vom Domplatz und den reizvollen Höfen in hellem Backstein. Unser harmloser touristischer Aufenthalt erfuhr allerdings eine ungeahnte Unterbrechung, als wir den Droste-Hof besuchten, jenes wunderschöne barocke Haus in der Stadt mit seinen Treppen, Geländern und Gittern; das mußte mein Vater als Architekt natürlich zeichnen, wurde dabei aber plötzlich als mutmaßlicher Spion verhaftet. Man hat ihn direkt von der Straße mitgenommen, und es kostete ihn einige Mühe, nachzuweisen, daß ihn nur architektonisches Interesse zu seinem verdächtigen Tun verleitet hatte.

In späteren Jahren bin ich auf Reisen von Berlin nach Amsterdam noch öfters durch Münster gekommen; es lag so bequem auf halber Strecke und bot sich zum Übernachten an. Bei einem dieser Zwischenhalte konnte ich eine Gruppe älterer Herren auf dem Domplatz photographieren, eine Aufnahme, die mir heute als ein geradezu rührendes Bild aus vergangenen Zeiten erscheint, zumal die schöne Stadt Münster wenige Jahre später auf so schreckliche Art zerstört worden ist. Schon damals, als ich zum ersten Mal dort war, herrschte Krieg, doch es war unvorstellbar, daß es noch viel schlimmer kommen würde.

Die Auswirkungen des Krieges begannen ab etwa 1917 den Alltag des Lebens immer gravierender zu beeinträchtigen. Mein Vater verlegte sein Büro ins Haus und stellte seine Zeichentische im funktionslos gewordenen Ballsaal auf. Nur zu Weihnachten räumte man den Saal leer, um dort unter einem Weihnachtsbaum zu feiern. Doch auch bei diesem einzigen Fest ging es nun sehr kärglich zu; nach und nach wurden wir, wie

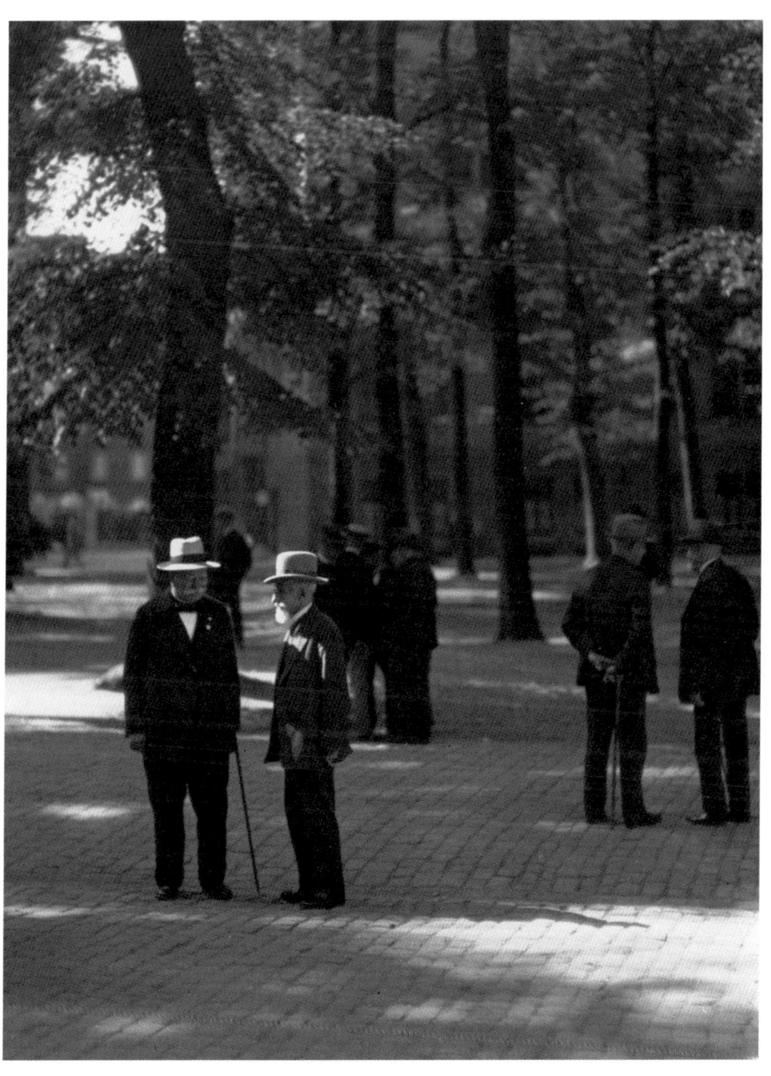

Thomas Mann es später in seinem kleinen Buch »Unordnung und frühes Leid« so treffend beschrieben hat, zu armseligen ›Villenproletariern‹. Ich erinnere mich an eiskalte Wintertage, wo man um einen einzigen noch geheizten Ofen saß und buchstäblich nichts mehr hatte außer dem Haus.

Ich magerte in dieser Zeit extrem ab und wurde nervenmäßig ganz unkontrollierbar mit Augenzucken, Schlaflosigkeit und übersteigerter Reizbarkeit. Am ganzen Leib hatte ich Pusteln und vertrug überhaupt kein Fett, so daß der Körper keine neuen Reserven mehr aufbauen konnte. Niemand wußte, unter was für einer rätselhaften Mangelerkrankung ich litt und wie mir geholfen werden könnte. In dieser Situation sah mich zufällig die Schwägerin unseres Hausarztes, ein kleines jüdisches Frauchen, auf der Straße. Sie hieß Lotte Sternberg, war ebenfalls Ärztin und wandte sich an meine Mutter, mit mir müsse dringend etwas geschehen. Sie verschrieb mir dann eine Diät, daß ich nur noch Tee trinken durfte und alles, was ich aß, durchpassiert werden müsse. Es dauerte fast ein halbes Jahr, doch dann sprach der Körper auf die Diät an, und ich wurde langsam wieder gesund. Ich war elf Jahre alt, und auch der Krieg mit seiner schlimmsten Folgezeit war vorbei.

Beginn der 20er Jahre

Nach diesen schlimmen Notzeiten begann mir das Leben langsam zu gefallen. Von den Unruhen und der Unsicherheit der ersten Nachkriegsjahre bekam ich relativ wenig mit, denn wenn es in Berlin in politischer Hinsicht zu ungastlich wurde, schickten mich meine Eltern zur unverheirateten Schwester meines Vaters nach Potsdam, wo ich bleiben durfte, bis wieder Ruhe eingekehrt war. Diese Aufenthalte waren herrlich, denn ich liebte und bewunderte Tante Lene über alles. Sie war zwei Jahre jünger als mein Vater und ist bis heute in meinen Augen einer der wundervollsten Menschen, die ich je kennengelernt habe. Sie glaubte an das Leben, an die Menschen und strahlte in allem einen unwiderstehlichen Optimismus aus.

Mein Vater hatte ihr den Pferdestall des elterlichen Hauses an der Jägerallee zu einer Art Bungalow umgebaut, und da lebte sie. Das Erdgeschoß bestand aus einem einzigen großen Zimmer; eine Treppe führte von dort nach oben, wo die Küche, das Schlafzimmer und das Bad lagen. Das Parterrezimmer ging ebenerdig in den Garten, den sie mit viel Liebe pflegte. Sie war überhaupt in allen erdenklichen Dingen praktisch begabt und machte alles selbst, sogar eigenen Honig hatte sie von den Bienen im Garten. Was immer sie tat, nahm sie mit heiterster Zuversicht in Angriff; ob sie Stoffe wob, Zimmer tapezierte, zerrissene Teppiche flickte – immer wurde ihr alles zu einer Lust und am Ende, wenn ihr das Werk gelungen war, meinte sie nur: »Na, wie hat das Lenchen das nur wieder gemacht – ist ja zu schön!« In der größten Unbefangenheit lobte sie sich fortwährend selbst, fand alles, was sie tat, einfach himmlisch, und wirkte doch dabei kein bißchen eingebildet oder selbstgefällig. Sie hatte einfach Freude am Leben und an dem, was sie machte – eine Eigenschaft, die auch mich geprägt hat und allmählich auf mich übergegangen ist. Dabei war und blieb sie in allem jugendlich und kletterte nachts mit mir über die Mauer von Schloß Sanssouci, um sich im Park Ableger von bestimmten Blumen und Sträuchern zu besorgen.

In ihrem Zimmer hatte sie übrigens etwas, was ich damals noch in keiner Wohnung gesehen hatte: eine große Photowand, an die sie alles anheftete, was ihr lieb und wichtig war. Diese Pinnwand hat mich als Kind sehr fasziniert, so daß ich später auch immer eine haben mußte. Unter anderem hing dort ein Porträt von ihr selbst, als sie fünf oder sechs Jahre alt war. Dieses Pastell war damals für mich der Inbegriff von jugendlichem Charme.

Tante Lene blieb in der Nazizeit als einzige von uns in Deutschland und hat wie durch ein Wunder in Potsdam überlebt. Gesehen habe ich sie jedoch zu meinem großen Kummer nicht mehr, denn wir saßen mit unseren Staatenlosen-Papieren auch nach 1945 noch eine Zeitlang in der Schweiz fest, und sie starb, bevor wir uns wieder bewegen konnten. Unser Freund Curt Riess aber, der direkt nach dem Krieg als amerikanischer Soldat in Berlin war, ist auf meine Bitte zu ihr gegangen und hat sie besucht. Sie war damals fast 80 Jahre alt, brachte den armen russischen Soldatenfrauen das Maschinennähen bei und half noch immer überall mit ihren praktischen Talenten. Sie war einfach eine fabelhafte Frau. Das Porträt von ihr als Kind sah ich schließlich nach ihrem Tod bei einer Cousine wieder, die es mir später schenkte als Andenken an meine geliebte Tante Lene.

Schöne Erinnerungen habe ich aber auch an andere Ferienaufenthalte in jenen frühen 20er Jahren. Noch herrschte die Armut der Nachkriegszeit, so daß es ganz bescheidene Privatunterkünfte in kleinen Orten an der Ostsee waren, in die wir fuhren. Doch wir Kinder empfanden all dies kaum und genossen die Ferien immer sehr. Besonders gut erinnere ich mich an den Sommer 1922, den wir in Sorenbohm bei Alt-Banzin in Hinterpommern verbrachten. Wir trafen dort mit Elsebet, einer dänischen Jugendfreundin meiner Mutter, und ihren Kindern Adam-Otto und Cecile zusammen. Auf der Reise hatte jeder von uns in Stettin (oder war es Stralsund?) eine große Kiste mit Leibniz-Keks und Mauxion-Milchschokolade bekommen, von der wir hemmungslos essen durften, wenn die Pensionsmahlzeiten wieder einmal allzu kärglich ausgefallen waren. Den ganzen Tag waren wir am Strand, und ich las voll Spannung Felix Dahns »Kampf um Rom«, das verbreitetste Jugendbuch jener Zeit. Zu Beginn der Ferien waren die drei Bände noch ganz ansehnlich, gerieten dann aber mehr und mehr aus der Façon, denn der Strandsand lagerte sich zwischen den Seiten ab, so daß die Bücher zum Schluß wie aufgequollene Pergamentschwarten aussahen.

Meine eigentliche Lieblingslektüre war damals jedoch Karl May. Besonders die Indianer-Bücher verschlang ich mit Leidenschaft, und ich hatte eine genaue Chronologie erstellt, nach der all meine Freundinnen die Bände zu lesen hatten. Das Ganze haben wir auch gespielt, wobei ich natürlich Winnetou sein mußte, während sich meine Freundin Inge Karding mit der Rolle des Old Shatterhand zu begnügen hatte. Und Djemila Nord war Ntschotschi, die Blume der Prärie...

Meine ausgiebigen Karl May-Kenntnisse waren mir auch später noch von Nutzen. Als ich Anfang der 30er Jahre durch meinen Mann mit Ernst Bloch bekannt wurde, war Karl May das einzige Thema, über das ich mich mit ihm einigermaßen vernünftig unterhalten konnte. Wenn beispielsweise über »Durch die Wüste« gesprochen wurde, konnte ich problemlos mithalten, obwohl ich von *seinem* Buch natürlich nicht die geringste Ahnung hatte. Auch mein Mann war übrigens Karl

May-Liebhaber, und selbst mein Vater las ihn noch mit über 80 Jahren.

Eine ähnliche Leseleidenschaft wie bei Karl May habe ich einige Jahre später nochmals bei Balzac entwickelt. Ab Mitte der zwanziger Jahre brachte der Rowohlt Verlag seine berühmte Balzac-Gesamtausgabe in den kleinen blauen Bändchen heraus. Auch hier habe ich dann mit meiner Schwester Edith versucht, eine Reihenfolge zu ermitteln. Noch heute bin ich überzeugt, daß man die »Comédie humaine« nur mit »Père Goriot« richtig beginnen kann und alles andere in die Irre führt.

Noch wichtiger als Lesen war für mich allerdings der Sport. Ab dem 12., 13. Lebensjahr wuchs ich sehr stark, war immer die größte in der Klasse und wurde im Turnen die Anführerin. In allen übrigen Fächern war ich, wie bereits gesagt, miserabel, nur in den sogenannten Leibesübungen hatte ich – neben Singen und Religion – immer beste Noten. Durch meine Größe konnte ich sehr gut weitspringen und laufen, erhielt aber auch in verschiedenen anderen Disziplinen Pokale, Diplome und Wanderpreise. Meine Mutter als gute Tennisspielerin hätte gerne gesehen, wenn ich ihr in dieser Sportart ein wenig nachgeeifert hätte, und tatsächlich habe ich bei den ersten Trainerstunden gleich soviel Talent gezeigt, daß man mir alle möglichen Angebote machte. Für den Leistungssport fehlte mir aber jeglicher Ehrgeiz, und außerdem widerstrebte mir die gesellschaftliche Atmosphäre im mondän-vornehmen Club »Rot-Weiß« ganz und gar. Da ging ich lieber im nahe gelegenen Hundekehlensee schwimmen oder spielte mit meinen Freundinnen Hockey.

Diese Hockey-Clicque, der ich mit 15, 16 Jahren angehörte, war für mich sehr wichtig. Es war die Zeit meines »Erwachens« als weibliches Wesen; gleichzeitig ging ich zum ersten Mal in einer Gruppe von Menschen glücklich und begeistert auf. Als Mannschaftssport hatte Hockey eine kameradschaftliche Gesinnung als Vorbedingung, und das gefiel mir sehr. Damals lernte ich meine lebenslange Freundin Barbara Schultze-Jena kennen, die wir Babuts nannten, und ihre Schwester Rehlein, unseren Torwart. Weiterhin gehörten Ruth von Morgen und Lisa von Cramm zu diesem Kreis, und mit allen war ich auch in späteren Jahren noch oft zusammen. Trainiert wurden wir von einigen jungen Männern, die meine ersten zarten Flirts waren: Hans Schlee und Achim von Stein. Auch Egon Eiermann, der in den 60er Jahren die neue Gedächtniskirche baute, zählte mit dazu.

Wenn mich Jungs bis zu dieser Zeit eigentlich noch überhaupt nicht interessiert hatten, so hing dies nicht nur mit meinem Alter, sondern auch ein wenig mit meiner Schwester Edith zusammen. Zu ihr hatte ich als Kind ein sehr inniges Verhältnis, das jedoch eine gewisse Störung erfuhr, als sie in die Pubertät kam und zu einer jungen Frau heranwuchs. Edith war noch größer als ich und litt darunter sehr stark, seitdem eine Tante ihr gegenüber den unvorsichtigen Ausspruch getan hatte: »Na, du bist so groß, du kriegst sicher nie einen Mann.« Dieser Satz hat Edith furchtbar beschäftigt, und sie fing an, ganz bucklig und krumm herumzulaufen, um sich irgendwie kleiner zu machen. Andererseits begann sie Männer sehr direkt anzusprechen, und es war mir unsäglich peinlich, wenn ich dieses kalbartige Wesen von Schwester so schamlos flirten sah. Erst einige Jahre später haben wir dann wieder zueinander gefunden, nachdem Edith die Gymnastik-Schule bei Anna Hermann absolviert hatte. Diese kluge Frau hat Edith von ihrem Größe-Komplex erlöst, indem sie ihr einfach sagte, wie schön und prachtvoll sie in ihrer Größe doch sei und daß sie sich ohne jede Hemmung ganz aufrecht halten solle. Edith hat diesen befreienden Rat befolgt und entwickelte sich dann zu einer ganz außergewöhnlichen Frau, die mir bald wieder die liebste Schwester wurde.

Während meiner Pubertät aber war unser Verhältnis etwas gestört. In dieser Zeit wurde Ruth, meine zweitälteste Schwester, mir zur eigentlichen Vertrauten. Eine gewisse Rolle spielte dabei einer ihrer Verehrer, für den auch ich glühend schwärmte: Heinz Heck. Er war nicht nur ein zauberhafter junger Mann, sondern auch der Sohn des Direktors des Zoologischen Gartens, und so kam es, daß er uns ab und zu ins Aquarienhaus oder in die Freigehege mitnahm, wenn der Zoo schon geschlossen war. Da durfte ich dann Karpfen füttern oder kleine Raubkatzen-Babys auf den Arm nehmen und dergleichen wunderbare Dinge mehr.

Mit Heinz Heck bin ich dann viele Jahre später noch manches Mal zusammengetroffen, als er Direktor des Münchner Zoos Hellabrunn war. Unvergeßlich ist mir sein 70. Geburtstag im Gedächtnis geblieben, als Heinz Heck durch den Zoo ging und von einer Gruppe Pinguine begrüßt wurde, die ehrfürchtig Spalier bildeten, um ihm zu gratulieren.

1923 aber kam die Rentenmark, und Heinz Heck wurde nicht mein Schwager. Der Zusammenhang war folgender: Kaum war die Inflation überwunden, erhielt mein Vater zahlreiche Aufträge und stellte deswegen einen jungen Architekten ein, der aus Lennep gebürtig war und Paul Linder hieß. Das Büro meines Vaters verblieb auch nach dem Krieg im großen Saal meines Elternhauses und hier stand nun also Paul Linder an einem der vier Zeichentische. Er wurde für mich bald – ich war 14, 15 Jahre alt – meine erste ›große Liebe‹, wobei es mir überhaupt nichts ausmachte, daß er sich seinerseits in meine Schwester Ruth verliebte und sie einige Jahre später auch heiratete.

Bevor es soweit war, standen aber zunächst zwei andere Hochzeiten an; Edith hatte einen Mann gefunden, der sie noch deutlich überragte, und Agathe heiratete ein zweites Mal. Ihre Ehe mit Hendrik Jan de Marez Oyens hatte sich bald enttäuschend entwickelt, wobei auch die schwierigen Zeitumstände mit hineingespielt haben mögen. Das Bankhaus Oyens hatte während des Krieges auf einen Sieg Deutschlands gesetzt und verlor deswegen zuletzt alles. Agathe kehrte bei Kriegsende mit Mann und Kind nach Deutschland zurück, wohnte eine Zeitlang in Heidelberg, dann wieder in Berlin bei uns.

Aus dieser Zeit ist mir erinnerlich, daß der Bruder ihres Mannes eines Tages per Zeppelin anreiste. Das Ereignis seines Fluges erschien uns so staunenerregend, daß wir – inspiriert vom eindrücklichen Namen des Luftreisenden – zu dichten begannen: »Johann Heinrich Ferdinand / Weckerlin de Marez Oyens / hat, da Furcht ihm unbekannt, / sich anvertraut der Lüfte Woyens…« Aus der Hand dieses herbeigeflogenen Gastes bekam ich übrigens – auch das war, wie die Austern, noch im tristen Jahr 1919 – die erste Banane meines Lebens geschenkt, die ich denn auch sehr interessiert aufaß.

All diese erstaunlichen Dinge konnten indes nicht darüber hinwegtäuschen, daß Agathes Ehe gescheitert war und bald nach dem Kriege endgültig in die Brüche ging. Sie nahm sich einige Zeit später in der Carmerstraße eine Wohnung, begann zu arbeiten und erzog daneben das Kind. In den Jahren der Inflation wird dies alles nicht gerade einfach gewesen sein.

Dann aber lernte sie einen Textilkaufmann kennen, der Ernst Saulmann hieß und im Schwabenland Fabriken hatte. Er war nicht nur ein außerordentlich kultivierter, erfolgreicher Mann, sondern besaß auch viel Sinn für Witz und Komik, was ich immer sehr an ihm gemocht habe. In Ehningen unter Achalm gehörte ihm ein wunderschönes Anwesen, der sogenannte »Erlenhof«. Das Haus war von einer weiten Wiese umgeben, und als Agathe dies sah, meinte sie, eigentlich wäre das doch ein idealer Flugplatz. Kaum hatte sie diese Idee geäußert, schenkte ihr Saulmann auch schon eine zweisitzige Propellermaschine, die Agathe, kühn wie sie war, unverzüglich zu pilotieren lernte. Als ich sie Mitte der 20er Jahre in den Ferien besuchte, sind wir, einer spontanen Laune folgend, von dort einfach an die Ostsee zum Baden geflogen. Agathe und Ernst Saulmann heirateten im Sommer 1925.

Ediths Hochzeit folgte noch im gleichen Jahr. Ihren Mann hatte sie über einen Freund kennengelernt, der seit meinen frühen Jugendjahren gewissermaßen zur Familie gehörte, den auch alle herzlich gern mochten, obwohl meine Eltern insgeheim hofften, daß er von keiner ihrer Töchter zum Ehemann erkoren werden würde: Paul Citroen. Über ihn wird später noch zu reden sein, denn er ist mir ein lebenslanger naher Freund gewesen, dem ich viel verdanke. Seine Haupteigenschaft war eine wunderbare Uneigennützigkeit; selten habe ich einen

Menschen getroffen, der die Talente anderer so fein erspürt und zur Entwicklung gebracht hat wie Paul. Er entdeckte überall Begabungen, ja erfand sie eigentlich erst durch seine Förderung und tat alles, daß die Fähigkeiten der Betreffenden auch zur Geltung kamen. Manch einen hat er so berühmt gemacht: Umbo, der Photograph, ist solch ein Fall.

Pauls Fähigkeit, anzuregen und Leute miteinander in Verbindung zu bringen, hat auch bei Edith insofern eine Rolle gespielt, als der Kontakt mit Martin Wasserzug auf ihn zurückging. Wasserzug war ein baumlanger Mensch, der eigentümlich für sich einzunehmen wußte, obwohl er nicht unbedingt attraktiv wirkte. Er war im Krieg in russische Gefangenschaft geraten und erst sehr spät heimgekehrt. Was er eigentlich tat, war mir damals wie heute nicht genau erfindlich; er erschien mir immer wie ein Intellektueller ohne spezifischen Beruf. Sein Vetter war der bekannte Schauspieler Wallburg. Ediths Ehe mit Martin Wasserzug sollte allerdings nicht lange währen. Nach der Geburt ihres Sohnes Ernst-Martin im Jahr 1928 verlor sie bald das Interesse an ihrem Mann und ließ sich schließlich auch scheiden.

Im Jahr 1925 war dies jedoch in keiner Weise absehbar, und meine Mutter scheint über die glückliche Verheiratung der zwei Töchter sehr erleichtert gewesen zu sein, denn sie schrieb mir wenig später aus Frankfurt eine Karte, nun habe auch sie sich die Haare abschneiden lassen. Bis dahin war sie immer gegen die Bubikopf-Mode gewesen und hatte mich beschworen, meine langen Zöpfe zu behalten. Nach der Heirat ihrer Töchter verspürte sie aber offenbar Lust auf Verjüngung und nahm sich die Freiheit, sich ihrer aufwendigen Frisur zu entledigen.

Daß sie mir von ihrer ›Befreiungstat‹ auf einer Karte schrieb, mag zeigen, wie nahe wir uns auch in der Zeit meines Erwachsenwerdens standen. Ich kann wirklich sagen, daß ich in den Jahren, die für viele Jugendliche heute so problematisch zu sein scheinen, nicht die geringsten Schwierigkeiten mit meinen

Eltern hatte. Ich begreife auch jetzt noch nicht, was an der Pubertätszeit und der Familie so kompliziert sein soll, wenn die Eltern nur ein bißchen Vertrauen in ihre Kinder haben. Meine Eltern waren in allem liberal und setzten einfach voraus, daß meine Schwestern und ich nie auf die Idee kommen würden, ihre Großzügigkeit zu mißbrauchen. Das taten wir dann auch nicht.

So ließen uns meine Eltern auch schon früh alleine verreisen, beispielsweise im Sommer 1923, als meine Mutter krank war und Edith und ich einige Tage vor meinen Eltern nach Hiddensee fuhren. Wie wir die Wechselfälle des Inflationsalltags bestanden haben, weiß ich heute nicht mehr. Erinnern kann ich mich dagegen sehr gut an den Tisch, an dem wir im Hotel saßen, denn unsere Tischnachbarn waren Max von Schilling, der bekannte Opernintendant und Komponist, mit seiner Frau, der Sängerin Barbara Kemp; beide kümmerten sich mit rührender Freundlichkeit um uns halbwüchsige Mädchen. Hiddensee war damals spürbar ›bohemischer‹ als unsere bisherigen Ferienziele, und ich schwärmte für Walter Trier, den charmanten Illustrator, der ebenfalls im Hause wohnte. Zwei Jahre später sind wir nochmals auf Hiddensee gewesen, und damals schoß ich, noch ganz amateurhaft, meine ersten Photos, darunter eines von Gerhart Hauptmann, würdig am Kaffeetisch sitzend.

Mit meiner Mutter bin ich an Ostern 1924 auch für drei Tage nach Dresden gefahren, weil sie dort die »Don Giovanni«-Aufführung unter Fritz Busch mit den Bühnenbildern von Slevogt sehen wollte. Für mich wurde das unvergeßliche Ereignis dieser Fahrt der Besuch der Dresdner Galerie. Da sah ich Vermeer und Holbein, Dürer und van Eyck, Rembrandt und Rubens, zahllose Holländer und Italiener, den »Heiligen Sebastian« von Antonello, die damals hochgeschätzte »Venus« von Giorgione und die vielen herrlichen Canalettos. Noch heute besitze

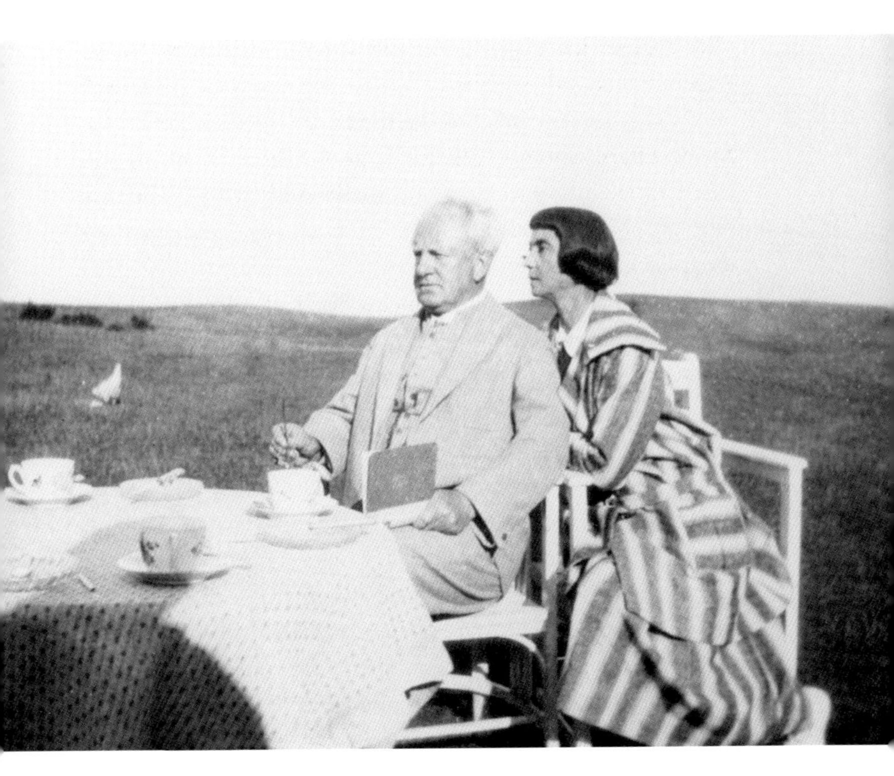

ich die Postkarten, die ich damals kaufte und spüre die Begeisterung, die ich empfand, all diese Schätze sehen zu dürfen.

Ähnlich ergeht es mir, wenn ich an ein Ereignis im Kaiser-Friedrich-Museum aus dieser Zeit zurückdenke. In seiner Abteilung der Alt-Niederländer wurde in den frühen zwanziger Jahren ein bedeutender Neuzugang gezeigt: die große »Anbetung der Könige« von Hugo van der Goes. Friedländer hatte das Bild, soviel ich weiß, während oder kurz nach dem Kriege im seinerzeit neutralen Spanien aufgespürt, doch kam es erst einige Jahre später an seinen Platz im Museum. Mit Hugo van der Goes waren viele Rätsel verbunden, denn man wußte relativ wenig über ihn. Daß er zuletzt dem Wahn verfiel, erschien wie ein Symbol für das Geheimnis, das diesen Künstler bis heute umgibt. »Die Anbetung der Könige« hielt ich, als ich sie zum ersten Mal sah, sogleich für das grandioseste Bild dieser ohnehin schon vorzüglichen Abteilung des Kaiser-Friedrich Museums. Vor 1918 hatte ich dort übrigens noch die beiden Flügel des Genter Altars gesehen, die nach dem Versailler Vertrag zurückgegeben werden mußten. Von Hugo van der Goes durfte ich einige Jahre später in Florenz auch den Portinari-Altar kennenlernen, der gegenüber dem Werk in Berlin noch einmal eine Steigerung bedeutete.

Diese prägenden Kunsterlebnisse meiner jugendlichen Jahre zeigen, daß für mich eigentlich nur die alten Meister zählten. Vom aktuellen Kunstgeschehen, dem Expressionismus, der sich damals so stürmisch entwickelte, nahm ich als ›höhere Tochter‹ so gut wie nichts wahr. Zu meiner ersten Begegnung mit der modernen Kunst kam es denn auch auf einem Umweg – ich verdanke sie der Tanzstunde. Dort lernte ich einen netten Jungen namens Heinz Schlohmann kennen, der – wir waren 14 oder 15 Jahre alt – mich sogar zu sich nach Hause einlud. In seinem Zimmer begab es sich, daß er mir – in größter Heimlichkeit – Reproduktionen von Kokoschka zeigte! »Die Auswanderer«

und »Die Freunde« bekam ich zu sehen, und er begeisterte sich so sehr daran, daß ich die Bilder nie vergaß, auch wenn ich sie selbst später nicht geliebt habe.

In die gleiche Zeit fiel auch ein Ausstellungs-Ereignis im Kronprinzen-Palais, das den Horizont meiner Kunstleidenschaft entscheidend erweiterte. Franz Marcs »Turm der blauen Pferde« wurde zum ersten Mal ausgestellt. Obwohl ich das Werk nicht eigentlich verstand, war ich davon sehr fasziniert. Es war für mich etwas völlig Neues, und in gewissem Sinne auch wieder nicht. Noch immer empfinde ich das Bild als das Deutscheste, was die Kunst des 20. Jahrhunderts hervorgebracht hat. Etwas vom Purismus des Bamberger Reiters lag für mich darin, wobei ich kaum zu erwähnen brauche, daß auch ich eine Reproduktion dieser Plastik über dem Bett hängen hatte, ohne die ein deutsches Mädchen damals offenbar nicht einschlafen konnte. Franz Marc hatte, so schien mir, ebenfalls etwas von dieser deutschen Reinheit, die mir, wenn ich ehrlich sein soll, ebenso sympathisch wie unerträglich vorkommt. Mehr als 70 Jahre ist es unterdessen her, daß ich den »Turm der blauen Pferde« zum letzten Mal sah, und es heißt, das Bild sei im 2. Weltkrieg zerstört worden. Womöglich wurde es aber nur verschleppt und kommt eines Tages wieder zum Vorschein.

Vevey, Italien, Reinhardt

So sehr ich mich für Kunst interessierte, so engagiert ich auch im Sport war – auf meine schulischen Leistungen hatte all dies keinen Einfluß. Im Gegenteil: Ich wurde schlechter und schlechter und wäre zuletzt glatt durchgefallen, hätte ich die Schule nicht nach der Untersekunda verlassen – mit den zehn Jahren, die man haben mußte, aber ohne Abschluß. Wie schon angedeutet, drängte meine Mutter zwar darauf, daß ich auf der Schule bliebe und Abitur machte, doch ich wollte partout nicht. Wahrscheinlich wäre ich nicht einmal dazu zu bewegen gewesen, wenn ich daran gedacht hätte, daß man so etwas wie Kunstgeschichte studieren konnte. In meiner heftigen Abneigung gegen die Schule zog ich dies jedoch gar nicht in Betracht. Um so größer war später jeweils meine Freude, wenn ich – was häufiger geschah – gefragt wurde, über welches Thema ich promoviert hätte...

Mit 16 Jahren, an Ostern 1926, bin ich aus der Schule ausgetreten und hatte das Leben vor mir. Was ich werden wollte, wußte ich zwar noch nicht, obwohl für mich auch damals schon außer Frage stand, daß ich einen Beruf erlernen wollte. Nach Krieg und Inflation wurden junge Frauen nicht mehr allein für die Ehe erzogen. Für mich war es vielmehr selbstverständlich, etwas Eigenes leisten zu wollen und berufstätig zu werden; auch die meisten meiner Freundinnen sahen dies so. Die Zeiten, in denen eine Frau nur Gesellschaftsdame oder Hausfrau sein konnte, waren eindeutig vorbei, und meine Mutter, die keine Berufsausbildung hatte, bestärkte mich in meiner Haltung. Zunächst aber war ich noch etwas zu jung, und so schickten mich meine Eltern, wie dies bei ›höheren Töchtern‹ damals Sitte war, auf eine Haushaltungsschule in die Schweiz. Für ein knappes dreiviertel Jahr kam ich an die »Ecole Nouvelle Ménagère« in Jogny sur Vevey, um dort neben Französisch allerlei Nützliches zu lernen. Man schrieb das Frühjahr 1926, und in Deutschland ging es unterdessen wirtschaftlich so gut, daß derartige Aufenthalte wieder möglich waren. Für mich war es die erste Auslandsreise nach dem Krieg, und meine Mutter kam auf der Hinfahrt mit.

In Basel haben wir übernachtet und gingen anderntags ins dortige Museum, wo ich die Holbein-Bilder bewunderte, vor allem das Porträt seiner Frau mit den beiden Kindern. Nach dem »Moretto«, den ich in Dresden gesehen hatte, war das ein weiteres großes Erlebnis. Den »Kaufmann Giesze«, den ich aus Berlin kannte, liebte ich dagegen – wohl zu Unrecht – nicht so sehr. Am meisten aber hat mich damals ein Laokoon beeindruckt, der im oberen Stock mitten unter zeitgenössischen Schweizern hing, und zwar, wie ich mich noch genau erinnere, neben dem Gemälde eines gewissen Pellegrini. Auch wenn das Laokoon-Bild dort eigentlich nichts zu suchen hatte, war dies meiner Begeisterung keineswegs abträglich – es handelte sich um einen Greco, das erste Werk, das ich von diesem Künstler sah. Es scheint damals als Leihgabe in Basel gewesen zu sein, denn es gehörte, wie ich später erfuhr, dem Berliner Sammlersohn Francesco von Mendelssohn. Später hat er es verkauft, und auf Umwegen gelangte das Bild in die Washingtoner National Gallery, wo es heute – leider bis zur Unkenntlichkeit verputzt – hängt. Als ich es damals, mit 16 Jahren, in Basel sah, erschien es mir als ein besonders geheimnisvolles Meisterwerk.

Die anschließende Zeit in Vevey habe ich in wundervoller Erinnerung, es waren herrliche Monate. Zum ersten Mal habe ich Berliner Kind dort Landschaft gesehen. Der Genfersee, die Weinberge des Waadtlandes, die Rhône-Mündung in den See, der Dent du Midi – all dies sind für mich unvergeßliche Eindrücke geblieben. Noch heute liebe ich diese Gegend sehr. Französisch oder etwas anderes Nützliches habe ich bei diesem Aufenthalt allerdings nicht gelernt, denn meine Mitschülerinnen kamen ebenfalls alle aus Deutschland oder aus der Deutschschweiz; wir haben uns wunderbar verstanden und uns köstlich amüsiert – aber dabei immer nur Deutsch geredet. Zum Französischlernen, dachten wir, würden wir später noch früh genug kommen.

In den Sommer 1926 fiel auch der 60. Geburtstag meines Vaters, der natürlich angemessen gefeiert werden mußte. Mein Vater stand damals auf der Höhe seiner beruflichen Laufbahn. Unter anderem hatte er das Schloß Muskau, den Sitz des Grafen Arnim, restauriert, und genoß einen ausgezeichneten Ruf als Kenner historischer Architektur. (Acht Jahre später habe ich das Schloß für die Postkartenserie des Deutschen Kunstverlags photographiert, der die Aufnahmen – man schrieb das Jahr 1934 – auch tatsächlich noch herausbrachte). Die Wiederherstellung von Muskau machte meinen Vater über die Fachkreise hinaus bekannt, und dies mag dazu beitragen haben, daß er bald darauf einen Anruf des Sekretariats von Max Reinhardt erhielt. Reinhardt hatte Schloß Leopoldskron erworben und ließ anfragen, ob mein Vater dafür eine Bibliothek in der Art der St. Galler Klosterbibliothek bauen wolle. Ein solcher Auftrag war natürlich sehr ehrenvoll. Reinhardt weilte in jenen Wochen in Venedig, und da traf es sich gut, daß Agathe die ganze Familie nach Florenz einlud, um dort den Geburtstag meines Vaters zu feiern. Ernst Saulmann hatte auch dort ein großzügiges Haus, das sich für ein schönes Fest vorzüglich eignete.

So machte ich mich also von Vevey Richtung Italien auf und fuhr allein mit der Bahn über den Lago Maggiore und Mailand nach Florenz. Auch dieser erste Aufenthalt im gelobten und geliebten Land Italien ist mir ganz unvergeßlich geblieben. Mein Schwager Saulmann war ein reizender und sehr kunstliebender Mann; er war ganz entzückt, als er feststellte, daß er da ein Mädchen von 16 Jahren zu Besuch hatte, das nichts Schöneres kannte, als sich ein Bild nach dem anderen anzuschauen. Er war darüber fast kaum zu halten und ruhte nicht, bis wir all die Herrlichkeiten in Florenz und Umgebung besucht hatten: In nur zwei Wochen habe ich so die ganze Welt des Quattrocento kennengelernt. Manche Bilder waren mir zwar schon in Büchern, den Bänden des »Museums«, begegnet, doch war dies nicht zu vergleichen mit den heute üblichen Vorkenntnissen, wo man alle Sehenswürdigkeiten bereits aus Farbbildbänden kennt. Der Eindruck der Originale war für mich überwältigend neu, und die Wirklichkeit übertraf all meine Vorstellungen bei weitem. Die Uffizien mit Simone Martini, Uccello, Domenico Veneziano, Piero, Botticelli, Signorelli usw., der Palazzo Pitti – es war eine einzige Wonne. In San Lorenzo begeisterte ich mich für Michelangelo, im Palazzo Medici-Riccardo bewunderte ich die Fresken von Gozzoli, in den Uffizien sah ich – nach dem Erlebnis in Berlin – meinen zweiten Goes. Und wenn Liebermann gesagt haben soll, es gäbe nur zwei gute Bilder in Italien, den Hugo van der Goes in Florenz und den Papst Innozenz von Velasquez in Rom, so muß ich sagen: Hier irrt der Maler. Ich zumindest glaube mich zu entsinnen, in Italien noch ein paar gute Bilder mehr gesehen zu haben.

Hinzu kam auch das Erlebnis der Städte selbst. Neben Florenz besuchte ich Siena und San Gimignano, die damals noch nicht vom Massentourismus in Mitleidenschaft gezogen waren. Noch gab es keine Busse und Reisegesellschaften; man konnte ganz einfach in die Kirchen und Museen gehen und ohne Gedränge in Muße alles besichtigen. Dies war die Art, wie ich Italien kennen und lieben lernte – es war fast zu schön. Zwar regierte zu dieser Zeit schon der Faschismus, doch für ein junges Mädchen, das all die herrlichen Orte und Kunstwerke zum ersten Mal sehen durfte, lagen die politischen Verhältnisse ganz außerhalb des Blickfeldes. Auch bei späteren Italien-Reisen haben wir sie, da wir schließlich Fremde waren, kaum beachtet, was jedoch keine Entschuldigung sein soll.

Nach den zwei Wochen in Florenz fuhr ich mit meinem Vater nach Venedig, wo er mit Max Reinhardt zusammentraf. Venedig hat unter allem, was ich in diesen überreichen Tagen erlebt und gesehen habe, vielleicht den größten Eindruck auf mich gemacht. Ich empfand die Stadt als einziges Wunder, ohne daß ich besondere Details daraus hervorheben könnte. Ein Ort allerdings berührte mich ganz besonders: die Frari-Kirche mit der kleinen Bellini-Madonna im Seitenteil, wo sie auch heute noch steht. Damals hingen an den Wänden rechts und links auch noch die Tafeln des Kalvarienberges von Domenico Tiepolo, die sich jetzt in der Kirche San Polo befinden und die mich als erste Rokoko-Kunstwerke tief beeindruckt haben. Ich bewundere diesen Zyklus noch immer sehr.

Da mein Vater während jener Venedig-Tage verschiedene Termine und gesellschaftliche Verpflichtungen mit Reinhardt wahrzunehmen hatte, bin ich die meiste Zeit alleine durch die Stadt gestreift. Eines Abends wandelte ich wieder einmal ganz unbesorgt über den Markusplatz, jung, leicht bekleidet und wohl auch nicht häßlich anzusehen – bis ich plötzlich bemerkte, daß eine ganze Kette männlicher Wesen auf unverkennbare Weise hinter mir herging. Da raste ich wie angeschossen ins Hotel zurück, wobei ich durch einige enge, dunkle Gassen hindurchmußte, denn die großen Hotels lagen ja alle am Canale Grande. Das alles war sehr unheimlich für eine 16jährige. Für damalige italienische Verhältnisse muß ich aber wohl etwas freizügig ausgesehen haben, so daß die Männer wie im Märchen »Schwan kleb' an« reagierten.

Max Reinhardt habe ich während dieser Tage im übrigen noch nicht kennengelernt, sondern erst ein Jahr später. Als Dank für die Arbeit meines Vaters lud er meine Eltern auf die

Salzburger Festspiele ein, und da ich sehr theaterbegeistert war, durfte ich mitkommen. Ich bin damals auch in Berlin sehr viel im Theater gewesen – immer mit Freikarten von Reinhardt, für die wir einfach nur bei seiner Sekretärin anrufen mußten. In Salzburg durfte ich dann all die berühmten Schauspieler, die ich bewunderte, von Angesicht zu Angesicht kennenlernen und saß mit Lilian Gish sozusagen an einem Tisch.

Leider war ich zuerst etwas schüchtern, denn ausgerechnet in diesen Tagen plagte mich ein Gerstenkorn am Auge, ein so gräßliches rotes Ding, daß ich dachte, all die berühmten Leute würden immer nur darauf starren. Nach und nach merkte ich aber, daß überhaupt niemand darauf achtete, und so war ich bald weniger befangen. Einmal habe ich mich mit Hermann Thimig sogar richtig gezankt; wir diskutierten über das Ballett und ich vertrat die Ansicht, das klassische Ballett sei doch fürchterlich stur und langweilig, mit anderen Worten völlig überholt – worauf er regelrecht außer sich geriet über mein naseweises Urteil. Dennoch waren er und Helene Thimig riesig nett zu mir, und einmal hat mir dann sogar Max Reinhardt zugelächelt, der ein junges Mädchen wie mich natürlich kaum wahrnahm. Eines Abends trat nämlich die amerikanische Diseuse Ruth Draper in privatem Rahmen mit Sketches auf, und in einer dieser Szenen nahm sie – alles in einer one-woman-show – die Art aufs Korn, wie sich Ausstellungs- und Konzertbesucher unterhalten. Ich fand die Szene unglaublich komisch und habe so wahnsinnig lachen müssen, daß mich Reinhardt bemerkte und plötzlich ganz liebevoll anguckte. Da dachte ich: Er wird sie auftreten lassen in Berlin. Und so geschah es dann auch; im folgenden Winter durfte Ruth Draper an der Komödie in Berlin ein Gastspiel geben.

Die entscheidende Anregung für meine Berufswahl war mir noch vor dem Aufenthalt in der Schweiz begegnet. Es stand für mich außer Frage, daß mein Beruf etwas mit Kunst zu tun haben müsse, auch wenn ich zu meinem Bedauern wußte, daß ich nicht im engeren Sinn künstlerisch begabt war. Talent im Zeichnen oder Malen besaß ich, so sehr ich mir dies gewünscht hätte, nicht, und so fiel die Kunst als Beruf außer Betracht. Kunst kann man nicht lernen – sie muß einem gegeben sein.

Im Jahr 1925 habe ich jedoch in der Galerie Flechtheim, die eine bekannte Kunsthandlung war, die Ausstellung einer Photographin namens Frieda Riess gesehen. Ihre Aufnahmen haben mich so begeistert, daß ich dachte, etwas derartiges wäre genau das Richtige für mich. Frieda Riess war eine ältere, kurzsichtige Dame, die am Kurfürstendamm ein Atelier führte und dort die gesamte Prominenz der damaligen Zeit photographierte. Vor kurzem ist mir ihr Name sogar im Briefwechsel zwischen Virginia Woolf und Victoria Sackville-West begegnet, denn auch die exzentrische Sackville-West ist zu ihr gegangen, um sich porträtieren zu lassen. Und in einem ihrer Briefe schreibt sie von den tollen Aufnahmen, die dieser kleine jüdische Rotschopf von ihr gemacht habe. Dies nach all den Jahren zu lesen, hat mich sehr gefreut. Leider konnte ich nie in Erfahrung bringen, was mit Frieda Riess später geschehen ist, ob sie emigrierte, durch die Nazis umkam oder vorher schon starb. Ich würde ihre Photos sehr gerne noch einmal sehen, doch niemand weiß offenbar, wo ihr Nachlaß geblieben ist. Ich erinnere mich noch heute genau an die Bilder, die bei Flechtheim ausgestellt waren: Photos von Anna Pawlowa beispielsweise, eines schöner als das andere. Als ich diese Aufnahmen sah, merkte ich, daß sich auch mit dem Medium Photographie etwas kreieren, etwas Künstlerisches schaffen ließ, ohne daß mein mangelndes Talent im Zeichnen und Malen dabei ins Gewicht fiel.

So habe ich damals beschlossen, Photographin zu werden, was ein typischer und durchaus geachteter Frauenberuf war. Es gab in Berlin zahllose Ateliers, wo man zu den verschiedensten privaten und familiären Anlässen hinging, um sich ablichten zu lassen. Eltern mit ihren Kindern, Brautpaare, frischbestallte Beamte, Professoren, Jubilare – Menschen jeden Alters und Berufs wurden da mit einigem Aufwand vor Kulissen postiert, sorgfältig ausgeleuchtet und einzeln oder in Gruppen photographiert. Diese Arbeit erforderte nicht nur einiges an technischem Wissen, sondern auch menschliches Geschick und ästhetisches Empfinden, weswegen sie vielleicht für Frauen prädestiniert war. Jedenfalls wurden die meisten Ateliers von Frauen geführt, allein oder zu zweit, und es gab dafür eine seriöse Berufsausbildung mit Lehrabschluß, Meisterprüfung usw. Wer Meister der Photographie war, durfte Lehrlinge ausbilden und Hospitanten aufnehmen, und bei einer solchen Photographin habe ich nach meiner Rückkehr aus Italien und der Schweiz die ersten Schritte in mein zukünftiges Metier getan. Sie hieß Lisi Jessen und hatte ein eigenes Atelier. Dort absolvierte ich zwischen Oktober 1926 und Februar 1927 eine Art Praktikum. Ich war dort nicht die einzige Hospitantin, sondern eines unter mehreren jungen Mädchen; wir freundeten uns bald an und unternahmen auch in der Freizeit einiges miteinander.

Meine eigentliche Ausbildung habe ich dann zu Ostern 1927 begonnen. Es gab damals in Berlin eine »Schule für Frauenberufe«, das sogenannte »Lette-Haus«, das auch heute noch an gleichem Ort existiert. Hier konnte man eine richtig fundierte Photographenlehre machen – mit einer Gesellenprüfung der Berliner Handwerkskammer zum Abschluß. Man wurde umfassend in allen Bereichen der Photographie unterrichtet, angefangen von der Optik und Kameratechnik, über Motivik und Bildaufbau bis hin zu den handwerklichen Details beim Entwickeln und Retouchieren. In ganz Deutschland gab es nur zwei solcher Photoklassen, eine in München und eine in Berlin, so daß wir eine recht buntgemischte Gruppe waren. Sogar drei Jünglinge gehörten dazu, doch wurden sie von uns Mädchen – wir waren zwanzig – eher bemitleidet und nicht sonderlich ernst genommen.

Mit einer Klassenkameradin habe ich mich damals besonders angefreundet. Sie hieß Beate Frese, kam aus Halle und hatte zuvor die Kunstgewerbeschule auf Burg Giebichenstein besucht, eine Dependance des Dessauer Bauhauses. Beate war klein und und blond, ich dagegen groß und dunkelhaarig, doch trotz unserer Gegensätzlichkeit waren wir unzertrennlich. Ihr Vater war Chirurg in Halle, wo sie später bis hinein in die DDR-Zeit wieder gelebt hat. Als wir uns kennenlernten, war sie sehr bohèmehaft; wir schwänzten die Schulstunden gleich dutzendweise und amüsierten uns nach Lust und Laune in ihrer reizenden kleinen Wohnung am Breitenbachplatz. Allerdings übertrieb Beate das leichte Leben dann etwas, so daß sie am Ende nicht zur Prüfung zugelassen wurde: Sie hatte gerade einmal zu oft gefehlt. Überhaupt war sie in ihrer Art seltsam vage, wollte nie etwas Bestimmtes, oder aber das Unmögliche, und fand dadurch auch später nicht so recht ihren Weg. Ich dagegen habe schon damals instinktiv nur das angestrebt, was im Rahmen des Erreichbaren lag; vielleicht bin ich deswegen auch nicht die große Bohemienne geworden, zu der mich meine Freunde gern gemacht hätten.

Meine Freunde – das waren damals vor allem Paul Citroen, von dem schon kurz die Rede gewesen ist, und sein Umkreis: Rut Landshoff (ihren Vornamen schrieb sie damals dezidiert ohne ›h‹), Walter Menzel usw. Paul Citroen war Maler und

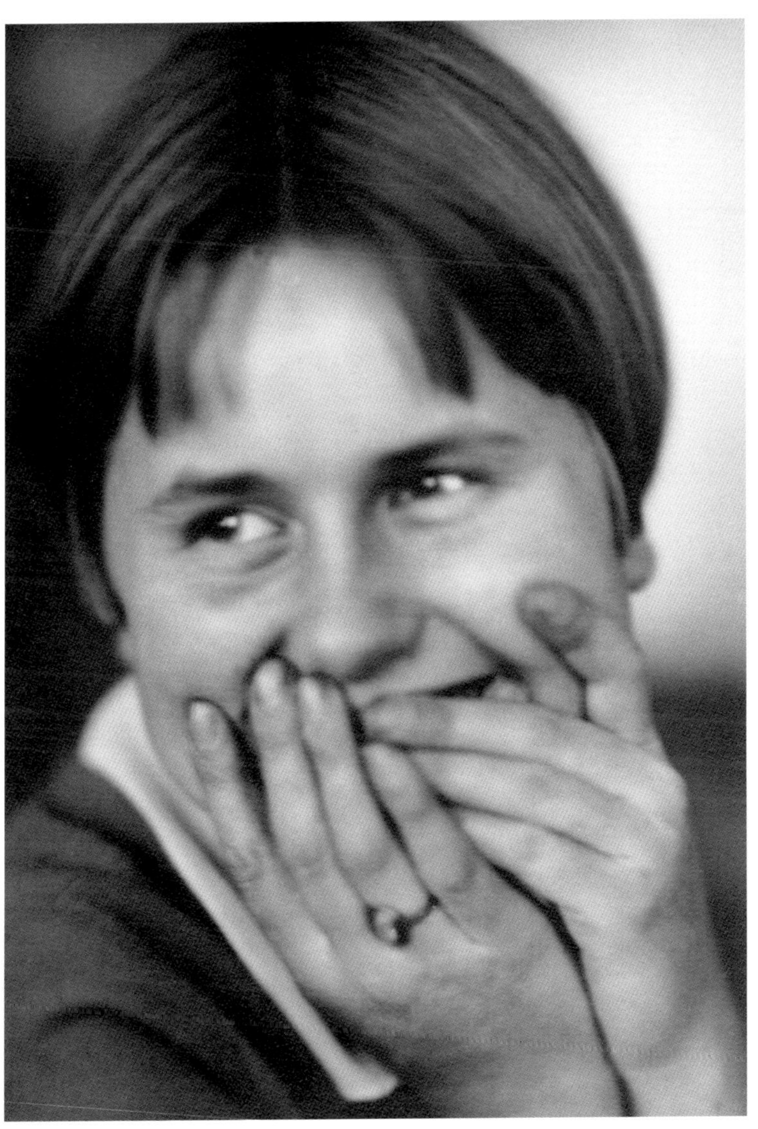

hatte als einer der ersten das Bauhaus besucht. Seine Eltern stammten ursprünglich aus den Niederlanden, und der Vater, der Pelzhändler war, hatte seine beiden Söhne vor dem 1. Weltkrieg einbürgern lassen wollen. Doch als er auf der entsprechenden Amtstelle die deutsche Staatsangehörigkeit beantragen wollte, sagte man ihm, er solle sich wieder melden, wenn seine Söhne im militärdienstfähigen Alter seien. Das ließ er dann wohlweislich bleiben; Paul kam dadurch nicht nur um den ersten Krieg glücklich herum, sondern konnte auch in der Nazi-Zeit in Holland untertauchen und hat so überlebt.

In den zwanziger Jahren wohnte Paul in der Derfflingerstraße, war noch gänzlich erfolglos und lag seinem Vater auf der Tasche. Der war es denn auch leid, daß sein Sohn nie einen Pfennig verdiente, und schickte ihn den Sommer über als Vertreter seines Pelzgeschäfts in die entlegensten Gebiete Deutschlands. Von diesen sommerlichen Pelzreisen nach Hinterpommern und anderswohin schickte mir Paul zahllose Karten, auf die er die kuriosesten Dinge klebte und schrieb. Es waren kleine Collagen mit Kitschbildchen, Zeichnungen von ihm selbst und allerlei aufgelesenen Sachen. Die Anrede bestand jeweils aus einem »Liebe...« und einer gezeichneten Maus, denn so nannte er mich. Noch heute ergötze ich mich an diesen Karten, die ich zu meinem großen Glück über die Zeiten retten konnte.

Wenn Paul nicht gerade auf Pelzreisen war, ging er bei uns ein und aus, und wir haben unendlich viel miteinander unternommen. Er war es beispielsweise, der mich in den ersten Chaplin-Film mitnahm, den ich gesehen habe. Auch schleppte er all die Leute an, die er ›entdeckte‹, und meist wurden aus ihnen dann Freunde. Als ich im »Lette-Haus« war, hatte er gerade Umbo kennengelernt, den er nun auf seine unvergleichliche Weise förderte. Dieser Otto Umbehr, ein Arbeiterkind aus Hannover, tauchte eines Tages mit Wandervogelsandalen in Berlin auf, ein kleines unscheinbares Männchen mit einfach-

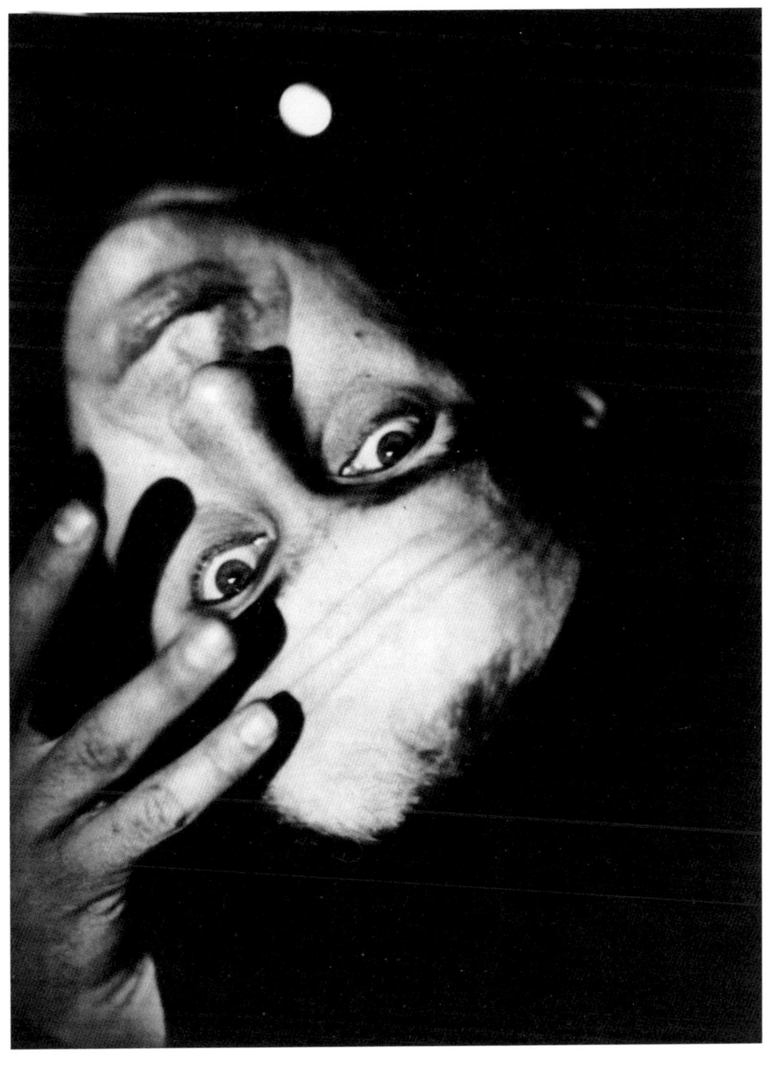

stem Hintergrund. Irgendwo lief er Paul in die Arme, der sofort spürte, was in ihm steckte. Binnen kurzem brachte er Umbo mit allen möglichen Leuten zusammen, vor allem mit Rut Landshoff, die Kontakte zu verschiedenen illustrierten Zeitschriften besaß. Auf diesem Weg kam Umbo an Aufträge für Photo-Reportagen heran, wie sie damals gerade in Mode waren. Er streunte – unter anderem auch mit Franz Hessel, den ich damals jedoch noch nicht kannte – in Berlin herum und knipste eigenartige Alltagsdinge. So ging es nicht lange, und Umbo wurde ein berühmter Photograph.

Auch ich habe von Paul viel Anregung erfahren. Wir waren fast ständig zusammen, und er bestärkte mich unermüdlich in meinen Plänen und Ideen. Von der Schule brachte ich jeweils Aufgaben mit – zum Beispiel: Gesicht mit Hand, Gesicht mit zwei Händen, drei Köpfe etc. – wozu mir dann Paul und die anderen Freunde Modell standen. Wir hatten sehr viel Spaß bei diesen ›Sitzungen‹, und es entstanden ganz zwanglos die originellsten Sachen. Das Photo von Beate, die sich, verwundert lachend, die Hände vor den Mund schlägt, war meine Lösung der Aufgabe ›Gesicht mit zwei Händen‹. Das Bild wirkt wie ein Schnappschuß, und wir waren beide ganz glücklich über diesen Einfall. Einer Idee von Paul verdankt sich übrigens auch jenes »Edgar Wallace«-Bild, das heute berühmt ist. Wir probierten mit Händen herum, und da hielt er seinen Arm scheinbar unmotiviert ins Interieur. Ich machte das Bild, und es wurde eine geradezu gespenstische Aufnahme daraus, so daß ich ihr irgendwann den Titel »Edgar Wallace« gab. Vor einigen Jahren ist das Photo sogar vom Paul Getty Museum in Malibu angekauft worden, bei welcher Gelegenheit man mich verwundert fragte, welchen tieferen Sinn dieser Titel eigentlich habe. Für mich enthielt das Bild jedoch einfach nur etwas Spannendes, Unklares, vielleicht auch Drohendes, wie man es aus Kriminalromanen kennt, und so war ich auf den Titel

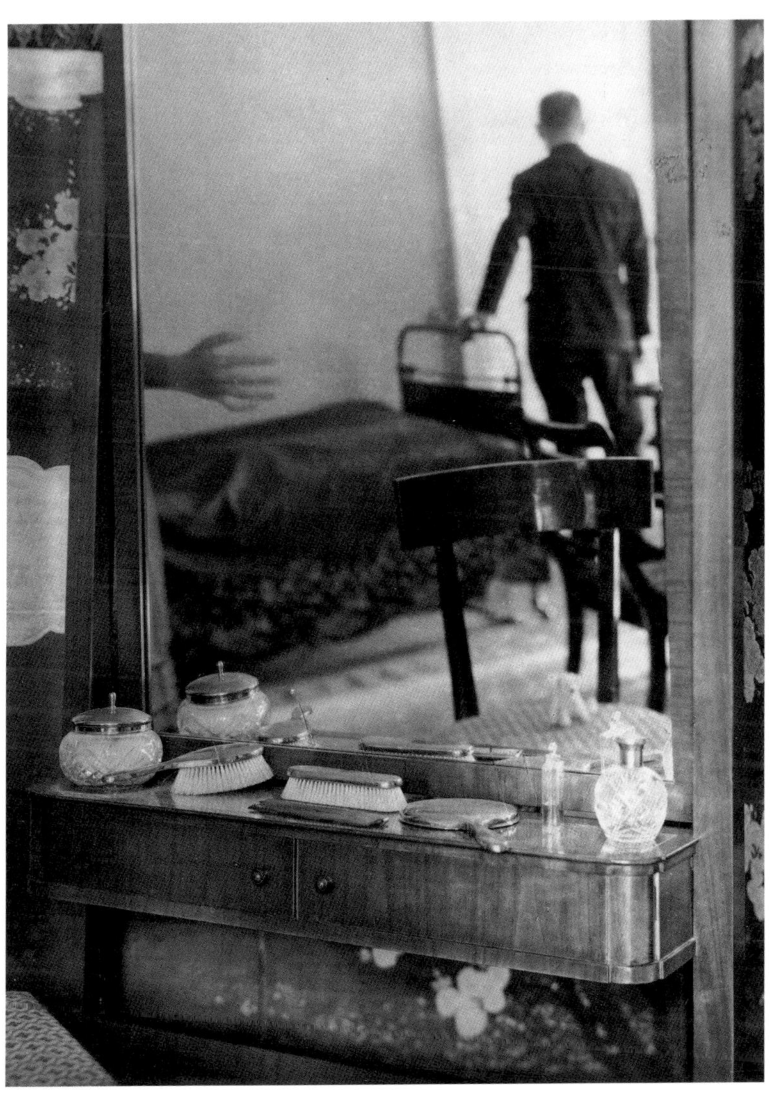

gekommen. Wallace war damals schließlich der Kriminalautor, für den mit dem Slogan: »Es ist unmöglich, von Edgar Wallace nicht gefesselt zu sein«, Werbung gemacht wurde. Offenbar wurde das Bild aber erst mit dem Titel so richtig irritierend.

Daneben hatte ich auch konventionell klingende Aufgaben zu lösen, zum Beispiel: zwei Personen. Da haben die meisten Mitschülerinnnen einfach zwei Leute irgendwo hingesetzt und sie aufgenommen. Mit Paul Citroen aber wurde gleich etwas ganz anderes, Lebendigeres daraus, z.B. das Bild mit Walter Menzel zusammen. Auch er war übrigens eine von Pauls Entdeckungen, wenn nicht gar seine Erfindung. Denn Menzel war angeblich Maler. Ich habe zwar nie ein Bild von ihm gesehen, aber Paul zufolge war er Maler. Die Kunst spielte in meiner Bekanntschaft mit ihm jedoch keine Rolle; wir sind zusammen eher auf Kostümfeste und dergleichen gegangen, und die anderen hofften immer, es würde gelingen, mich mit Menzel zu verkuppeln. Es wurde aber nichts daraus, obwohl er sehr attraktiv war, dandyhaft und geheimnisvoll.

Daß Walter Menzel keine rechten Chancen bei mir hatte, hing mit zwei Parties zusammen, die von meinen Mitpraktikantinnen bei Lisi Jessen organisiert worden waren. Die erste hatte im Winter 26/27 stattgefunden und ich war mit meinem damaligen Boyfriend, dem Sohn des schrecklich deutschen Malers Arthur Kampf, hingegangen. Dort traf ich einen Mann, der schon etwas älter war als wir und den ich sogleich interessant fand. Näher in Kontakt gekommen bin ich damals mit ihm nicht, doch ein Jahr später gab es wieder eine solche Party, und wieder war dieser Mann da. Wir haben dann miteinander getanzt und ich fragte ihn beiläufig, wer er sei. Darauf sagte er, er sei der Wacker, der die van Goghs gemalt habe. Diese Bilder waren damals in aller Munde, da Meier-Graefe sie zunächst für echt erklärt hatte, sich dann jedoch herausstellte, daß es sich um Fälschungen handelte. All diese Bilder waren durch die Hände eines gewissen Wacker gegangen, und ich staunte nicht schlecht, daß ich mit diesem Manne jetzt tanzte. Nicht im entfernten kam ich auf die Idee, daß sich mein Tanzpartner nur einen Scherz erlaubt haben könnte. So gutgläubig wie damals bin ich bis heute geblieben und merke es noch immer nicht, wenn mich jemand auf den Arm nehmen will. Mit soviel Naivität hatte mein Tanzpartner wohl nicht gerechnet, und so gab er sich bald zu erkennen: Er hieß Walter Feilchenfeldt.

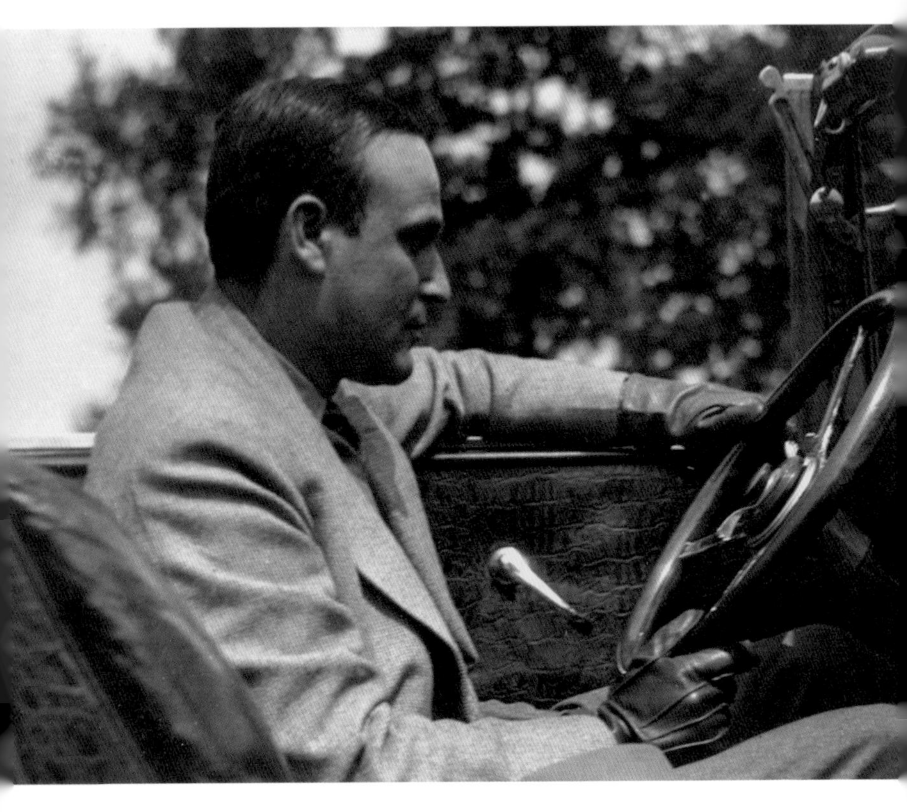

Walter Feilchenfeldt

Der Zufall wollte es, daß ich am nächsten Tag an einer Tramhaltestelle wartete und Walter Feilchenfeldt mit seinem Wagen genau dort halten mußte. Er sah mich, gestikulierte und rief, ob er mich irgendwohin mitnehmen könne. Ich sagte: »Ja, nach Hause«, und stieg in sein Auto – er hatte ein elegantes Buick Cabriolet. So lernten wir uns kennen. Wer Walter Feilchenfeldt war und welche Rolle er bei Paul Cassirer spielte, wußte ich so gut wie nicht. Der Beruf des Kunsthändlers hatte für mich allerdings einen geheimnisvollen und interessanten Klang, seit einmal an einem Sonntagnachmittag ein Herr aus Venedig bei meinen Eltern zu Gast gewesen war. Er hieß Adolfo Loewy, war mit den Bernheims verwandt und hatte als bettelarmer Jude in München begonnen, mit Kunst zu handeln. Durch seinen Spürsinn und sein Geschick brachte er es bald zu Wohlstand, und er erzählte uns beispielsweise, wie er einmal nördlich von Venedig in einem halbverfallenen Stall eine bemalte Decke gefunden hatte, die sich dann als ein Meisterwerk aus dem 18. Jahrhundert entpuppte, vielleicht nicht gerade ein Tiepolo, aber doch ein wahres Kunstwerk. Als ich das hörte, dachte ich, Kunsthändler zu sein, müsse ein geradezu märchenhafter Beruf sein, und so regte es meine Phantasie lebhaft an, daß auch Walter Feilchenfeldt, in dessen elegantem Auto ich nun saß, Kunsthändler war. Er war indes ein diskreter Mensch, und ich erfuhr erst etwas mehr über ihn, als er begann, mich in Restaurants auszuführen.

Mit einem gut 15 Jahre älteren Mann auszugehen, war für mich 19jährige etwas vollkommen Neues, doch auch für ihn scheint die Situation etwas Ungewohntes besessen zu haben;

Töchtern aus den sogenannten besseren Kreisen hatte er bislang eher ferngestanden. Dennoch ergab sich alles in ganz selbstverständlicher Weise und war so ganz und gar positiv, daß ich es nur rückhaltlos bejahen oder weggehen konnte – dies war mir von Beginn an klar. Es war gewissermaßen eine Liebe auf die erste Erkenntnis, und ich denke, daß dies mehr ist als eine Liebe auf den ersten Blick.

Wie er unsere Begegnung empfand, könnte ich noch heute kaum sagen; Feilchen war damals einer der begehrtesten Junggesellen Berlins, der weiblicher Schönheit keineswegs abgeneigt war; Bindungen aber vermied er sichtlich und nach Kräften. Vielleicht hat ihm deshalb an mir besonders gefallen, daß ich ungeachtet unserer noch jungen Bekanntschaft damals nur eines im Sinn hatte: Nach der Lehrabschlußprüfung nach Paris zu gehen und dort eine Zeitlang zu leben. Verblüfft haben ihn wohl auch meine Kenntnisse im Bereich der Kunst, die für mich ganz selbstverständlich waren. Als ich in diesen Tagen einmal zu ihm in die Galerie Cassirer kam, zeigte er mir zwei alte Bilder und fragte mich, was das sei. »Italien, 14. Jahrhundert«, meinte ich. Das wollte er jedoch nicht wissen. Ich begriff nicht, worauf er hinauswollte, und fügte, ohne viel nachzudenken, hinzu: »Na, Verkündigungs-Szenen.« Daß es um so etwas Banales ging, konnte ich mir zwar kaum vorstellen – das sah ja schließlich jedes Kind. Er aber geriet fast außer sich vor Erstaunen, daß ich das Motiv der Bilder sogleich erkannt hatte, denn seiner Erfahrung nach ging es den meisten Leuten nur um den Namen der Künstler, das Alter und die Seltenheit der Werke, während sie oft keine Ahnung hatten, was auf den Bildern eigentlich dargestellt oder erzählt wurde.

In der Galerie Cassirer bald ein- und ausgehen zu können, war für mich ein besonderes Erlebnis. Trotz meiner Vorliebe für die ältere Kunst war mir sehr wohl bewußt, welche Bedeutung diese Kunsthandlung besaß. Ich hatte dort die Munch-

Ausstellung und dann, im Sommer 1928, die große van Gogh-Ausstellung gesehen, und natürlich verfolgte ich auch die Geschehnisse, die später zum Aufsehen erregenden Prozeß um die Wacker-Bilder führten. Das Haus der Galerie befand sich an der Viktoriastraße und war von Henry van de Velde eingerichtet worden. Wie in einem Museum gab es dort einen Oberlichtsaal für die Ausstellungen, während sich die Handelsräume im ersten Stock befanden. In diesem privateren Rahmen traf man sich mit Kunden, zeigte ihnen Bilder und schloß Geschäfte ab. Feilchen lud mich bald dorthin ein, während das kleine Zimmer des Bilderlagers mir vorenthalten blieb.

Nach kurzer Zeit schon machte mich Feilchen auch mit Grete Ring bekannt, der Nichte Max Liebermanns, mit der er zusammen die Firma führte. Zufälligerweise hatte sie sich viele Jahre zuvor mit meinem Onkel Albert Lessing verlobt, dem Bruder meiner Mutter. Rasch war jedoch deutlich geworden, daß sie sich für etwas derart Konventionelles wie eine Ehe nicht im mindesten eignete. Grete Ring war eine absolut ungewöhnliche Frau, die ich geliebt habe wie kaum jemanden sonst. In ihrer Spontaneität und Eigenständigkeit hatte sie eine gewisse Ähnlichkeit mit meiner Tante Lene – allerdings ganz ins Geistige, Ästhetische gewendet. Für ihre entwaffnende Direktheit war Grete Ring bei vielen gefürchtet, und man erlebte fortlaufend die unglaublichsten Geschichten mit ihr. Wenn jemand beim Grüßen nicht den Hut zog, konnte sie den Betreffenden spitz fragen: »Sie haben wohl Spatzen unter dem Hut?« – worauf der Angesprochene meist fassungslos war vor Schreck. Einmal wurde sie auch in einen Beleidigungsprozeß verwickelt, weil sie einen Bekannten mit den Worten empfangen hatte: »Na, was haben Sie schon wieder für eine Schweinerei gemacht?« Die vorausgesetzte »Schweinerei« hätte der so Begrüßte sogar noch hingenommen, das »schon wieder« aber war ihm zu viel, so daß er sie verklagte. Derartige Dinge konnte

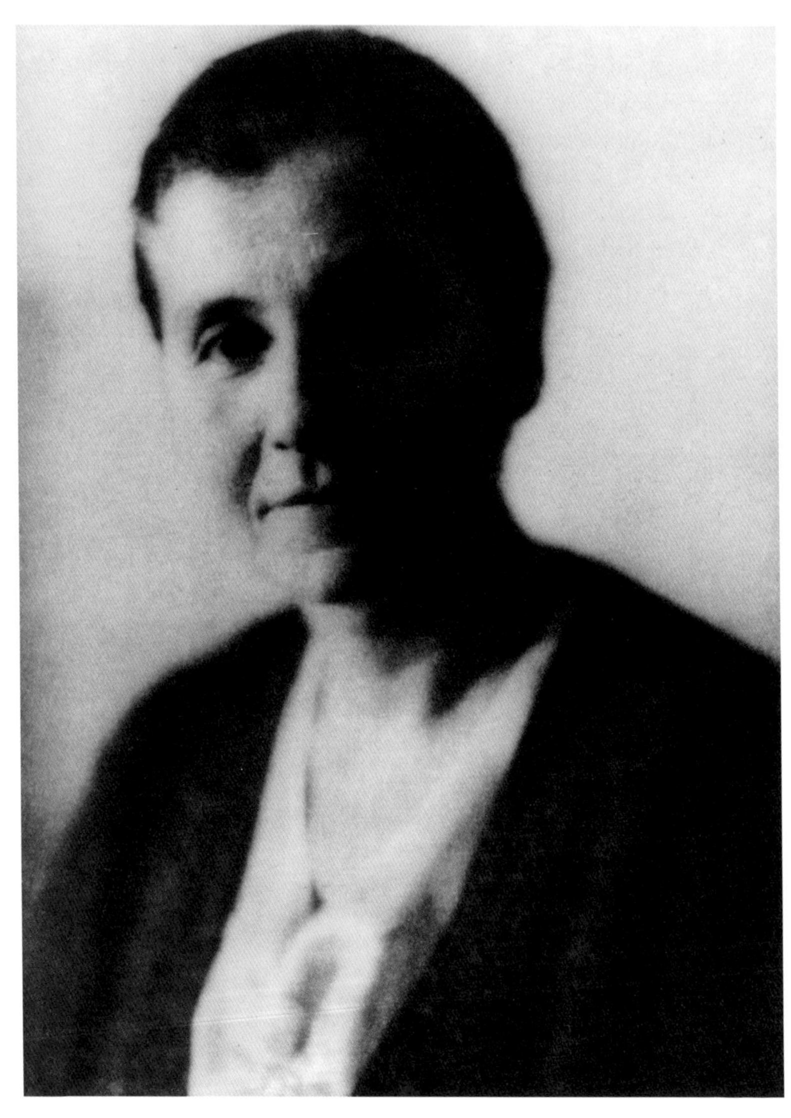

man mit Grete Ring dauernd erleben. In Berlin schätzte und mochte man sie zwar, hielt sie aber auch immer für etwas exzentrisch; erst in England, wohin sie ins Exil ging, hat man sie richtig verstanden.

Feilchen allerdings kam seit je glänzend mit ihr aus. Die beiden teilten an der Viktoriastraße ein großes Büro, in dem zwei Schreibtische mit den Stirnseiten aneinandergestellt waren. Dort saßen sie sich gegenüber und arbeiteten. Diese Anordnung hat mir so gefallen, daß ich noch heute in meinem Büro zwei Schreibtische mit gegenüberliegenden Arbeitsplätzen habe. Als ich Feilchen kennenlernte, stand die Cassirer'sche Kunsthandlung auf dem Höhepunkt, und er lebte gewissermaßen in diesem Büro. Daneben besaß er nur eine kleine Einzimmerwohnung an der Hildebrandstraße, wo all seine Bücher standen. Bilder hingen eigenartigerweise aber keine an der Wand. Tatsächlich war Feilchen auch eher Literat als Kunsthändler und ist letzteres mehr durch den Gang der Dinge als durch eigenen Antrieb geworden. Wie sich diese Entwicklung ergeben hat, erfuhr ich erst mit der Zeit und habe sie womöglich auch nicht in allen Details verstanden.

Den Krieg hatte er glimpflich überstanden, da er so klug war, sich gleich nach seiner Einberufung eine schwere Bronchitis zuzuziehen und auch weiterhin den Eindruck des Kränklichen zu machen. Er blieb deswegen in der Etappe und kam nie auch nur in die Nähe der Front. Wenn man ihn später auf seine Kriegserlebnisse ansprach, pflegte er mit einem Anflug von ironischem Stolz zu sagen, er sei nie über Jüterbog hinausgekommen. Nach Ende des Krieges vermittelte eine ältere Dame den Kontakt zu Cassirer. Sie hieß Regine Putzig und nahm irgendwie Anteil an Feilchens Schicksal. Auf ihre Empfehlung hin stellte sich Feilchen bei Cassirer vor, der von dem jungen Bewerber auch sehr angetan war, gleichzeitig aber bedauerte, ihn nicht anstellen zu können, da er bereits einen Mitarbeiter namens

Blumenreich habe. Zuletzt aber nahm er Feilchen doch, und zwar für den Verlag, wodurch eine allzu große Konzentration blumiger Namen vermieden war. Später hat Cassirer mehrfach versucht, Feilchen zur Änderung seines Namens zu bewegen, was dieser aber immer entschieden ablehnte.

Im Verlag war Feilchen übrigens durchaus am richtigen Ort, denn neben Nationalökonomie hatte er auch Literatur studiert, der sein eigentliches Interesse galt. Zum Wirtschaftsstudium war er lediglich gekommen, da er als Kind erlebt hatte, wie die Sommerferien der Familie immer wieder aus finanziellen Gründen in Frage standen. Sein Vater war Arzt im Alten Westen, stellte nach damaliger Sitte seine Rechnungen jährlich und hatte dann bisweilen Mühe, die Zahlungen rechtzeitig bis zu den Ferien einzutreiben. Aus dieser mißlichen Erfahrung zog Feilchen die Konsequenz, einen Beruf zu ergreifen, der Geld einbrachte. Als höchstes Ziel schwebte ihm vor, Prokurist bei Orenstein & Koppel zu werden, einer Maschinen- und Lokomotivenfabrik in Berlin. Sein Studium der Nationalökonomie schloß er folgerichtig mit einer Dissertation über die Schmalspurbahnen in Deutsch-Südwestafrika ab, doch mit dem Krieg war diese Kolonie für Deutschland ebenso verloren wie die dortigen Schmalspurbahnen für Orenstein & Koppel.

Der einstmals von ihm angepeilte Prokuristenposten hatte für Feilchen aber auch dadurch an Glanz verloren, daß er während des Studiums in Heidelberg Ernst Blass und Ernst Bloch kennenlernte, die ihn in die Welt der Literatur und Philosophie hineinzogen. Insbesondere Blass hat Feilchen Zeit seines Lebens stark beeinflußt, was bei meinem Auftauchen zu gewissen Kompetenzstreitigkeiten führte. Blass beanspruchte seinen alten Freund, der ihn zudem finanziell über Wasser hielt, ganz für sich und war keineswegs einverstanden, daß da eine junge Person mit eigenen Rechten dazwischenkam. »Blass sieht es ungern, wenn ich meine Interessen zersplittere«, sagte Feilchen immer, während ich der Ansicht war, daß Blass eigentlich nicht übermäßig ergiebig sei und sich wie ein eifersüchtiger Aufpasser benehme. Feilchen war ihm gegenüber von einer geradezu rührenden Treue und hat, insbesondere als Blass zu erblinden begann, alles nur Erdenkliche für ihn getan. Merkwürdig übrigens, wie Kokoschka in seinem Blass-Porträt, das heute in der Bremer Kunsthalle hängt, das Verlöschen des Augenlichts bereits dargestellt hat – obwohl die Krankheit erst einige Jahre später ausbrach.

Auch die Freundschaft mit Ernst Bloch hatte weit über die Heidelberger Studienjahre hinaus Bestand. Zu den ersten Büchern, die Feilchen bei Cassirer herausbrachte, zählten Blochs Essays »Durch die Wüste« und die überarbeitete Fassung von »Geist der Utopie«. Als ich Feilchen kennenlernte, bereitete er gerade die Veröffentlichung der »Spuren« vor, die dann eine Auszeichnung für ihre Buchgestaltung erhielten. Auf diesen Preis, den er zusammen mit dem Drucker Jakob Hegner bekam, war Feilchen zeit seines Lebens sehr stolz.

Weitere wichtige Produktionen aus Feilchens Verlagstätigkeit waren Barlachs Autobiographie »Ein selbsterzähltes Leben« sowie zu Beginn der 20er Jahre Chagalls Mappe »Mein Leben«. Zusammen mit Chagalls Frau übersetzte Feilchen den dazugehörigen Text. Als er Liebermann von der Sache erzählte, soll dieser nur abwehrend kommentiert haben: »Zeigen Sie mir das Zeug bitte erst gar nicht; zum Schluß gefällt mir der Scheißdreck auch noch.« Die Mappe wurde jedoch ein großer Erfolg und setzte die Tradition der Cassirer'schen Pan-Presse eindrücklich fort.

Ende der 20er Jahre trat der Verlag für Feilchen eher in den Hintergrund, doch blieb er der Welt der Bücher auch weiterhin stark verbunden. Er verehrte Karl Kraus (ganz im Gegensatz zu mir), kannte Leute wie Bert Brecht und Arnold Bronnen (von denen seine Mutter sagte, sie hätten in der Inflationszeit silberne Löffel bei ihr mitgehen lassen) oder setzte sich intensiv für Robert Musil ein (dessen »Mann ohne Eigenschaften« ohne Feilchens Unterstützung womöglich gar nicht hätte erscheinen können). Im Paul Cassirer Verlag brachte er außerdem Friedländers vielbändige »Altniederländische Malerei« heraus, und es lag zuletzt nicht an ihm, sondern an der politischen Entwicklung, daß dieses Werk seinen Abschluß nicht mehr in Deutschland erlebte.

Der Eintritt in die Cassirer'sche Kunsthandlung muß sich indes schon in den Jahren 1922/23 vollzogen haben. Wie es dazu gekommen war, wurde mir später von verschiedener Seite gleichlautend erzählt. Danach unternahm Cassirer eines Tages eine Reise nach Wien und bat Feilchen, ihn zu begleiten. Es war eine Schlafwagen-Nacht, doch Cassirer konnte eben dies eine nicht: schlafen. So beschloß er, seinen Angestellten in die Kunstgeschichte einzuführen und belehrte ihn in jener Nacht über die gesamte Malerei von Giotto bis Cézanne. Nach diesem Schnellkurs war Feilchen für ihn Kunsthändler, als welcher er fortan auch für Cassirer arbeitete. Für Grete Ring, die eine wirkliche studierte Kunsthistorikerin war – Wölfflin-Schülerin und langjährige vertraute Freundin von Max J. Friedländer – stellte diese männliche Par-Force-Tour natürlich eine Unmöglichkeit dar. Eine ihrer Lieblingsbemerkungen war denn auch, daß Feilchen (den sie liebte) ausgesprochen »gelehrig« sei. Ungeachtet des ironischen Untertons hatte sie damit vollkommen recht, denn Feilchen wurde sehr rasch ein Kenner der Kunst, die ihn interessierte.

Es war dies vor allem die französische Kunst, insbesondere der Impressionismus. Überhaupt empfand Feilchen für die französische Kultur eine tiefe Sympathie, was wohl damit zusammenhing, daß er als Kind auf das französische Gymnasium von Berlin gegangen war. Schon sein Vater hatte als Vertrauensarzt der französischen Botschaft eine so große Neigung für Deutschlands angeblichen ›Erbfeind‹ entwickelt, daß er seinen Sohn auf der französischen Schule erzogen sehen wollte. Aus diesem Grund sprach Feilchen die Sprache perfekt, wenn auch mit unüberhörbar berlinischem Einschlag. Die Fähigkeit, fließend und wie selbstverständlich Französisch sprechen zu können, kam Feilchen bei Cassirer außerordentlich zustatten, denn dessen einstmals so glänzende Kontakte nach Frankreich hatten durch die Kriegs- und Nachkriegsereignisse schwersten Schaden genommen.

Die Zusammenhänge, die ich mir später aus verschiedenen Berichten rekonstruiert habe, waren folgende: Paul Cassirer hatte seit der Jahrhundertwende über viele Jahre hinweg erstklassige Bilder französischer Maler von seinen französischen Kollegen in Kommission, in erster Linie von Bernheims, Durand-Ruel und wohl auch von Vollard. Auf Grund dieser Beziehungen konnte er deutschen Museen und Sammlern hervorragende Stücke anbieten und erwarb sich so seinen Ruf als *der* Händler für moderne Kunst in Deutschland.

Beim Ausbruch des Krieges befand sich eine Anzahl solcher in Kommission übernommener Bilder bei ihm in der Viktoriastraße. Der patriotische Taumel der ersten Kriegstage erfaßte auch Cassirer, so daß er die Bilder in den Keller verbannte, wo sie bleiben sollten. Aus dieser Zeit datiert auch die peinliche Zeitschrift »Kriegszeit«, in der sich viele seiner deutschen Künstler mit vaterländischer Kunst kompromittierten. Cassirer meldete sich sogar als Freiwilliger und begann seine Kriegslaufbahn als Fahrer irgendeines Generals. Nach einer gewissen Zeit kam er jedoch zur Besinnung und brachte es fertig, sich in Richtung Schweiz zu verabschieden. Dort gab er zusammen mit Rascher die »Weißen Blätter« heraus, die eine pazifistische Ausrichtung hatten.

Auch nach Ende des Krieges blieb Cassirer zunächst noch in der Schweiz. Seine Angestellten in Berlin aber mußten von irgendetwas leben. So holten sie die französischen Bilder aus dem Keller und fingen an, sie zu verkaufen. Offenbar war es kein anderer als der besagte Blumenreich, der diese Verkäufe tätigte. Soviel ich weiß, war Manets »Bar aux Folies Bergères« darunter, ein Bild, das Courtauld kaufte und das heute in dem nach ihm benannten Museum in London zu sehen ist.

Als dann einige Zeit nach Friedensschluß die Grenzen zwischen Frankreich und Deutschland wieder geöffnet wurden, kam sogleich eine Kiste aus Paris an, in der sich das Porträt befand, das Renoir 1914 von Cassirers Frau Tilla Durieux gemalt hatte. Das Bild war bei Ausbruch des Krieges bei Durand-Ruel verblieben, der es schon am ersten Tag nach der Grenzöffnung nach Berlin schickte – in der Erwartung, Cassirer werde dies mit gleichem vergelten und die ihm überlassenen Gemälde ebenfalls zurücksenden. Doch nichts dergleichen geschah: Die Bilder waren unterdessen verkauft und das entsprechende Geld durch die Inflation kaputt gegangen. Paul Cassirer reiste nach Paris, um im persönlichen Kontakt zu retten, was noch zu retten war, doch wurde er von seinen dortigen Kollegen nicht einmal empfangen. Man sah in ihm eine Art Betrüger, der die Bilder unterschlug, und behandelte ihn in aller Deutlichkeit als persona non grata. Diese Erfahrung muß für ihn eine nahezu unerträgliche Demütigung gewesen sein, von der Katastrophe einmal ganz zu schweigen, die dies für die Firma bedeutete. Cassirer wußte offenbar nicht mehr weiter und beauftragte Feilchen, durch Verhandlungen über die deutsche Reichsregierung zu versuchen, das Schlimmste abzuwenden. In diesem Moment bestand Grete Rings Vater Victor Ring, der Vizepräsident des Berliner Kammergerichts, auf der Bedingung, daß seine Tochter und Feilchen mit je einem Drittel Teilhaber bei Cassirer werden müßten. Cassirer gestand dies zu. Feilchen und Grete Ring kauften sich mit Hilfe ihrer Eltern in die Firma ein, die durch dieses Geld weiter existieren konnte. Feilchen brachte es in der Folge auch tatsächlich fertig, die Regierung für eine Unterstützung zu gewinnen, d.h. das deutsche Reich gewährte ein Darlehen, mit dem Paul Cassirers Schulden bei seinen französischen Kollegen beglichen werden konnten. (An der Rückzahlung dieses Geldes hatte Feilchen allerdings noch viele Jahre zu tragen.) Diese Regelung war erzielt, kurz bevor sich Paul Cassirer im Januar 1926 erschoß.

Über diesen Selbstmord ist viel spekuliert worden. Gemeinhin werden die Gründe darin vermutet, daß Tilla Durieux die Scheidung beantragt hatte, um Lutz Katzenellenbogen zu heiraten. Feilchen kannte das Ehepaar Cassirer-Durieux über mehrere Jahre hinweg sehr gut und wußte um die heftigen Emotionen zwischen den beiden. Dennoch hatte er sie immer als zusammengehörig empfunden. Durch das Pariser Debakel schienen sich die Gewichte jedoch so sehr verschoben zu haben, daß sich Tilla Durieux zur Trennung entschloß. Damit hatte Cassirer, der seinerseits eine Affäre mit Katzenellenbogens Frau Estella unterhielt, offenbar nicht gerechnet. Beruflich wie privat gleichermaßen gedemütigt, fügte er sich im Vorzimmer des Scheidungsanwalts die tödlichen Schußverletzungen zu, wobei offen bleibt, ob er nicht eigentlich nur ein dramatisches Zeichen hatte setzen wollen.

Sein unerwarteter Tod fiel in eine Zeit, in der es wirtschaftlich plötzlich wieder spürbar aufwärts ging, ja, man kann sagen, daß die Jahre 1926 bis 1929 zu den besten der Firma überhaupt wurden. Anfangs gab es noch gewisse Irritationen, weil Paul Cassirers Vetter Bruno alte Rechte geltend machte und versuchte, sich in den Verlag einzumischen. Feilchen versuchte nach Kräften, diese unwillkommene Einflußnahme abzuwehren, konnte aber nicht verhindern, daß Friedländers Werk zur »Altniederländischen Malerei« davon in Mitleidenschaft gezogen wurde. Zu dieser Zeit stand die Veröffentlichung des 4. Bandes an, der Hugo van der Goes behandelte und der nun auf Grund der ungeklärten Lage in einer erheblich kleineren Auflage gedruckt wurde als die vor- und nachherigen. Als Bruno Cassirer sah, daß er gegen Feilchens Widerstand die Geschicke des Verlags nicht in die Hand bekam, zog er sich wieder zurück. Das Verhältnis zwischen ihm und Feilchen blieb jedoch nachhaltig getrübt, und Friedländers van der Goes-Band ist heute eine gesuchte Rarität.

In dieser Zeit fuhr Feilchen zum ersten Mal für die Firma nach Paris und erlebte zu seiner Überraschung, wie er von den französischen Kollegen, die er noch gar nicht kannte, mit größter Freundlichkeit und Zuvorkommenheit empfangen wurde. Wie sehr man ihn persönlich dort schätzte, zeigt die Tatsache, daß er auch in Paris allgemein nur Feilchen genannt wurde. Wie oft habe ich später gehört, wie man ihn in unverfälschtem Französisch mit »Feischön« anredete. Bald ernannte ihn der französische Händlerverband sogar zum Vertrauensmann, der bei Konflikten mit deutschen Kollegen zu vermitteln hatte. Dies kostete ihn mitunter viel Zeit und Mühe, doch sein Verhandlungsgeschick bewährte sich auch hier in hervorragender Weise. Einmal hatte er sogar in Eger – ich weiß nicht mehr in welcher Sache – einen Schiedsspruch zu fällen.

Feilchens Hauptaktivität in den Jahren 1928/29 galt jedoch der Durchführung von Auktionen. Dies war ein Geschäft, das ihn sehr passionierte, auch wenn er nur als Beisitzer fungierte; den Hammer führte der alte Hugo Helbing, ein Kunsthändler aus Frankfurt. Die erste bedeutende Auktion unter Feilchens Ägide fand im Mai 1928 statt; zum Ausruf kam die Sammlung des großen jüdischen Sammlers Huldschinsky. Dieser war von sich aus auf Feilchen zugekommen und hatte ihm aus persönlicher Wertschätzung seine Sammlung zur Versteigerung angeboten. Feilchen versprach, sich dafür etwas Besonderes einfallen zu lassen, und das tat er auch, indem er einen Katalog drucken ließ, der so groß und schwer, aber auch so schön gestaltet war, daß man weder das Herz hatte, ihn wegzuwerfen, noch ihn in irgendeinem Bücherschrank unterbringen konnte. Jedes Bild war in Kupfertiefdruck ganzseitig reproduziert, und während einiger Wochen, ja, noch Jahre später, sah man den Katalog überall bei den wohlhabenden Berliner Kunstliebhabern in den Wohnzimmern liegen. Die Auktion wurde zu einem Ereignis, von dem alle Welt sprach, und erbrachte ein glänzendes Ergebnis. Einige der berühmten Bilder, die damals verkauft wurden, lernte ich später kennen, so z.B. das »Kranke Kind« von Metsu, das vom Amsterdamer Rijksmuseum angekauft wurde, oder die wundervolle »Briefleserin« von Terborch, die Frau von Pannwitz zusammen mit Bildern von Ruisdael, Hals und anderen erwarb. Die Huldschinsky-Auktion machte Feilchen in Kunstkreisen nahezu berühmt und führte dazu, daß ihm weitere große Sammlungen angeboten wurden.

Bisweilen war dies auch mit einer kuriosen Vorgeschichte verbunden wie im Falle der Sammlung Spiridon. Im Sommer 1928 fuhr Feilchen in die Schweiz, denn er stand in engem Kontakt mit Böhler & Steinmeyer. Ersterer hatte sich in Meggen gerade eine überelegante Villa bauen lassen, die besichtigt sein wollte, während mit Steinmeyer, der in der Firma Anstand und Sitte verkörperte, Gespräche anstanden. Feilchen traf jedoch zu früh in Luzern ein und nutzte die freie Zeit für einen Besuch bei Theodor Fischer. Obwohl beide Auktionen machten, hatten sie sich offenbar nicht allzu viel zu sagen, so daß Fischer schließlich fragte, ob Feilchen Schach spielen könne. Feilchen war ein ausgezeichneter Schachspieler, machte aber davon wenig Aufhebens. Man spielte also eine erste Partie, die Feilchen ohne weiteres gewann. Theodor Fischer wollte Revanche, wurde aber auch ein zweites, dann sogar ein drittes Mal glatt geschlagen. Dies war ihm offenbar noch nie widerfahren und muß ihn so sehr beeindruckt haben, daß er nach der dritten Niederlage unvermittelt fragte: »Feilchenfeldt, wollen Sie die Sammlung

Spiridon versteigern?« Diese Sammlung hatte ein spanischer Diplomat namens Cambó geerbt oder zur Verfügung erhalten, der nun aus den Bildern Geld machen wollte. Darunter befanden sich einige erstklassige italienische Gemälde wie Ghirlandaios »Frauenbildnis«, das jetzt in der Gulbenkian-Stiftung in Lissabon hängt. Auch einige bedeutende frühe Niederländer waren darunter, während es daneben noch etwa 80 Bilder gab, die weniger in Betracht fielen.

Die Sammlung wurde am 31. Mai 1929 in Berlin im Hotel »Esplanade« versteigert. Als das Werk von Ghirlandaio mit der Nr. 29 an die Reihe kam, ereignete sich ein kleiner Zwischenfall, auf den Feilchen später öfter anspielte. Das Bild blieb knapp unter der Limite, und Helbing ließ es – obwohl es sich um das Hauptstück der Auktion handelte – ungerührt zurückgehen. Feilchen muß daraufhin schlagartig erbleicht sein, was die Bieter im Saal fast erschreckte. Feilchen hatte jedoch gerade ausgerechnet, daß das Total-Limit für die Sammlung schon vor dem Ghirlandaio erreicht war, so daß das Werk, statt den peinlichen Rückgang zu erleben, ohne weiteres knapp unterhalb der Taxe hätte zugeschlagen werden können. Die drei Botticelli und die zwei Cossa-Heiligenbilder zu Beginn hatten bereits herausragende Preise erzielt, daß genügend Spielraum für Kulanz bestanden hätte. Gulbenkian kaufte das Bild dann unmittelbar nach der Auktion, während die Botticelli an den Prado und die Cossa an den New Yorker Kunsthändler Henschel, den Geschäftsführer von Knoedler, gingen. Diesen ereilte im übrigen – wie viele – das Pech, daß er die Werke nicht mehr vor dem Schwarzen Freitag verkaufen konnte. Erst Mitte der 30er Jahre war er in der Lage, die Bilder weit unter dem Einkaufspreis an die National Gallery in Washington zu veräußern. Henschel hat Feilchen später erzählt, daß für ihn erst wieder ein halbwegs normales Leben begonnen habe, als es ihm endlich – fünf Jahre nach Ausbruch der Krise – gelang, die Cossas zu verkaufen.

Am Tage der Versteigerung – man schrieb, wie gesagt, den 31. Mai 1929 – sah jedoch niemand die Krise voraus. Die Spiridon-Auktion machte die Firma Paul Cassirer zu einem international wichtigen Auktionshaus. Die Zuschläge bewegten sich auf Rekordniveau, und das Gesamtergebnis war erneut glänzend. Obwohl ich Feilchen damals schon kannte, war ich auf dieser denkwürdigen Auktion nicht dabei. Ich hatte meinen Plan wahr gemacht und war Anfang Mai 1929, im Frühling unserer Liebe, weggefahren – nach Paris.

Paris

Vielleicht irre ich mich, doch ich glaube, daß es für jeden jungen Menschen irgendwo ein Paradies gibt. Für mich lag es, wie für viele andere damals auch, in Paris. Dort wollte ich, wenn irgendmöglich, eine Zeitlang leben – Paris war das Ziel meiner Träume. Mit 16 war ich mit meiner Schwester Ruth ein erstes Mal kurz dort gewesen. Wir kamen aus der Bretagne und sahen uns auf dem Rückweg ein paar Städte an. In Paris konnten wir nur eine Nacht bleiben, doch diese wenigen Stunden genügten, daß ich wußte: Hier will ich einmal eine Zeitlang leben. Noch heute kann ich, wenn ich in Paris über eine Straße gehe, kaum glauben, daß es so etwas Schönes gibt. Man hat sich zwar alle Mühe gegeben, die Stadt kaputt zu machen, doch man hat es erstaunlicherweise noch immer nicht geschafft. Doch wer weiß heute noch, um wieviel schöner das alles einstmals war.

Im Frühling 1929 wurde mein Wunsch, in Paris zu leben, unversehens Wirklichkeit, und es war meine Mutter, die dies möglich machte. Ich wußte nur, daß ich dort einen Platz finden wollte, an dem ich vielleicht etwas lernen könnte, um mir daneben ausgiebig die Stadt anzuschauen. Da war meiner Mutter der Gedanke gekommen, eine Bekannte aus ihrer Jugendzeit zu fragen, die als Modeberichterstatterin der »Frankfurter Zeitung« in Paris lebte: Helen Grund. Diese Helen Grund war mit Franz Hessel, dem Berliner Schriftsteller, verheiratet, einem der reizendsten Menschen, dem ich je begegnet bin. Als sich meine Mutter damals im Frühjahr 1929 an Helen Grund wandte, erhielt sie rasch Antwort: Man Ray, der berühmte Photograph, nehme gelegentlich Schülerinnen an, schrieb sie, und ich sei bei

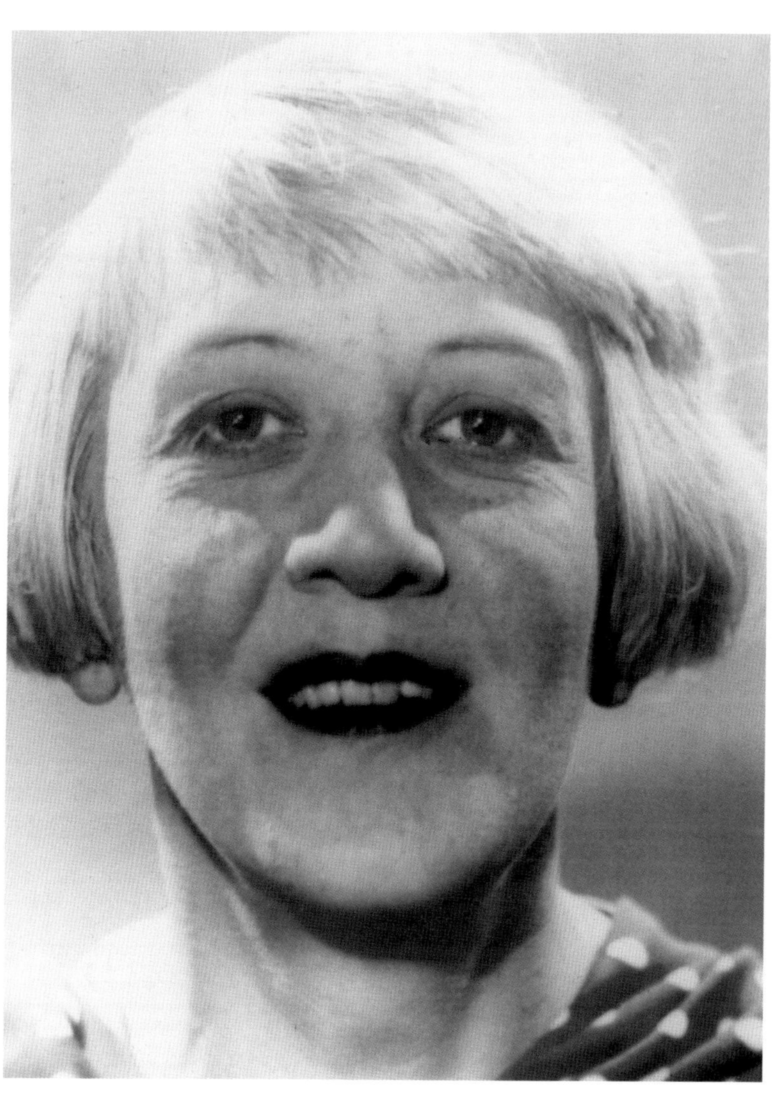

ihm willkommen. Es war Frühling, ich zählte 19 Jahre und durfte nach Paris zu Man Ray!

Auf dem Weg dorthin machten wir noch in Würzburg Zwischenstation, denn meine Schwester Ruth heiratete endlich Paul Linder, und zwar in einer Kapelle der Würzburger Residenz. Nach diesem Ereignis fuhren meine Mutter und ich weiter Richtung Paris, suchten dort ein Zimmer und fanden ein sehr charmantes im Hotel »Aiglon« an der Ecke Boulevard Raspail / Boulevard Edgar Quinet, im obersten Stock, direkt unter dem Himmel. Es war ein typisches Pariser Hotel, wo man sich monatsweise einmietete – ich konnte mich also richtig einnisten. Das Wetter war gerade herrlich, und wir fuhren rasch noch ans Meer – mit dem Erfolg, daß ich mir dort einen so fürchterlichen Sonnenbrand holte wie später nie mehr in meinem Leben. Mein Gesicht war ganz mit Blasen und Blattern bedeckt, als ich mich einige Tage darauf bei Man Ray vorstellte, und so war er von meinem Anblick sogleich tief beeindruckt.

Man Ray war ein kleines melancholisches Männchen, das mir nur bis zur Brust reichte. Er war außerordentlich liebenswert und großzügig in seiner Art, und wir haben uns auf Anhieb gut verstanden. Er stammte aus Amerika, hatte zu Beginn Maler werden wollen, doch glaubte er offenbar nicht an sein Talent und ging deswegen zur Photographie über. Mit den Solarisationen, die seine Erfindung waren, und den geheimnisvollen Schatten- und Lichteffekten seiner speziellen Lampen hatte er bei den Surrealisten Anklang gefunden, aber auch als Porträtphotograph war er sehr geschätzt. Die prominenten Engländer und Amerikaner in Paris waren ganz scharf darauf, sich von ihm für möglichst teures Geld photographieren zu lassen.

Was ich bei ihm wollte, war ihm allerdings nicht recht klar. Ich legte ihm einige Aufnahmen vor, er sah sie sich aufmerksam an und sagte, ich könne doch eigentlich schon alles. Was er mir denn da noch beibringen solle? Besser wäre, ich würde

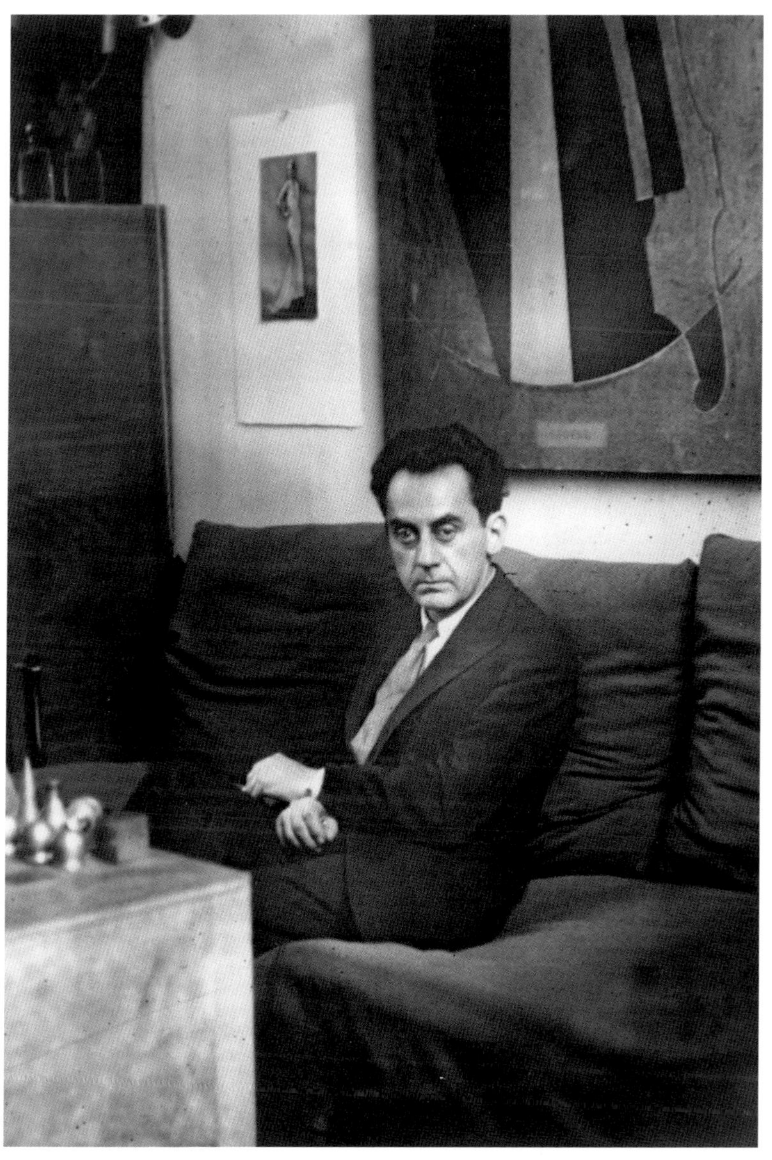

einfach alles weiter so machen, wie ich es für richtig hielte, ich hätte meine eigene Art des Photographierens ja schon in mir. Im übrigen fand er es lächerlich, daß ich ihm für Unterricht etwas zahlen wollte, und er sagte, ich dürfe seine Dunkelkammer und das Atelier benutzen, soviel ich wollte; allenfalls dafür könne ich ihm etwas geben. Man Ray war wirklich ein enorm netter Mensch.

Ich bin dann bei ihm aus- und eingegangen, denn sein Atelier in der Rue Campagne-Première war fast direkt um die Ecke. Insgesamt aber blieb unsere Beziehung eher locker. Hin und wieder war ich zum Entwickeln bei ihm; wir haben dann ein bißchen miteinander geschwatzt, auch habe ich ein paar Leute in seinem Atelier photographiert, Helen Grund beispielsweise. Ein paar Mal versuchte ich mich sogar mit seinen Beleuchtungslampen, doch es kamen nur sehr banale Man Ray-Photos und nichts eigenes dabei heraus. So ließ ich es wieder bleiben.

Eines Abends erwies er mir die Ehre, daß er mich zur Premiere seines neuesten Filmes »Les Mystères du Château de Dés« einlud. Die Vorführung fand im Cinéma »Ursulines« statt, doch ich habe leider nur noch sehr vage Erinnerungen daran. Nach der Man Ray-Premiere lief nämlich noch der neue Film eines jungen unbekannten Regisseurs namens Luis Buñuel. Der Streifen hieß »Le Chien andalou« und fängt damit an, daß man ein junges Paar in einem Zimmer sieht; die junge Frau setzt sich vor einen Spiegel, während der Mann mit einem Rasiermesser in der Hand hinter sie tritt. Langsam führt er die Hand nach vorne und schneidet ihr in aller Ruhe das Auge durch. Mehr sah ich leider nicht mehr. Wir saßen in einer Loge und ich sank ebenso lautlos wie ohnmächtig in Man Rays Arme. Inzwischen ist sowohl der Regisseur als auch der Film weltberühmt geworden, doch habe ich mich nie wieder in einen Buñuel-Film hineingewagt.

In den ersten Pariser Wochen habe ich auch Helen Grund relativ häufig gesehen; sie fühlte sich ein bißchen für mich verantwortlich und nahm mich zu allerlei Anlässen mit. Eines schönen Frühlingstages fuhren wir beispielsweise zu einem Pferderennen hinaus nach Auteuil. Helen hatte so ein kleines kurioses Cabriolet, ich saß hinten, das Verdeck war zurückgeschlagen, und ich ließ mir die Frühlingsluft durch die Haare fahren. Henri-Pierre Roché war auch mit dabei, doch habe ich erst viel später von der Geschichte zwischen ihm und Helen erfahren – durch Truffauts Film »Jules et Jim« ist das alles ja weltberühmt geworden. Eigenartigerweise fand ich Roché jedoch völlig uninteressant und flach – irgend so ein älterer Mann ohne jede erotische Ausstrahlung. Daß er in dieser Beziehung überhaupt in Frage kam, konnte ich mir gar nicht vorstellen. Franz Hessel, den ich auch in dieser Zeit kennenlernte, stand mir dagegen viel näher; ihn liebte ich zärtlich und habe ihn in den folgenden zehn Jahren häufig gesehen.

In Auteuil habe ich übrigens das erste Photo geschossen, das von mir veröffentlicht wurde; es ist seitdem immer wieder abgedruckt worden: zwei Männer mit Hüten, einer mit Melone, der andere mit Zylinder, gesehen von schräg hinten. Das war ein schönes Bild, und Helen hat es sofort in der »Frankfurter Zeitung« untergebracht. Ich habe auch sonst noch eine Reihe von Aufnahmen für sie gemacht, Photos von den Rennen, von Leuten mit schönen Kleidern, von verliebten Pärchen und dergleichen. Das eine oder andere ist auch publiziert worden.

Stärker interessiert hat mich aber, einfach nur in Paris herumzustreifen und ganz normale Leute zu photographieren, Alltagsszenen, unbeachtete Momente, Nebensächlichkeiten. Das taten damals bekanntlich noch andere, Kertész zum Beispiel, der sicher ein viel besserer Photograph war als ich, oder Brassaï, Germaine Krull usw. Diese Art von Photographie lag damals in der Luft, und ich glaube, daß ich all dies recht früh

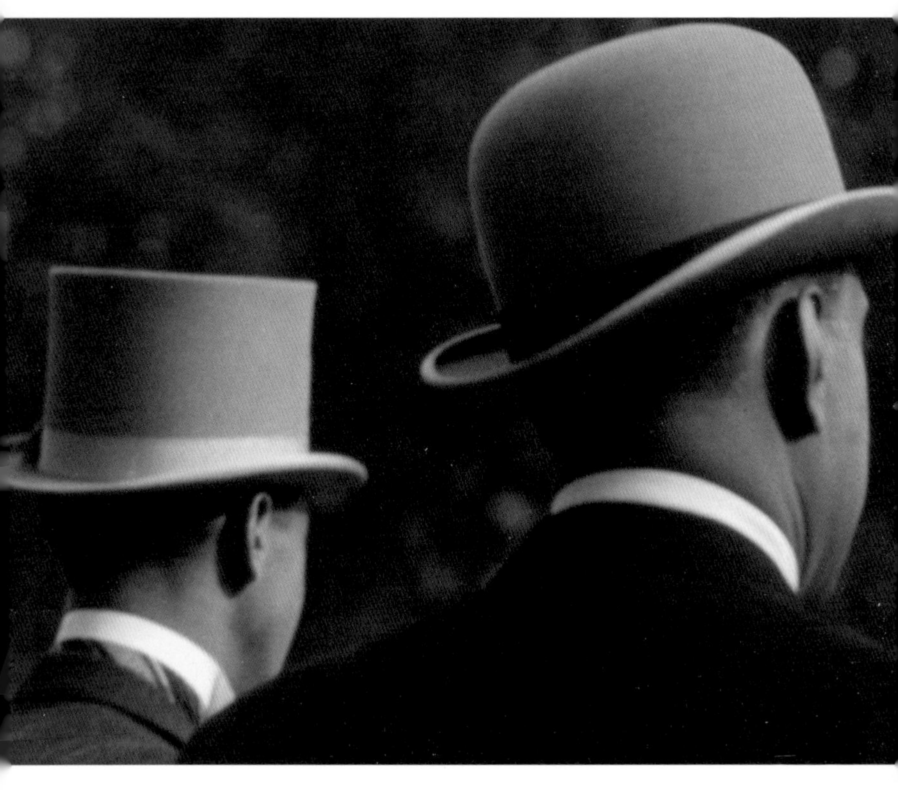

gespürt habe. Ich bilde mir auch ein, meine Photos hätten eine gewisse Poesie. Mit der Neuen Sachlichkeit, die in den 20er Jahren im Schwange war, haben sie jedenfalls nichts zu tun. In meinen Photos liegt, wie gesagt, viel eher etwas Poetisches, und das freut mich bis heute. Fast keines davon ist im übrigen gestellt; meist habe ich auch nur ganz wenige, d.h. eine oder zwei Aufnahmen pro Motiv gemacht. Heute im Zeitalter der Kameras mit automatischem Transport und sechs Bildern pro Sekunde kann man sich das wahrscheinlich gar nicht mehr vorstellen. Damals mußte man noch ziemlich genau hinsehen und eine vorausahnende Phantasie entwickeln. Dann ging es. Alle meine Bilder sind so, gewissermaßen als vorausbedachter Schnappschuß, entstanden.

Eine Ausnahme bildet nur jenes Photo einer jungen Dame, die sich neben einer Laterne eine Zigarette anzündet, während im Hintergrund eine Mauer mit der Aufschrift »Défense d'Afficher« zu sehen ist. Dazu hat mir Jeanne, die erste Ehefrau von Remarque, Modell gestanden; sie war wunderbar schlank und elegant und eignete sich besonders gut dafür. Wenn ich Modephotos machen mußte, gab sie mit ihrer Figur eine geradezu ideale Kleiderstange ab. Grete Ring, die für ihr lästerliches Mundwerk bekannt war, hat allerdings immer nur von ihr gesagt: »Wissen Sie, das wäre eine reizende Person, wenn sie nicht so abgrundtief häßlich wäre.« Die Aufnahme mit Jeanne und der Laterne ist jedoch erst acht Jahre später entstanden, als ich mit Feilchen längere Zeit in Paris war.

Im Frühjahr 1929 genoß ich erst einmal das Alleinsein und die Freiheit in dieser herrlichen Stadt. Morgens ging ich ins »Café du Dôme«, bestellte mir einen Kaffee mit Croissants und schaute mir die ganzen berühmten Leute an, von denen ich oft auch gar nicht wußte, ob oder daß sie's waren. Für ein behütetes Berliner Bürgermädchen wie mich war das alles sehr aufregend und neu. Zu Hause gab es immer gewisse Verpflichtungen gegenüber der eigenen Herkunft; man gehörte zu einer bestimmten Gesellschaftsschicht, und alles, was man tat, wurde irgendwie registriert. Hier in Paris war dies anders; hier konnte ich ganz allein für mich im »Dôme« sitzen und stundenlang nach Belieben die Leute anschauen oder mich von ihnen anstarren lassen. Ich hatte keinerlei sogenannte Pflichten – nichts. Ich war niemand, nur ich selbst, und dieses Gefühl war wunderbar, und ich genoß es in vollen Zügen.

Nach eingenommenem »Dôme«-Frühstück zog ich jeweils los, um zu photographieren oder um einen der zahlreichen Orte der Kunst aufzusuchen. Sehr viel Zeit habe ich im Louvre verbracht, der damals ein wunderschönes Museum war. Die großen Meisterwerke hingen alle noch beieinander, egal aus welchem Land sie stammten. Die Sammlung Caillebotte, die soeben dem Louvre geschenkt worden war, bildete einen eigenen Saal; Renoirs »Moulin de la Galette« hing zusammen mit den Bildern von Manet. Das alles war für mich ein überwältigendes Erlebnis, denn die französische Kunst des 19. Jahrhunderts war mir – abgesehen von einer Ausstellung, die ich 1927 in der Galerie Thannhauser gesehen hatte – bis dahin fast gänzlich unbekannt geblieben. Von Kindheit an war ich geprägt von deutscher Kunst: den Böcklin-Mappen meines Vaters und den Bildern der deutschen Renaissance im Kaiser-Friedrich Museum. In Italien hatte ich die Kunst des Quattrocento und Cinquecento entdeckt. Werke der französischen Impressionisten dagegen waren mir bis dahin fast keine begegnet, oder ich hatte sie, wie die Bilder von Manet und Cézanne in der Nationalgalerie, wenig beachtet. Nun aber erschloß sich mir diese Welt in herrlicher Vielfalt. Im Musée des Arts décoratifs gab es, ganz oben unter dem Dach, die Stiftung Moreau-Nélaton zu sehen mit den überwältigend schönen Corots aus seiner italienischen Zeit. Die große Sammlung von Isaac de Camondo mit den Hauptwerken von Degas war in einem

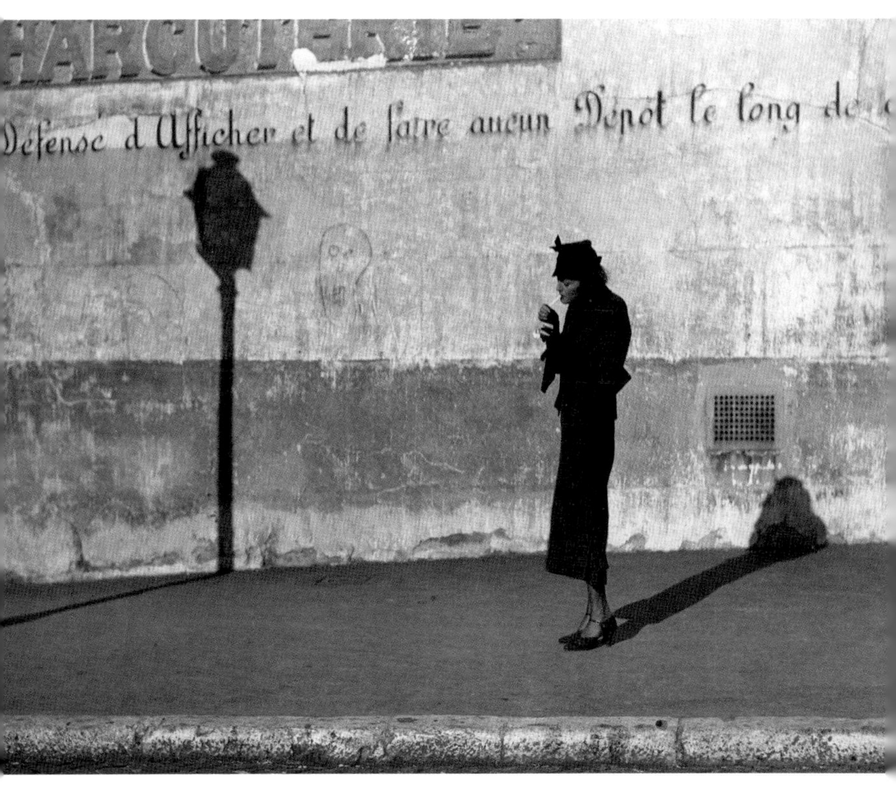
Défense d'Afficher et de faire aucun Dépôt le long de

besonderen Saal des Louvre ausgestellt, zusammen mit dazugehörigen Möbeln und Objekten. Darüber hinaus gab es an vielen verstreuten Orten, in Stiftungen und kleineren Museen die wunderbarsten Schätze zu entdecken. Man mußte dazu zwar ein wenig herumlaufen und sich die Dinge zusammensuchen, doch gerade dies entsprach meinem Wesen.

Zur Vervollständigung meines Glücks kam bald auch Feilchen nach Paris – geschäftlich, wie er dies regelmäßig tat. Er fand es sehr amüsant, daß auch ich jetzt hier war, und zog mich sogleich in die geheimnisvollen Kreise des Kunsthandels hinein. Beispielsweise nahm er mich ins Hôtel Drouot mit, wo am 21. Juni jenes Jahres der Nachlaß des Kunsthistorikers Lapauze versteigert wurde. Als Autor des ersten umfassenden Werks über Ingres besaß Lapauze eine bedeutende Sammlung von dessen Werken. Es war die erste Auktion, die ich miterlebte, und die verhaltene Leidenschaft, mit der die großen Sammler und Händler ihren Wettstreit um die kostbaren Stücke austrugen, hat mich sehr fasziniert. Das schöne Porträt der Madame Ingres ersteigerte damals Paul Rosenberg, der mir im Rückblick als der bedeutendste und passionierteste Händler dieser Zeit erscheint. Heute befindet sich das Bild übrigens in Zürich, denn Rosenberg konnte es 22 Jahre lang nicht verkaufen. Erst 1951 erwarb es Emil Bührle bei ihm in New York.

Auch mein erster Besuch in einer Pariser Kunsthandlung geht auf Feilchen zurück. Ort des Geschehens war die Galerie Hector Brame am Boulevard Malesherbes. Die Firma besteht noch heute und wird vom Enkel des damaligen Besitzers geführt. Brame war ein großer Händler für Degas. So wurde Feilchen neben anderen Bildern auch ein Frauenbildnis von Degas gezeigt, ein wundervolles Werk, ganz in graugrünen Tönen gehalten, wie der berühmte »Absinth« im Louvre. Einen besonderen Reiz erhält das Porträt dadurch, daß die dargestellte Frau eigentlich häßlich ist, aber eben auf eine wunderschöne Art häßlich. Ich war sofort begeistert. Von Preisen wußte ich glücklicherweise nichts, aber ich machte unmißverständlich deutlich, daß ich dieses Bild sehr begehrenswert fand. Nach starkem Zögern konnte sich Feilchen dazu entschließen, es zu kaufen – nur um mir zu imponieren, wie er später häufig behauptete. Nach knapp einem Monat hatte er es jedoch bereits an Arthur Sachs, den großen amerikanischen Sammler, weiterverkauft, was mir die erste Provision meines Lebens eintrug: die lang ersehnte Spiegelrefelex-Kamera, genauer: eine Mentor 6 x 9.

Das Degas-Bild ist später übrigens noch einmal durch meine Hand gegangen. Arthur Sachs hat in hohem Alter zum dritten oder vierten Mal geheiratet und einen Teil der Sammlung seiner jungen Frau überschrieben. Die Frau starb jedoch, und Sachs mußte auf die Gemälde, die im Grunde seine eigenen waren, so viel Erbschaftssteuer zahlen, daß ihm nichts anderes übrig blieb, als sich von einigen Bildern zu trennen. Er bat mich in sein Hôtel particulier an der Rue de l'Université und gab mir den noch immer gleich schönen Degas in Kommission. Die National Gallery of Canada in Ottawa hat ihn dann gekauft, und das Werk hängt heute noch dort.

Neben Feilchen kamen natürlich auch meine Freunde aus Deutschland zu Besuch. Manchmal waren es auch Freunde von Freunden, die einem einfach geschickt wurden. Auf diese Weise lernte ich Doris Ketmann kennen, die zusammen mit Beate Frese, meiner Mitschülerin aus dem Lette-Haus, die Dependance des Bauhauses auf Burg Giebichenstein besucht hatte. Doris wollte Malerin werden, und dazu mußte man selbstverständlich einmal in Paris gewesen sein. So tauchte sie im Frühsommer dort auf, und wir verabredeten uns. Sie wohnte im Hôtel l'Observatoire und spielte gerade Geige, als ich sie besuchen kam. Doris gefiel mir sofort glänzend, und wir sind von jenem ersten Zusammentreffen bis zum heutigen Tag befreundet geblieben. Sie sah prachtvoll aus, ein wenig wie ich mir Paula Modersohn vorgestellt habe, sehr ernst, auch sehr deutsch. Sie hatte ein großes Herz und echtes Interesse für die Kunst. Zahlreiche Museen und Ausstellungen haben wir zusammen besucht. Als der Sommer kam, beschlossen wir, der ärgsten Hitze in Paris zu entfliehen und an die Côte d'Azur zu fahren, die als Sommeraufenthalt damals noch nicht so in Mode war wie heute. Eine frühere Bekannte aus Berlin lebte in Cros de Cagnes, einem Ort unweit von Nizza, und vermietete Zimmer in ihrem Haus. Dorthin fuhren wir und verbrachten zwei volle Monate in dieser paradiesischen Gegend. Wir schwammen morgens, mittags, abends – ich möchte sagen stundenlang – im lauwarmen Mittelmeer; dazwischen ging ich auf Photo-Ausflüge, während Doris malte. Außerdem kochten wir Ratatouille, was für uns ein ganz neues Gericht war, in dessen Zubereitung wir uns aber bald zu Meistern entwickelten. Es war eine wundervolle Zeit, die damit endete, daß Doris sich unsterblich in einen Russen verliebte, der dort unten lebte. Es kam zu einer komplizierten Geschichte, die zuletzt jedoch in eine glückliche, langjährige Ehe mündete.

Zu den Berliner Freunden, die ich in Paris sah, zählte auch Rut Landshoff. Eines Tages kreuzte sie mit ihrem hellblau-rosa Auto auf, blieb aber, rastlos wie sie war, nur kurz. Den Rückweg wollte sie über Amsterdam nehmen und fragte mich, ob ich mitkommen wollte. Selbstverständlich wollte ich. Es wurde meine erste Autofahrt von Paris über Brüssel nach Amsterdam, eine Strecke, die ich in den folgenden Jahren noch viele Male fahren sollte.

Von Amsterdam war ich sofort begeistert. Feilchen hatte uns den Schlüssel zum Paul Cassirer-Haus an der Keizersgracht gegeben, dort hausten wir in Freuden, trafen uns mit dem

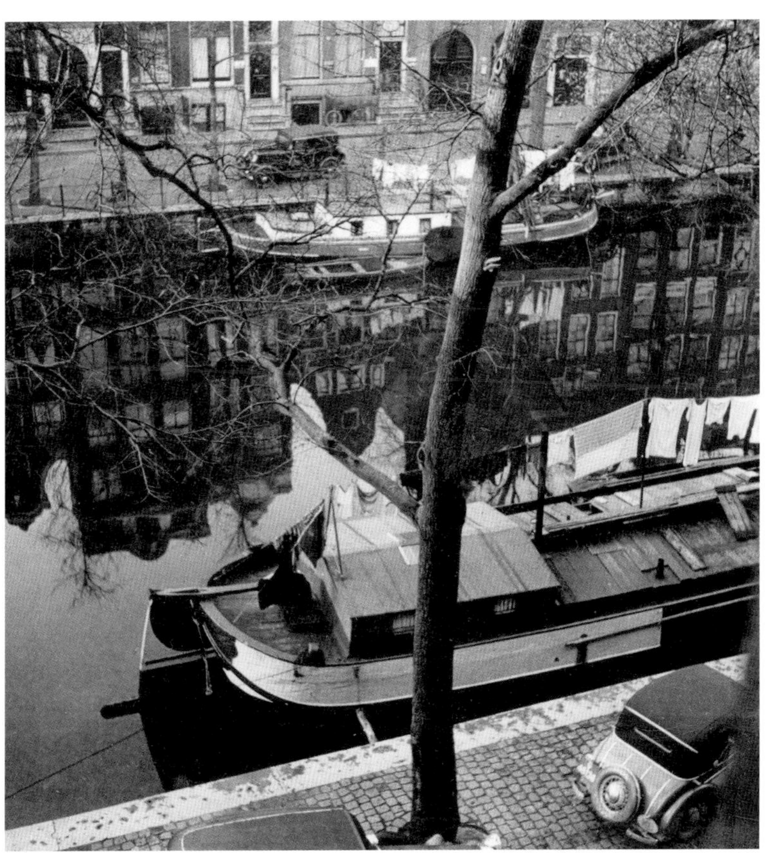

geliebten Paul Citroen und verbrachten einige sehr glückliche Tage. Daß an diesem Ort, der Amsterdamer Keizersgracht, kaum sieben Jahre später mein Zuhause sein würde, konnte ich mir damals allerdings noch nicht vorstellen.

Paul führte uns in diesen Tagen auch zu einem Freund, mit dem er schon seit Kindertagen eng verbunden war, ohne daß ich ihn bis dahin kennengelernt hatte. Dieser Freund wohnte in Zandvoort, betrieb dort ein Geschäft für Handtaschen und Lederwaren und war mit Pauls Cousine verheiratet. Im übrigen war er ein leidenschaftlicher Photograph. In einem Hinterzimmer seines Ladens hatte er sich ein improvisiertes Labor eingerichtet, und die Bilder, die er dort vergrößerte, verrieten echtes Talent. Auch er war einer jener begabten jungen Leute, die von Paul ›gemacht‹ wurden. Er hieß Erwin Blumenfeld, sah wie eine der Karikaturen aus, mit denen der »Stürmer« bald glaubte, Juden darstellen zu dürfen, und war ein überaus ideenreicher und lebenslustiger Mann. Als Feilchen ihn kurz darauf kennenlernte, fand er sogleich Interesse an ihm, während er um Paul leider immer einen Bogen machte. Erfolglosen jungen Malern auszuweichen, mochte sich für einen bekannten Kunsthändler gewiß empfehlen, doch zu Paul hätte Feilchen durchaus mehr Zutrauen haben können, zumal er dann keine Bedenken hatte, den ›namenlosen‹ Erwin Blumenfeld nach Kräften zu fördern. Dieser richtete sich bald mit Feilchens Hilfe ein richtiges Labor ein, kam Mitte der 30er Jahre nach Paris und wurde schließlich ein weltberühmter Photograph. Bis zu seinem Tod blieb ich nah mit ihm befreundet, sah ihn oft in Europa und in den USA; betrüblich war für mich lediglich, daß er in seinen Erinnerungen, die Anfang der 70er Jahre erschienen, auf Paul in so abschätziger Weise zu sprechen kommt. In Wahrheit verdankte er seinem alten Jugendfreund viel und hätte dies auch zum Ausdruck bringen dürfen. In jenen frühen Tagen unseres ersten gemeinsamen Zusammentreffens war von diesen späteren Differenzen indes noch nichts zu spüren – im Gegenteil. Zusammen mit Rut verbrachten wir unbeschwerte Tage in Amsterdam, ehe ich wieder nach Paris zurückkehrte.

Mit Rut war noch eine weitere Reise verbunden, die in diese Zeit fiel. Unter ihren zahlreichen Liebhabern gab es einen gewissen Camille Dausse, der als Arzt in Paris lebte. Dieser Dausse war der erste Mensch, der mir ein Baudelaire-Gedicht vorgelesen hat, und zeichnete sich im übrigen dadurch aus, daß er seinen pechschwarzen Hund passenderweise ›Neige‹ nannte. Dausse war eine ebenso kultivierte wie melancholische Erscheinung, doch wenn wir zusammen mit Rut durch die Stadt zogen, konnte er recht nett und amüsant sein.

Eines Tages erzählte er, daß er zu einer Bootsfahrt auf der Yacht des ehemals bekannten Modeschöpfers Poiret eingeladen worden sei. Rut hatte wieder einmal schon etwas anderes vor, und so fragte er mich, ob nicht ich für sie mitkommen wolle. Nichts lieber als das!… Als das brave 19jährige Mädchen, das ich war, glaubte ich jedoch, zuerst meine Mutter um Erlaubnis fragen zu müssen. Ich rief sie also in Berlin an, was damals ein recht umständliches Unterfangen war, und schilderte ihr die Lage der Dinge. An ihrer Antwort spürte ich einmal mehr, was für eine bemerkenswerte Frau sie war, denn sie sagte, verbieten könne sie mir die Reise vielleicht schon, aber bieten könne sie sie mir nicht. Ich solle also ruhig fahren.

Einige Tage darauf brachen wir morgens um drei in einem offenen Citroën von Paris auf. Nach zwei Stunden Fahrt, so gegen fünf Uhr, war die Landschaft plötzlich wie ein einziges Bild von Cézanne. Es waren tatsächlich diese Farben, die man auf seinen Bildern findet. Zum ersten Mal sah ich, daß Cézanne sich seine Art der Malerei nicht nur ausgedacht hatte, sondern daß es diese Farben wirklich gab. Bis gegen sechs Uhr hielt das eigenartige Licht an, dann verschwand es. Diese

Morgenstunde war vielleicht der tiefste Eindruck der ganzen Reise.

Wenig später erreichten wir das Meer, wo Poiret mit seinem reizenden Sohn bereits wartete. Wir sind etwa eine Woche auf dem Boot geblieben, kreuzten zwischen der Küste, der Ile d'Yeu und der Ile d'Oléron. Letztere kannte ich von Fontane, der 1870/71 dort als Kriegsgefangener gewesen war. Die Umstände unserer Fahrt waren allerdings weniger ungemütlich, im Gegenteil: Wir hatten herrliches Wetter, schwammen viel, amüsierten uns und kochten vorzügliche Sachen. Am Quatorze Juillet, der in diese Zeit fiel, ließen wir sogar ein Feuerwerk ab. Als besonders angenehm erwies sich bei allem, daß Poiret seit längerem dazu übergegangen war, sich vorwiegend von Champagner zu ernähren. Im Kiel des Schiffes befand sich, anstelle des Bleigewichts, ein respektabler Champagner-Vorrat von mehreren Dutzend Flaschen. Davon trank Poiret zu jeder erdenklichen Tageszeit und ließ seine Begleiter freigiebig teilhaben. Auf diese Art habe auch ich das Champagnertrinken gelernt.

Die Fahrt endete schließlich in La Baule, wo uns Poiret eröffnete, daß er kein Geld mehr habe. So befahl er mir kurzerhand, im dortigen Casino ein wenig spielen zu gehen. Ich hatte so etwas noch nie gemacht und war völlig ahnungslos, was ich da tun sollte. Er meinte aber, wenn ich nicht spielen und gewinnen würde, müßten wir verhungern. So spielte ich also und gewann wie auf Bestellung eine Menge Geld, was mich tief beeindruckte. Dank meiner Begabung als Glücksfee gab es zuletzt noch ein vorzügliches Essen – mit Champagner natürlich.

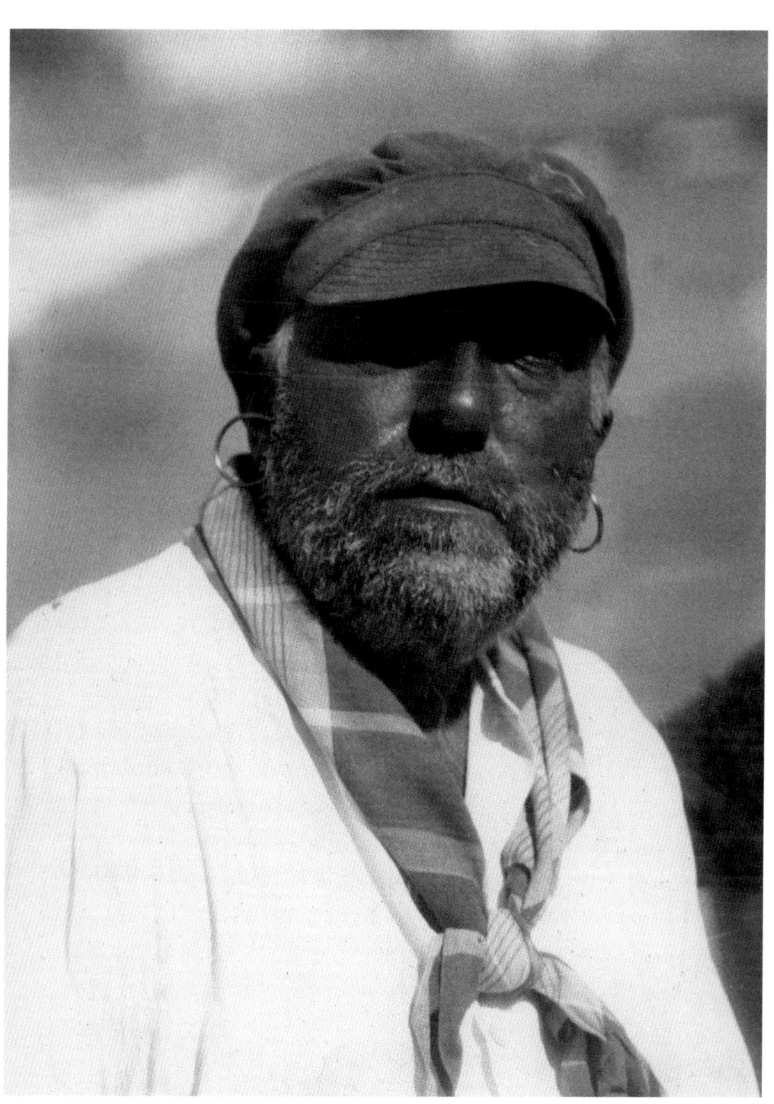

Bei Ullstein

Als ich Ende November 1929 aus Paris zurückkehrte, stellte ich fest, daß mir die Welt in Berlin viel schlechter gefiel. Obwohl ich wieder »zu Hause« war, fühlte ich mich tief unglücklich, und meine Mutter fragte mich im Scherz, ob sie mir etwa Tisch und Stuhl zum Frühstücken auf die Rheinbabenalle hinausstellen solle, damit ich die Pariser Cafés weniger vermisse.

Eines der ersten Dinge, die ich dann in Berlin unternahm, war, daß ich Autofahren lernte. Den Führerschein zu machen, war damals noch eine spezielle Angelegenheit. Wenn ich mich allein schon an die Autos erinnere: Die Handbremse lag noch außen, so daß man aus dem Fenster greifen mußte, um an sie heranzukommen. Bei schlechtem Wetter zog es im Wagen durch alle Ritzen, und die Windschutzscheibe, die diese Bezeichnung nur knapp verdiente, beschlug sich andauernd. Die Fahrstunde wurde einem im übrigen keineswegs allein erteilt, sondern man saß mit drei, vier Leuten zusammengepfercht auf dem Rücksitz, und nach und nach kam jeder mal an die Reihe. Dennoch bin ich von Anfang an leidenschaftlich gern Auto gefahren; die Freiheit, die man damit gewann, fand ich einfach herrlich. Bei der Prüfung war meine Fahrweise zwar noch etwas unelegant, ich überfuhr jede Menge Bordsteine und sonstige Hindernisse, so daß ich überzeugt war, nicht bestanden zu haben, doch niemand stieß sich weiter daran, und man händigte mir das begehrte Papier ohne weiteres aus.

Mit dem Ford meiner Mutter sind Beate Frese, Doris Ketmann und ich sogleich zu einer ersten großen Tour aufgebrochen, und zwar fuhren wir nach Bremen zu Werner Rohde, dem Hinterglasmaler, den wir Tüth nannten. Unterwegs haben wir einmal auf dem Land übernachtet, und beim Abschied beschenkten uns die Wirtsleute mit Äpfeln, Kuchen und Proviant; drei junge Mädchen allein unterwegs zu wissen, war für sie offenbar eine besorgniserregende Vorstellung. Tatsächlich hatte eine solche Fahrt damals noch etwas Abenteuerliches: Wegweisschilder stellten eine Seltenheit dar, so daß man sich dauernd verfuhr; die Scheibenwischer funktionierten mehr schlecht als recht, so daß man bei Regen fast nichts sah – doch zuletzt erreichten wir wohlbehalten unser Ziel und kehrten auch unversehrt nach Berlin zurück.

Mit Hilfe meiner Freunde und Freundinnen lebte ich mich bald auch wieder zu Hause ein. Es gab viele Feste und Anlässe, zu denen man eingeladen wurde, wobei ich mich besonders an einen Abend erinnere, zu dem mich Rut Landshoff mitnahm. Sie war eine nahe Freundin des Schriftstellers Karl Vollmöller, der mit einigen Stücken bei Reinhardt Erfolge gehabt hatte, dessen enormer Reichtum sich aber vor allem auf die elterlichen Unterwäschefabriken gründete, die sein Bruder erfolgreich weiterführte. Vollmöller besaß am Pariser Platz, schräg gegenüber vom Brandenburger Tor, eine repräsentative Wohnung, und Rut Landshoff kam die Aufgabe zu, ihm zu Festen und sonstigen Zerstreuungen hübsche junge Mädchen zuzuführen, die noch nicht so abgegriffen waren. Eines Abends zählte auch ich zu den Eingeladenen, und als ich in meinem langen weißen Abendkleid, auf das ich mächtig stolz war, bei Vollmöller erschien, saß ein apartes blondes Wesen auf dem Flügel, sang: »Ich bin die fesche Lola« und wurde von Friedrich Holländer begleitet. So habe ich Marlene Dietrich gesehen, noch bevor der »Blaue Engel« in die Kinos kam; näher bekannt geworden bin ich mit ihr allerdings erst später durch Remarque.

Bei Vollmöller war ich dann gern gelitten; er lud mich sogar in seine venezianische Sommerresidenz ein, was ich mir nicht zweimal sagen ließ: Als ich im Sommer 1930 mit meinem

Vater eine Italienreise unternahm, machten wir in Venedig Station. Vollmöller besaß dort den berühmten Palazzo Vendramin, bekannt als Richard Wagners letzter Wohnort, an dem er 1883 starb. Dieser überaus prächtige Palast war noch nahezu unversehrt, als ich ihn sah. Später wurde er in eine Spielhölle umfunktioniert, mit dem Ergebnis, daß man sich heute keine Vorstellung mehr davon machen kann, wie wundervoll das einstmals war. Vollmöller verbrachte jeweils die Sommermonate dort, und hier traf ich Rut mit ihren Freunden und Freundinnen. Unter ihnen war auch Lisa von Cramm, die ich noch aus Hockey-Zeiten kannte und die ihren Mann Gottfried zu einem Tennisturnier am Lido begleitete. Unter all den Berühmtheiten, die vorbeikamen, fühlte ich mich zwar ein wenig als Zaungast, doch es war herrlich, auf den kleinen Steinbänkchen vor dem Palazzo zu sitzen, auf den Canale Grande hinunterzugucken und das Leben zu genießen.

Mit meinem Vater verbrachte ich anschließend einige Tage auf der Halbinsel Brioni, die er besonders mochte und die später Titos Privatreich wurde. Von dort fuhren wir mit dem Schiff die ganze dalmatinische Küste hinunter bis Ragusa, wie Dubrovnik damals noch hieß. Das alles war zwar schön und interessant, doch wie heute der Papst hätten mein Vater und ich am liebsten die Erde geküßt, als wir in Bari wieder italienischen Boden erreichten. Hier war uns alles, die Menschen, die Sprache und die ganze Lebensart vertraut, während uns Dalmatien trotz seiner Schönheit fremd geblieben war.

Von Bari fuhren wir nach Neapel, das mir mein Vater unbedingt zeigen wollte. Außerdem fühlten wir uns dort zu einem Besuch verpflichtet, der meinen Vater mit einem gewissen Stolz erfüllte; auf einem Kostümfest in Berlin hatte ich nämlich keinen geringeren als den Principe Colonna kennengelernt, genauer: Oddone Principe Colonna da Gagliano, wie er mit vollem Namen hieß, hatte beim Tanzen leidenschaftlich mit mir zu flirten begonnen, und als er erfuhr, daß ich eine Tochter aus besserem Hause war, hatte er es sich nicht nehmen lassen, meinen Eltern seine Aufwartung zu machen. Und bei dieser Gelegenheit hatte der Principe meinen sichtlich geschmeichelten Vater beschworen, auf der nächsten Italien-Reise seine Mutter in Neapel mit einem Besuch zu beehren. Dies wollte mein Vater nun keineswegs versäumen, und so kam es, daß wir im Palazzo der Principessa zum Tee empfangen wurden. Man plauderte angeregt, und die Gastgeberin zeigte uns im Verlauf des Gesprächs ihre Kollektion von Tee-Tassen, die sie von Mussolini in Anerkennung ihrer zahlreichen männlichen Nachkommenschaft erhalten hatte. Der Principe seinerseits hatte mir als Zeichen der Verehrung sein Faschisten-Abzeichen geschenkt, das er markant am Revers trug. All dies irritierte uns damals jedoch noch nicht; ich war sogar so unachtsam, das Fascio des Principe bald irgendwo zu verlieren.

Wir, d.h. meine Familie und ich, waren zu dieser Zeit noch gänzlich unpolitisch, und ich kannte in meiner Jugend kaum Leute, die sich für Politik wirklich interessierten. Auch Feilchen kümmerte sich so wenig wie möglich darum, obwohl er nach Kriegsende einmal eine sozialistische Versammlung besucht hatte. Als dort aber nur davon die Rede war, daß der Milchpreis um einen oder zwei Pfennige gesenkt werden müsse, kehrte Feilchen diesen Dingen den Rücken und machte fortan um Politik einen Bogen. Das Bürgertum, zu dem wir gehörten, hatte genug damit zu tun gehabt, den Krieg, die Niederlage und die Inflation durchzustehen, und wünschte sich nichts sehnlicher, als in Ruhe und Frieden zu leben. Leider erfüllte sich dieser Wunsch nicht oder nur gerade in dieser kurzen Zeit von der Mitte der 20er Jahre bis zum Schwarzen Freitag Ende 1929. Meine Rückkehr aus Paris fiel genau mit diesem fatalen Ereignis zusammen, ohne daß ich jedoch seine Hintergründe und Tragweite verstanden hätte. Glücklicherweise bekam ich die Auswirkungen der Krise erst mit einer gewissen Verzögerung zu spüren und konnte meine ersten beruflichen Schritte noch in einer mehr oder weniger normalen Zeit tun. Als ich dann endgültig aus dem Nest geworfen wurde, war ich schon ein einigermaßen erwachsener Mensch.

Aus Paris hatte ich eine große Menge von Negativen mitgebracht, die ich nach und nach aufarbeiten wollte. Durch die Heirat und den Wegzug meiner Schwester Ruth war im Haus meiner Eltern Platz geworden, mir eine Dunkelkammer einzurichten, und so fing ich an, meine Photos zu vergrößern. Zu meinem Erstaunen gelang es mir ohne Schwierigkeit, einige Aufnahmen an Zeitschriften zu verkaufen. Von diesen Anfangserfolgen ermuntert, begann ich darüber nachzudenken, wie ich meine photographischen Erfahrungen erweitern könnte, und kam zum Schluß, mich auf einer Redaktion zu bewerben. Da mein Vater einem der Brüder Ullstein in nächster Nachbarschaft ein Haus gebaut hatte, bot sich an, diesen Kontakt zu nutzen. So wurden meine Photos dem Chefredakteur der »Berliner Illustrierten«, Kurt Szafranski, vorgelegt, dem sie spontan gefielen. Man bot mir eine Stelle im Ullstein'schen Photoatelier an, und obwohl das Ganze miserabel bezahlt war, nahm ich sofort an. Die Gelegenheit, in einem so großen, vielfältigen Betrieb zu arbeiten, interessierte mich sehr. Bei Ullstein erschienen neben der »Berliner Illustrierten« noch weitere bekannte Zeitschriften, z.B. die »Grüne Woche« oder die »Dame« – damals die elegante Illustrierte schlechthin –, aber auch Tageszeitungen wie die »Vossische« oder die »B.Z. am Mittag«. Ullstein war der mächtigste Pressekonzern Deutschlands, und allein schon der Paternoster in der Eingangshalle des Verlagshauses an der Kochstraße war für mich höchst faszinierend.

Das Photoatelier, in dem ich ab Frühjahr 1930 zu arbeiten begann, befand sich im obersten Stock des Ullsteinhauses und wurde von einer sehr ungewöhnlichen Frau, Elsbeth Hedden-

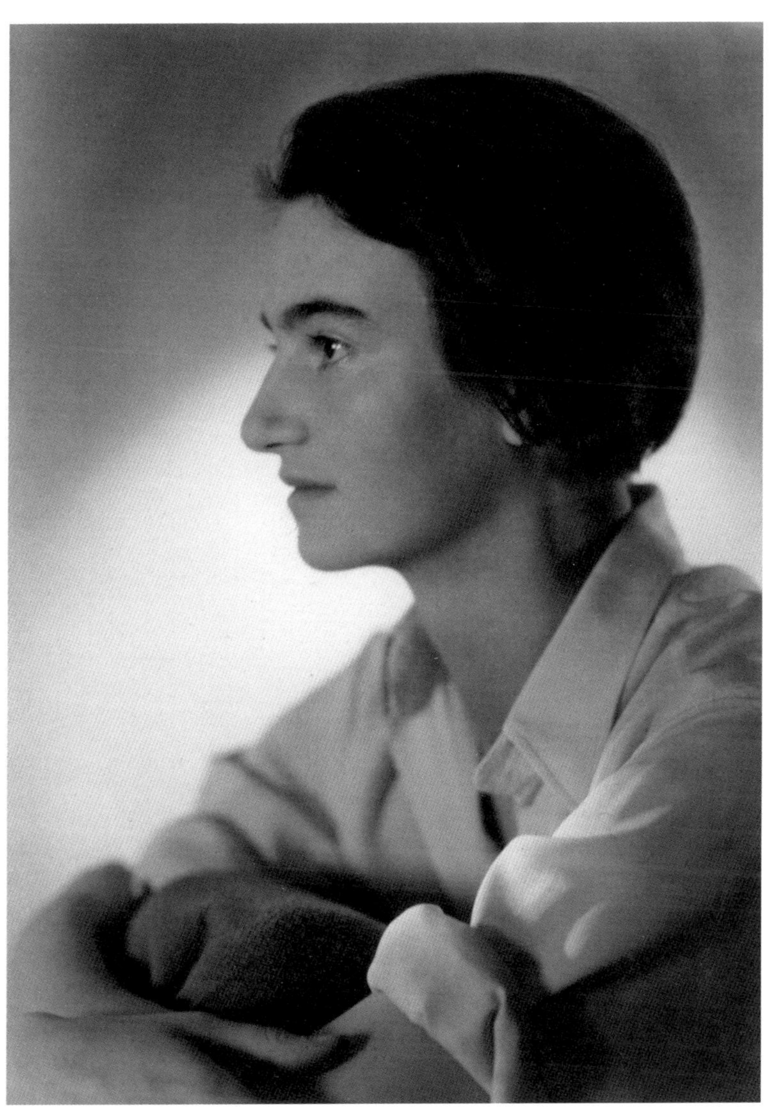

hausen, geleitet. Ihre erste Mitarbeiterin war eine ältere Ostpreußin namens Öhlrich, die fast so schlimm Ostpreußisch sprach wie unsere Köchin zu Hause. Daneben gab es noch etwa vier bis sechs Photographen, Retoucheure und Techniker, im ganzen eine Mannschaft von nicht mehr als sechs bis acht Leuten. Anfangs war man etwas mißtrauisch mir gegenüber, da man glaubte, als Tochter eines vermögenden, mit den Verlegern befreundeten Architekten sei ich womöglich nur eingestellt worden, um ein wenig auszuspionieren, was die Leute so dachten und machten. Als meine Kollegen jedoch merkten, daß ich die Harmlosigkeit selbst war und nicht im Traum auf solch eine Idee kam, freundeten wir uns rasch und herzlich an. Nach kurzer Zeit nahm man mir ab, daß ich bloß etwas lernen wollte und nichts sonst.

Tatsächlich entwickelte sich die Zeit bei Ullstein zu meiner zweiten Lehre. Erst dort habe ich erfahren, was professionelle Arbeit bedeutet. Für die Werbeabteilung hatte ich alle möglichen Gegenstände zu photographieren: Parfümflaschen, Gürtelschnallen, Handschuhe usw. Die Aufnahmen und Vergrößerungen mußten technisch perfekt sein, wovon ich anfangs noch gar keinen rechten Begriff hatte. Wie ein richtig guter Abzug aussah, etwas, was man heute einen vintage print nennt, lernte ich erst in dieser Zeit. Meistens war es reine Atelierarbeit, die ich zu erledigen hatte, obwohl ich dafür ursprünglich gar nicht eingestellt worden war. In Paris hatte ich fast nur draußen photographiert, doch nun schickte man mich sehr selten mit der Kamera auf die Straße, um Motive zu einem bestimmten Thema zu photographieren. Anfangs war ich darüber etwas enttäuscht, merkte aber auch bald, daß ich für die Reportage nur partiell begabt war. Das Thema Weihnachtsgeschenke, für das ich einmal Photos zu machen hatte, lag mir noch, und das Bild von dem kleinen Mädchen, das vor einem Schaufenster kniet, ist bis heute viele Male abgedruckt worden. Doch beim Thema

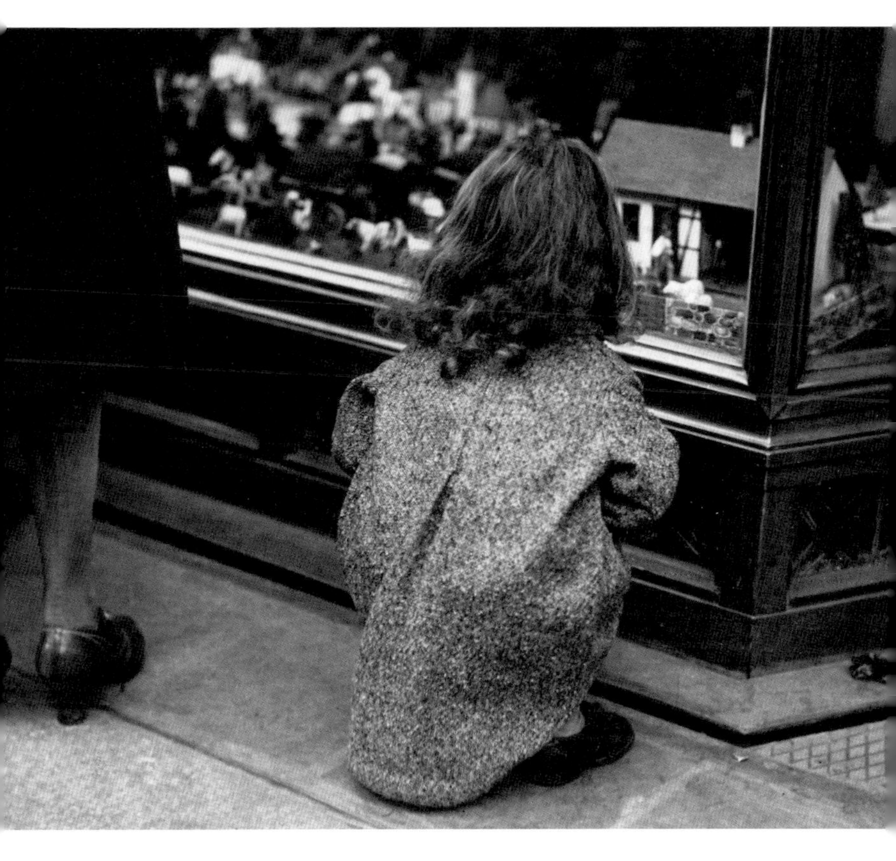

»Es zeigt der Mensch ein gut Gesicht beim Essen« habe ich gestreikt. Damals, im Winter 30/31, zeigte in den Kneipen und Imbißstuben niemand ein »gut Gesicht beim Essen«; es war die schlimmste, ärmste Zeit und die Menschen schlangen allenfalls ein Paar Aschinger-Würstchen hinunter – wenn sie sich das überhaupt leisten konnten. Dergleichen konnte ich beim besten Willen nicht photographieren, es hätte den Leuten den letzten Rest Würde genommen. So etwas, finde ich, tut man nicht, es ist erniedrigend.

Dagegen hätte ich gerne Porträts im Atelier gemacht, doch war dieses Gebiet den dienstälteren Kollegen vorbehalten. Ich sah nur immer die Berühmtheiten kommen und gehen. Waldemar Bonsels zum Beispiel, der Autor der »Biene Maja«, galt damals als eine solche und wurde mit entsprechendem Aufwand bei uns abgelichtet. Eines Tages kam auch Robert Musil, dessen »Mann ohne Eigenschaften« gerade erschienen war. Vor Musil hatte ich Respekt, denn Feilchen verehrte ihn sehr und hatte tatkräftig daran mitgewirkt, daß sein monumentaler Roman veröffentlicht werden konnte. Frau Öhlrich ist es damals gewesen, die Musil photographieren durfte, während mir lediglich das Erlebnis blieb, ihn ins Atelier hereinkommen und wieder hinausgehen zu sehen.

Alles in allem war es eine außerordentlich spannende und lehrreiche Zeit, die ich bei Ullstein verbrachte. Je länger ich dort war, desto mehr bemerkte ich allerdings auch, daß es unter den verschiedenen Leuten und Abteilungen allerlei Neidereien und Intrigen gab. Wenn man zu einem Kreis von Kollegen wirklich dazugehört, so kommt irgendwann unweigerlich der Punkt, an dem man in diese kleinlichen Dinge hineingezogen wird. Dies war mir jedoch zuwider, und so habe ich 1932 von einem Tag auf den anderen gekündigt. Man hat sehr bedauert, daß ich wegging, und von meinen Kollegen wurde ich mit großer Warmherzigkeit verabschiedet. Besonders traurig war unser ältester Mitarbeiter Paul May, der sich meiner im speziellen angenommen hatte. Er war Photograph und nannte mich zärtlich Marlenchen, weil ich ab und zu das Lied von der feschen Lola sang. Er gab mir beim Abschied ganz rührende Ratschläge mit auf den Weg – ich dürfe nie aufhören zu arbeiten, ich solle vielmehr jeden Morgen früh damit beginnen, auf keinen Fall dürfe ich etwas aus Bequemlichkeit auf den nächsten Tag verschieben usw. Diese einfachen Lebensregeln sind mir immer gegenwärtig geblieben, und ich verdanke ihnen tatsächlich viel. Später, als ich schon nicht mehr bei Ullstein war, erfuhr ich allerdings, daß Paul May am Tage der Machtergreifung im Braunhemd bei der Arbeit erschien und sich als ein ganz frühes Parteimitglied der NSDAP entpuppte. Dabei könnte ich noch heute meine Hand dafür ins Feuer legen, daß er ein anständiger Mensch war und nur durch das Pech, das er im Leben hatte, in dieses üble Fahrwasser geraten ist.

Unruhige Zeiten und Orientalische Erfahrungen

Wenn wir die Gefahr des aufkommenden Nationalsozialismus nicht wahrnahmen, so vielleicht deshalb, weil plötzlich wirtschaftliche Sorgen ganz in den Vordergrund traten. Durch Vermittlung der Pariser Agentin Evelyne Dufau hatte Feilchen im Sommer 1929 die Gemäldesammlung des verstorbenen Verlegers Gallimard en bloc gekauft. Das finanzielle Risiko war beträchtlich, obwohl die Sammlung einige großartige Werke enthielt. Die Hauptattraktionen waren das lebensgroße Bild einer Wäscherin: »Le Linge« von Manet und das Goya-Porträt des »Godoy«. Auch einen wunderschönen Monet gab es darunter sowie etwa dreißig weitere Bilder von geringerer Bedeutung. Aus steuerlichen Gründen hatten die Verkäufer jedoch darum gebeten, mit dem Verkauf der Sammlung erst im Jahr 1930 zu beginnen. Feilchen war auf diese Bitte eingegangen, zumal eine so prominente Sammlung ohnehin nicht im Handumdrehen losgeschlagen werden durfte. Die Bilder kamen also nach Berlin.

Doch dann geschah das Unvorhergesehene; im November 1929 brach die amerikanische Börse zusammen. Mit einem Schlag gab es für die großen Werke keine Kunden mehr. Niemand hatte Geld, schon gar nicht für Kunst. Die Auktion der berühmten österreichischen Sammlung Figdor, die im Frühjahr 1930 über die Bühne ging, lief so schlecht, daß sie sogar noch unter der Garantiesumme blieb, die von einer österreichischen Bank dafür veranschlagt worden war. Feilchen hatte, in richtiger Einschätzung der Lage, das entsprechende Garantiedokument jedoch nie unterzeichnet, woraus sich jahrelange Rechtsstreitigkeiten ergaben, aus denen er zuletzt jedoch – es war, glaube ich, schon während der Nazi-Zeit – als Sieger hervorging. Zunächst aber war der Ausgang des Prozesses noch nicht abzusehen. Zu allem Übel hatte Feilchen – entgegen seiner sonstigen Gewohnheit – für den Ankauf der Sammlung Gallimard einen größeren Kredit aufgenommen, der ihn nun in beträchtliche Schwierigkeiten brachte. Einige kleinere Verkäufe konnte er aus der Sammlung zwar noch tätigen, doch durch die Zinslast blieb seine Lage über Jahre hinaus prekär. Ich habe später daraus die Lehre gezogen, selber nie auf Kredit zu kaufen, sondern nur mit dem Geld, das ich tatsächlich besaß. Es dauerte schließlich bis zum Jahr 1935, daß Feilchen mit dem Verkauf der »Linge« die Probleme aus dem Erwerb der Gallimard-Sammlung überwinden und seine Lage wieder konsolidieren konnte.

Ein anderes Ereignis, das uns Anfang der 30er Jahre in Atem hielt, war der Wacker-Prozeß um die gefälschten van Gogh-Gemälde. Alle Kunstinteressierten jener Tagen verfolgten mit großer Spannung diesen Prozeß. Die Bilder, um die es ging, waren in der zweiten Hälfte der 20er Jahre eines nach dem anderen aufgetaucht – immer durch die Hände eines Herrn Wacker kommend und gehend, der in Berlin eine Kunsthandlung betrieb. Feilchen hatte diese Stücke nie angerührt – weniger weil er ihre Echtheit anzweifelte, als aus ästhetischen Gründen. Für die große van Gogh-Ausstellung der Galerie Paul Cassirer im Jahr 1928 hatte er allerdings, ohne die Bilder näher geprüft zu haben, sechs Leihgaben von Wacker akzeptiert. Die Ausstellung war schon fertig gehängt, nur die Wackersche Gruppe fehlte noch. Als sie kurz vor der Eröffnung eintraf und die Werke zwischen die übrigen plaziert werden sollten, fiel es Grete Ring wie Schuppen von den Augen, daß diese Bilder niemals von der Hand van Goghs stammen konnten. Die Leihgaben wurden beschlagnahmt, und Grete Ring legte in »Kunst und Künstler« auf brillante Weise dar, aus welchen Gründen es sich hier um

Fälschungen handeln mußte. Auch im Prozeß von 1931 spielte sie die Hauptrolle, was den Verhandlungen eine ungewohnte Note von Esprit und Witz verlieh. Ich war damals noch im Ullstein-Atelier und hatte mich jeweils sehr zu beeilen, um zu ihren Auftritten rechtzeitig da zu sein. Unvergeßlich war schon der Beginn ihrer Vernehmung. »Wissen Sie, Herr Gerichtspräsident«, sagte sie, »unsere Angestellten, die schon 100 Jahre bei uns sind, kamen mit den Bildern…« – worauf der Präsident sie mahnenden Tonfalls unterbrach: »Fräulein Dr. Ring, ich mache Sie auf Ihren Eid aufmerksam.«

An einem der Verhandlungstage, die von Experten aus aller Welt besucht wurden, sah ich neben Feilchen, der zwei Reihen vor mir saß, einen Herrn, der mir faszinierend erschien. Ich fragte meine Nachbarin, ob sie wisse, wer er sei, und erhielt zur Antwort: »Na, der berühmte Feilchenfeldt.« Ich schüttelte den Kopf, wies nochmals auf den Herrn neben Feilchen und erfuhr schließlich, daß es sich um einen Volontär des Kaiser-Friedrich-Museums namens Swarzenski handelte. Kurz darauf lernte ich ihn persönlich kennen, und es wurde eine lebenslange Freundschaft daraus. Hanns Swarzenski, Sohn des damaligen Direktors des Frankfurter Städel, war Spezialist für alles Alte, insbesondere die mittelalterliche Handwerkskunst. Er hatte bereits in London gelebt und besaß ein enormes Wissen in seinem Fach. Mal schüchtern, mal fast hochtrabend im Auftreten, war er oft nicht gerade einfach im Umgang, doch immer ungemein interessant und anregend. Wie er mit vollem Namen hieß, erfuhren wir im übrigen bald durch einen Zufall. Nach einem Fest fanden wir in der Ritze eines Sofas seine Brieftasche, die ihm unbemerkt entglitten war. Der Fund, über den wir uns sogleich neugierig hermachten, enthielt auch einen Paß, aus dem zu unserem Ergötzen hervorging, daß Swarzenskis zweiter Vorname Theophilus war! Ich höre noch heute, wie Feilchen sich den Namen auf der Zunge zergehen ließ. Kaum

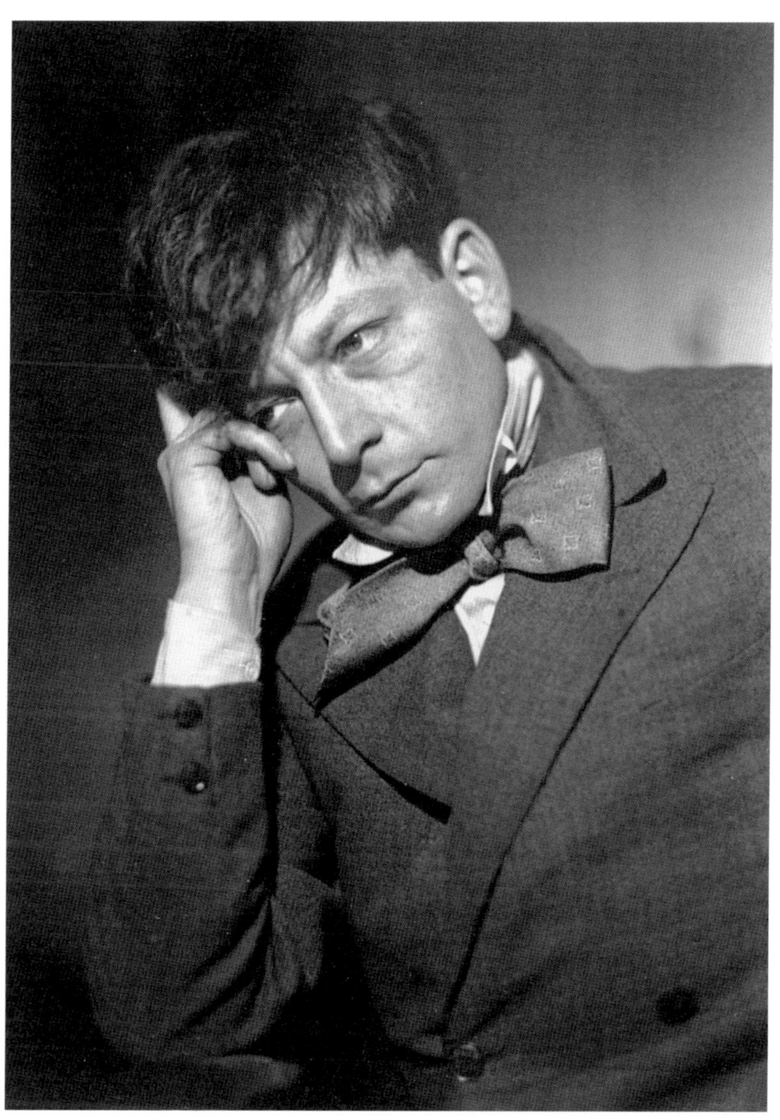

war die Entdeckung in Umlauf gesetzt, wurde Swarzenski zu seinem Verdruß von seinen Freunden nur noch so genannt.

Zu diesen gemeinsamen Freunden zählten damals zwei weitere Kunsthistoriker, die ich allerdings schon einige Jahre länger kannte: Curt Valentin und Alf Hentzen. Valentin war Flechtheims wichtigster Mitarbeiter und überall wegen seiner gewinnenden Art und seines Kenntnisreichtums geschätzt. In den USA sollte er einige Jahre später als Kunsthändler sehr erfolgreich werden. Hentzen dagegen war Museumsmann, Justi-Schüler und Assistent in der Nationalgalerie. Wie mein Schwager Linder kam er aus Lennep und war von diesem bei uns zu Hause eingeführt worden. Hentzen entstammte einer wohlhabenden rheinischen Familie und war eine ebenso gebildete wie gutaussehende Erscheinung, so daß der Gedanke nahe lag, er könne eine standesgemäße Partie für mich abgeben. Von außen gesehen mochte dies tatsächlich plausibel erscheinen, zumal uns im Bereich der Kunst viele gemeinsame Interessen verbanden. Wir besuchten zusammen Museen und Ausstellungen, diskutierten Bücher usw., blieben uns aber in den entscheidenden inneren Dingen letztlich fremd.

Um so mehr empfanden Hentzen und Valentin, daß ich ihnen durch Feilchen weggenommen wurde, und sie begehrten manches Mal dagegen auf. Ich wiederum befand mich während einer gewissen Zeit in einem Zwiespalt, denn noch war es keineswegs ausgemacht, daß Feilchen und ich wirklich ein Paar werden würden. Ich spürte sehr genau, wie zurückhaltend er gegenüber engeren Bindungen war, was sich zu meinem Kummer auch daran zeigte, daß er mich fast nie zu Hause bei meinen Eltern besuchte. Ich erinnere mich eigentlich nur an ein einziges Fest, zu dem er kam. Es war Frühjahr, es gab Spargel, und Feilchen erschien in Begleitung von Ernst Bloch und Walter Benjamin; alle drei pafften munter Zigarren. Benjamin verkroch sich scheu in eine Ecke und wirkte insgesamt eher gehemmt, während Bloch wie gewohnt sehr mitteilsam und witzig war. Beide sahen uns jedoch offenbar als belanglose Bourgeoisie-Leute an und verschwanden relativ früh. Feilchen trank an diesem Abend sehr viel und vollführte zuletzt auf der Terrasse einen grotesken Tanz mit Sonnenschirm. Es war das einzige Mal, daß ich ihn einen solchen Ulk treiben sah, und mir war nicht ganz wohl dabei, denn es entsprach eigentlich nicht seinem Wesen. Noch bestand zwischen ihm und meinen Eltern eine gewisse Befangenheit, die sich erst später verlor.

Bei all dem war mir außerdem bewußt, daß ich fast 15 Jahre jünger war als er, und ihm nur dann eine ebenbürtige Partnerin werden konnte, wenn ich meine eigenen Wege ging, eigene Erfahrungen machte und in allen Belangen selbständig wurde.

Zu einem entscheidenden Erlebnis in diesem Zusammenhang wurde die Reise, die ich im Sommer 1931 auf Einladung meiner früheren Klassenkameradin Djemila Nord unternahm. Ihr Vater war bis zum Ende des ersten Weltkriegs Dragoman in Konstantinopel gewesen, und Djemila hatte in der Schulzeit dadurch unser aller Bewunderung erregt, daß sie Aufsätze schrieb mit Titeln wie »Sonnenuntergang am Bosporus«. 1926 wurde ihr Vater erster deutscher Generalkonsul für das britische Mandatsgebiet Palästina. Djemila kam nach Jerusalem, lernte dort Anfang der 30er Jahre einen englischen Offizier kennen und heiratete ihn. Zu ihrer Hochzeit sollte ich nun nach Palästina kommen. Es gelang mir, zwei Monate unbezahlten Urlaub bei Ullstein zu erhalten, so daß ich im Juni 1931 – immerhin erst 21 Jahre alt – zu dieser Reise aufbrach. Per Bahn fuhr ich nach Triest, übernachtete dort, um am anderen Tag einen Dampfer der Lloyd zu besteigen – er hieß Catarina Cornaro. Doch so elegant und modern mir das Schiff auch erschien, so sehr hatte ich gleichzeitig zitternde Angst, es könne bei der weiten Fahrt übers Meer untergehen wie die Titanic. Kaum war ich jedoch an Bord, verflog meine Angst so rasch, wie sie gekommen war, und die Reise, die sechs Tage dauerte, erschien mir mit jeder Stunde himmlischer. Wir fuhren durch den Isthmus von Korinth und landeten, wenn ich mich recht erinnere, nur ein einziges Mal: auf Zypern, wo ich natürlich – wie immer und überall – schwimmen ging. Das eindrücklichste Erlebnis aber waren die Nächte. Je südlicher wir kamen, desto näher schienen die Sterne zu rücken; man meinte fast, sie greifen zu können.

In Jaffa wurde ich offiziell in Empfang genommen, d.h. ein Boot des Generalkonsulats brachte mich an Land, und nun begann für mich das große Wunder des Orients. Bis dahin hatte ich noch nie einen Araber oder einen Mohammedaner gesehen, und jetzt war ich plötzlich überall von ihnen umgeben, wie sie in ihren langen Schlafröcken durch die Straßen wandelten, Kamele an der Hand führend. Berber ritten auf kleinen Pferden oder Mauleseln vorbei, dazu die Wärme, die unbekannten Gerüche, die fremde Sprache – es war mir, als bewegte ich mich leibhaftig in einem Märchen aus Tausend und einer Nacht. Ich bin später nie wieder nach Palästina oder Israel gefahren, denn ich wollte den tiefen, nicht wiederholbaren Eindruck dieser Reise nicht zerstören. Mein ganzes Leben und Denken hat sich in den wenigen Wochen, die ich dort verbrachte, in höchstem Maße verändert und entwickelt. Es war vor allem eine Erfahrung, die mich bewegte: das Gefühl, als Mensch nur ein Sandkorn in der Wüste zu sein. Diese Erkenntnis konnte sich einem wohl nur im Orient, wie er damals war, so unmittelbar erschließen, und vielem, was ich später erlebte, bin ich vielleicht nur deshalb mit einer gewissen Gelassenheit begegnet, weil ich diese Erfahrung hatte machen dürfen.

Nach meiner Ankunft fuhren wir im Auto von Jaffa nach Jerusalem, wobei mir nur der Eindruck einer sehr steinigen, unwirtlichen Landschaft im Gedächtnis blieb. In Jerusalem wurde ich von Djemila und ihrer Familie mit großer Herzlichkeit empfangen. Der Vater zeigte mir die ganzen Altertümer

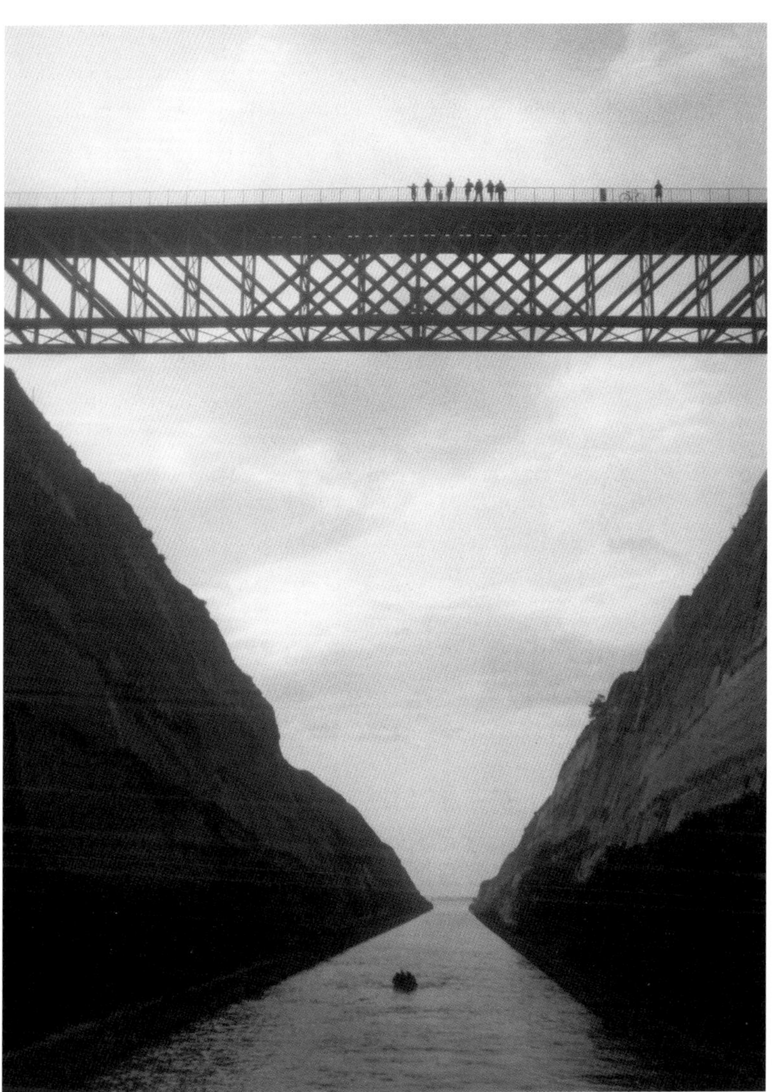

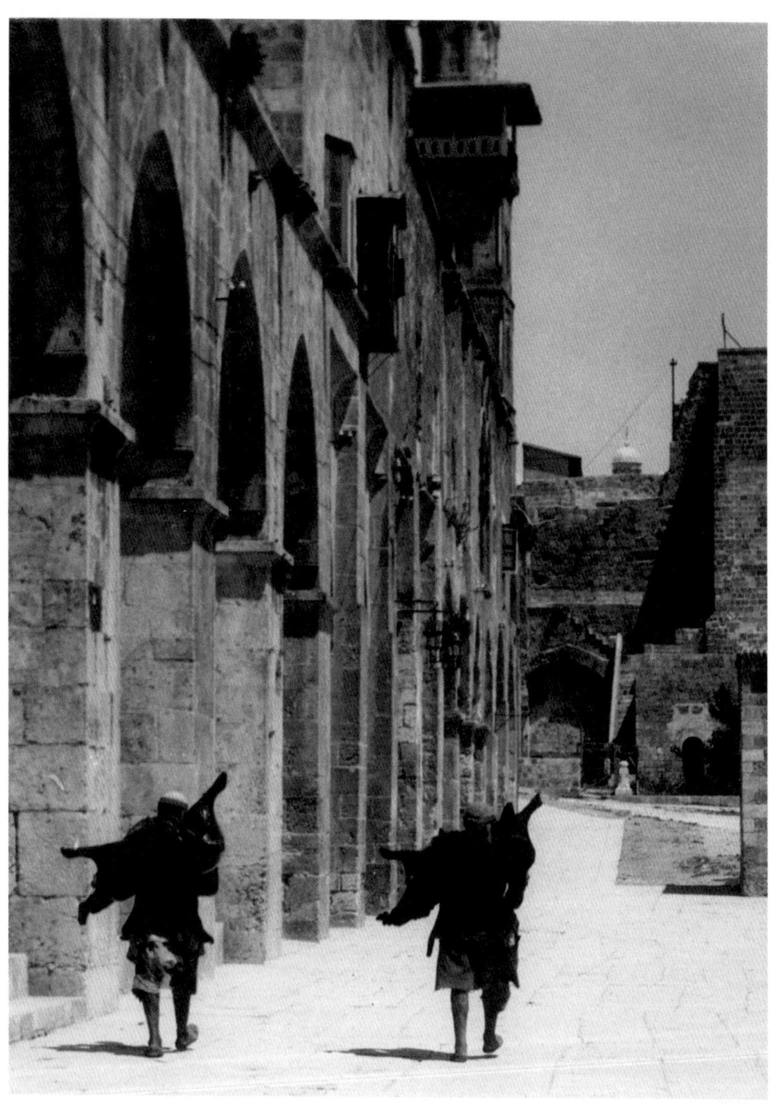

und Sehenswürdigkeiten der Stadt; Djemila und ihre Freunde fuhren mich im Auto nach Bethlehem, Hebron und ans Tote Meer. Sich dort einfach aufs Wasser legen zu können, ohne unterzugehen, war ohne Zweifel erstaunlich, doch juckte das Salz so entsetzlich, daß mir das Gewässer trotz seiner fabelhaft imposanten Umgebung nicht so recht ans Herz wuchs.

Viel reizvoller fand ich es, auf den Wällen der Stadt Jerusalem zu flanieren, zumal sich mir bald ein Verehrer zugesellte. Djemilas Vater hatte mich zu einem Gesellschaftsanlaß des diplomatischen Corps mitgenommen, und bei dieser Gelegenheit hatte sich ein zarter Flirt mit dem Sohn des High Commissioners Samuel ergeben. Dieser Sohn, Edwin Samuel, war zwar mit einer israelischen Frau verheiratet und hatte auch Kinder, doch dies hinderte ihn liebenswürdigerweise nicht, mich auf meinen Ausflügen zu begleiten und mir tausenderlei Interessantes zu zeigen. Ich habe sehr viel photographiert auf diesen Spaziergängen und ihm nach meiner Rückkehr einige Abzüge geschickt. Jahrzehnte später wollte es der Zufall, daß gute englische Freunde von mir ihn kennenlernten und im Gespräch auf mich kamen. Da zeigte er ihnen meine alten Photos und war sehr glücklich zu erfahren, daß ich noch lebte und nicht von den Nazis umgebracht worden war. Wenig später habe ich ihn sogar besucht; er war inzwischen Lord im englischen Oberhaus geworden, und dort haben wir uns zu einem Tee getroffen. Über dieses Wiedersehen waren wir beide tief gerührt.

Nach zwei Monaten kehrte ich auf einem griechischen Schiff von Jaffa über Port Said nach Piräus zurück. Dies gab mir die Möglichkeit, drei Tage in Athen zu verbringen, das ich damals noch in einer Art von Naturzustand sah. Noch gab es kaum Touristen und Autos; die antiken Sehenswürdigkeiten wirkten wie ein selbstverständlicher Teil der Stadt und nicht wie ausgestellte Museumsstücke.

Die letzte Etappe bildete schließlich eine kurze Reise nach Venedig, wo ich mich in einen Zug setzte und nach München fuhr. Dort kam ich genau im richtigen Moment an, um auf Feilchen zu treffen. Ich sah ihn jedoch in großer Sorge, denn die Danat-Bank hatte soeben ihre Zahlungsunfähigkeit erklärt, und die Wirtschaftskrise nahm vollends dramatische Formen an. Kein Mensch wußte, was werden würde. Den Ernst der Lage dagegen spürte jeder.

Doch auch die Erfahrungen meiner Reise schienen für uns etwas verändert zu haben. Ohne daß wir darüber sprachen, hatte ich seit diesem Wiedersehen die innere Gewißheit, daß Feilchen und ich zusammengehörten.

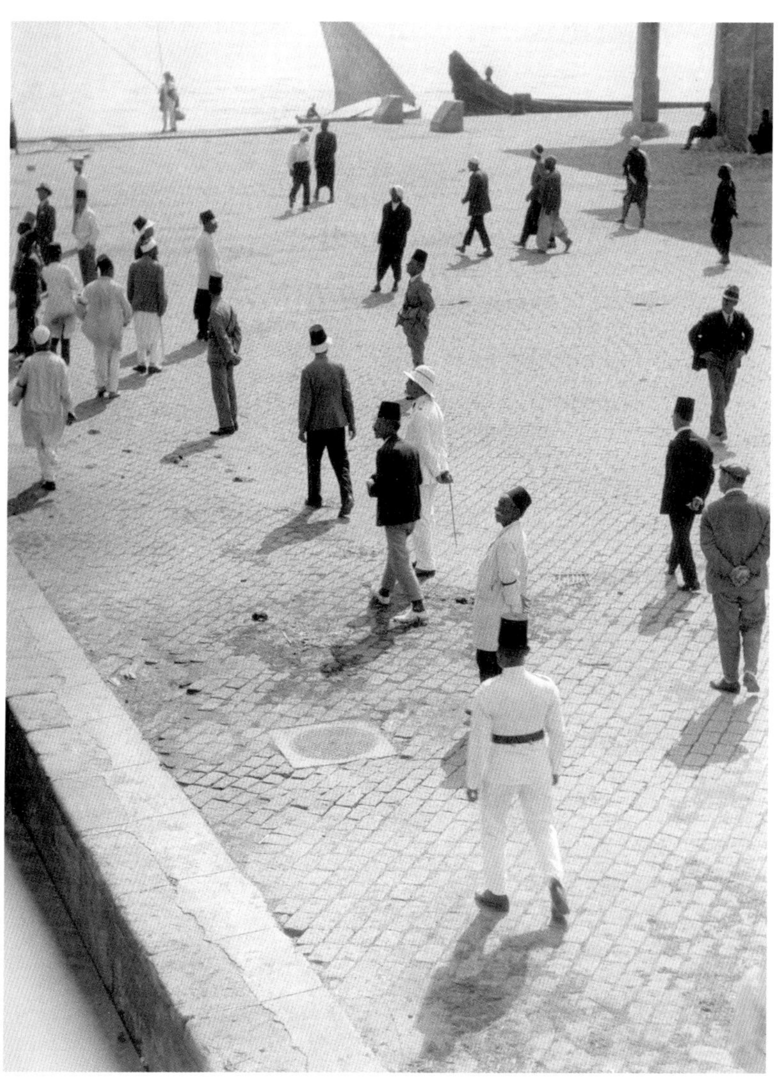

Ein neuer Kunde und Freund

In dieser schwierigen Zeit geschah es, daß Feilchen die Bekanntschaft eines Mannes machte, der im Gegensatz zu allen anderen gerade in Geld schwamm: Erich Maria Remarque. Seine Erfolgsgeschichte hatte etwas Märchenhaftes, nachdem er sich lange Zeit mühsam als Journalist hatte durchschlagen müssen. Allerdings war er phantasievoll genug, für Zeitschriften wie »Sport im Bild« Reportagen über Autorennen zu schreiben, ohne überhaupt dabei gewesen zu sein. Auch den Krieg hatte er nicht eigentlich mitgemacht, d.h. er war wohl eingezogen worden, doch die Front blieb ihm erspart. Trotzdem schrieb er dann sein Kriegsbuch, und irgendwelche treuen Mädchen tippten es für ihn ab. Alle Versuche, es bei einem Verlag unterzubringen, scheiterten allerdings zunächst – niemand wolle mehr etwas vom Krieg hören, wurde ihm gesagt. Nur Szafranski merkte, was in dem Roman steckte, und nahm ihn für die »Vossische Zeitung« an. Kaum waren die ersten Folgen erschienen, mußte die Zeitung ihre Auflage verdoppeln und verdreifachen: »Im Westen nichts Neues« wurde der Sensationserfolg überhaupt. Remarque hat später behauptet, nach der Bibel sei kein Buch in so viele Sprachen übersetzt worden wie seines. Da Ullstein ihm einen verhältnismäßig anständigen Vertrag gegeben hatte, verdiente er plötzlich tonnenweise Geld und wußte kaum, wohin mit seinem enormen Reichtum. Er begann massenhaft Orientteppiche zu kaufen, was seiner Freundin Ruth Albu, die eine kleine Schauspielerin war, mit der Zeit jedoch ein wenig einfallslos erschien. Die ganze Zeit sah sie das gute Geld nur so wegschwimmen, und da erinnerte sie sich an Feilchen, der in den frühen 20er Jahren einmal heftig in ihre Schwester

Dorothea, eine Primaballerina der Berliner Oper, verliebt gewesen war. Ruth sagte also zu Remarque, er solle vielleicht besser Bilder als Teppiche kaufen; sie kenne einen Kunsthändler, der dafür der richtige sei.

Als sie Remarque in der Galerie Cassirer vorbeibrachte, war ich zufällig gerade dort. Wir alle kannten das berühmte Photo, auf dem man ihn von unten beleuchtet sieht. Und ob man wollte oder nicht, man war einfach beeindruckt von diesem noch jüngeren Mann, der einen solchen Erfolg erzielt hatte. Rein äußerlich war er nicht unbedingt mein Typ – mir fiel zum Beispiel auf, daß er eine Stupsnase hatte –, doch war er trotzdem eine gutaussehende Erscheinung und ein außerordentlich liebenswürdiger Mensch. Bei jenem ersten Besuch in der Galerie Cassirer schaute er sich nur um, und ich glaube nicht, daß er etwas gekauft hat.

Diese Begegnung fiel noch in meine Ullstein-Zeit, d.h. ins Jahr 1932, doch schon damals scheint Remarque gespürt zu haben, daß sich die politischen Verhältnisse unheilvoll zusammenbrauten. Jedenfalls wollte er aus Deutschland weg und suchte sich in der Schweiz eine Bleibe. Am Lago Maggiore fand er schließlich das unmittelbar am Wasser gelegene Anwesen, das dem Maler Rüdisühli gehörte, und kaufte es ihm ab. Über den Namen Rüdisühli konnte er sich noch nach Jahren kaum beruhigen, und obwohl ich weiß, daß man es in der Schweiz nicht schätzt, wenn sich Deutsche über eidgenössische Spracheigentümlichkeiten amüsieren, so finde auch ich diesen Namen noch heute zu schön. Remarque kaufte dem Maler Rüdisühli im übrigen nicht nur sein Haus ab, sondern war so liebenswürdig, auch dessen Kunst zu würdigen und ein Bild von ihm zu erwerben. Der gute Geist bei all dem war Ruth Albu, die mir als ein besonders anständiger, liebenswürdiger Mensch im Gedächtnis geblieben ist. In ihrer Fairness ging sie sogar so weit, Remarque an seine geschiedene Ehefrau Jeanne zu erinnern, die von all seinen Erfolgen nichts abbekommen hatte. Daraufhin begann sich Remarque wieder um Jeanne zu kümmern, mit dem Ergebnis, daß sie die liebe Ruth in Windeseile ausräucherte und mit ihrem früheren Mann in die Schweiz verschwand. Die arme Ruth blieb einsam und verlassen in Berlin zurück.

Glücklich wurde Remarques aufgewärmte Ehe allerdings nicht, auch wenn die beiden sogar ein zweites Mal heirateten. Gewiß war Jeanne eine außerordentlich schöne Frau, hatte aber doch sehr andere Interessen als er, und man wurde seines Lebens nicht recht froh in ihrer Gesellschaft.

Nachdem Remarque in die Schweiz gezogen war, haben wir ihn sehr oft in Ronco besucht. Er saß da in seinem wunderbaren Haus, eingedeckt mit üppigen Vorschüssen, und quälte sich mit seinem neuen Roman ab. Daneben trank er exzessiv und war alles andere als glücklich. Mit Feilchen jedoch verstand er sich hervorragend, so daß sich zwischen beiden eine wirkliche Freundschaft entwickelte. Sein erster Kauf, an den ich mich erinnere, war ein Tänzerinnen-Pastell von Degas. Rasch entwickelte Remarque eine Passion für die Kunst und wurde zu einem von Feilchens liebsten Sammlern, da er auch wirklich etwas von Bildern verstand.

Zu dieser Zeit geschah es, daß sich Tilla Durieux plötzlich an Feilchen wandte. Sie war in größten Schwierigkeiten. Ihr neuer Ehemann Ludwig Katzenellenbogen saß im Gefängnis, und sie brauchte sofort Geld, um ihn auf Kaution freizubekommen. Seit dem Tod Paul Cassirers hatte Feilchen den Kontakt zu ihr zwar gemieden, erklärte sich nun aber bereit, ihr zu helfen. Aus der Ehe mit Cassirer besaß sie noch van Goghs »Bahnunterführung«; dieses Bild bot sie nun an. Remarque erfuhr von der Sache und fragte ohne viel Umschweife: »Wieviel will sie dafür?« »80'000.- Mark«, gab Feilchen zur Antwort. »Na, dann kauf' ich's halt«, meinte Remarque und hielt Wort.

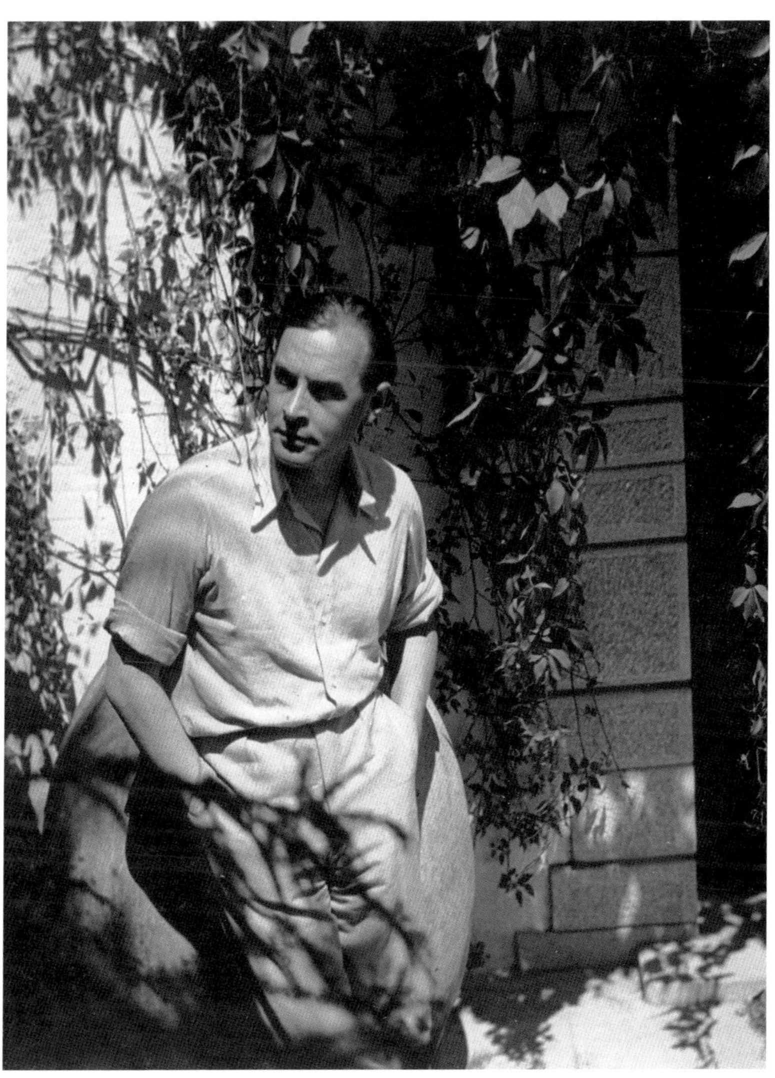

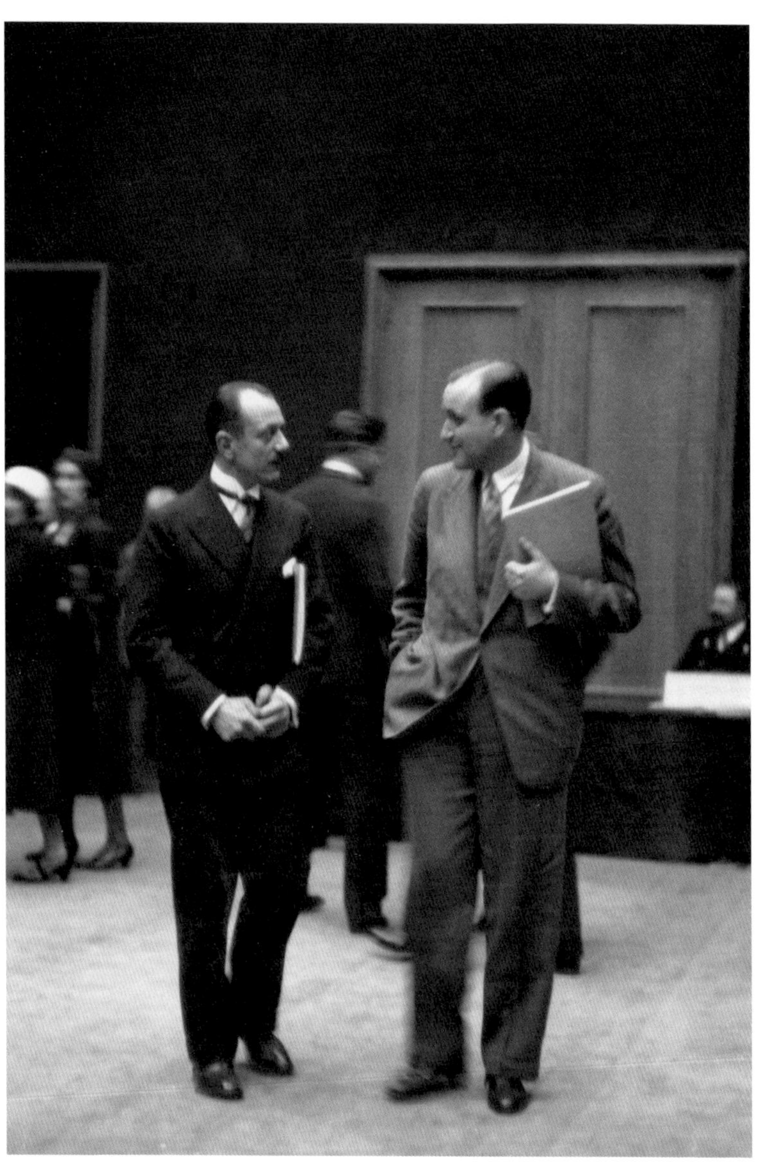

Auch später, als sein Stern gesunken war, habe ich Remarque nie anders erlebt als großzügig, hilfsbereit und spontan. In einer Zeit aber, in der so gut wie niemand Geld hatte, grenzte seine Art an ein Wunder.

Ein Remarque allein machte jedoch noch keinen Frühling; die politischen und wirtschaftlichen Verhältnisse wurden vielmehr immer schwieriger. Aus diesem Grund erwog Feilchen, eine französische Dependance der Galerie aufzubauen. Er richtete ein Büro in Paris ein, das von Irma Blass, der ehemaligen Frau seines Freundes Ernst Blass, geführt wurde. Die zahllosen Vorschriften der französischen Bürokratie brachten Feilchen allerdings nach einiger Zeit zu der Einsicht, daß die Eintragung eines Firmensitzes in Paris die Möglichkeiten eines Normalsterblichen überstieg. Das Büro blieb immerhin bestehen, und die Bemühungen führten dazu, daß die Firma Paul Cassirer im Frühsommer 1932 eine Auktion in der Galerie Georges-Petit durchführen konnte. Der commissaire priseur Bellier, ein erfahrener und sehr angesehener Auktionator, führte den Hammer, während Feilchen mit einigen französischen Kollegen als Experte auf dem Rostrum saß. Es war – leider – ein einmaliges Ereignis in den deutsch-französischen Kunstbeziehungen zwischen den Weltkriegen.

Versteigert wurden die Sammlungen Simon und Silberberg aus Breslau, die überwiegend Werke französischer Impressionisten enthielten, darunter Bilder von Cézanne, Degas, Monet, Renoir und anderen. Die Vorbesichtigung fand zusammen mit der Vernissage einer Picasso-Ausstellung statt und erregte grosses Interesse beim Pariser Publikum. Ich hatte meine Kamera mitgenommen, obwohl ich nicht wußte, ob man in den dunklen Räumen der Galerie würde photographieren können. Doch die Mentor, die mir Feilchen drei Jahre zuvor als ›Kommission‹ für das Geschäft mit der ›schönen Häßlichen‹ von Degas geschenkt hatte, erwies sich als lichtstark genug, und so konnte ich unbemerkt einige Aufnahmen machen, wie die Söhne von Renoir und Cézanne vor den Werken ihrer Väter standen und sie eingehend betrachteten.

Anläßlich der Vorbesichtigung und der Picasso-Vernissage fand außerdem ein Essen für geladene Gäste statt. Feilchen gehörte natürlich zu ihnen, ich aber nicht. Um so weniger ließ er es sich nehmen, bei jedem Gang unter einem Vorwand aus der vornehmen Gesellschaft zu verschwinden, um mir heimlich etwas von den servierten Köstlichkeiten hinauszuschmuggeln. Selten haben mir kleine Häppchen so geschmeckt wie damals. Auch auf der Auktion selber durfte ich dann photographieren und tat dies offenbar so eifrig, daß ich dem Berichterstatter des »Petit Parisien« auffiel. In seinem Artikel vom folgenden Tag bemerkte er, die Auktionatoren hätten zur Dokumentation ihrer französisch-deutschen Zusammenarbeit sogar eine junge Photographin engagiert, die mit großer Begeisterung alles im Bild festgehalten habe. Diesen liebenswürdigen kleinen Zeitungsausschnitt, in dem meine Tätigkeit als Photographin zum ersten Mal öffentliche Erwähnung fand, hüte ich bis heute.

Veränderungen während einer Reise

Daß ich bei öffentlichen Anlässen photographierte, war allerdings eher eine Ausnahme. Mir ging es ja weniger darum, die Menschen festzuhalten, wie sie sich präsentierten, oder sie in einem scheinbar unbewachten Augenblick zu erwischen. Wenn ich Menschen photographierte, durften sie auf den Bildern durchaus so erscheinen, wie sie sich selber sahen. Dabei wollte ich keine Porträts im herkömmlichen Sinn machen, sondern es sollte etwas Lebendiges spürbar sein, die Ausstrahlung der Person, ihre menschliche Eigenart, die Umstände des Moments – und meine Sympathie für all dies. Viele meiner Freunde und Bekannten mußten mir in dieser Zeit Modell stehen, was sie auch immer gerne getan haben. Einer meiner Pläne war zum Beispiel, meine Freundinnen im Abstand von zehn Jahren zu photographieren, um sichtbar zu machen, wie sie sich veränderten und älter wurden. Außerdem hatte ich im Sinn, die bekannten Photographen der damaligen Zeit einmal selber zum Gegenstand ihres Mediums zu machen und sie bei der Arbeit aufzunehmen. Munkasci photographierte ich im Ullstein-Atelier, er war sozusagen ein Kollege. Als ich hereinkam, hantierte er gerade mit einer großformatigen Kamera auf einer hohen Leiter, und war scheinbar so sehr bei der Sache, daß es auf meinem Photo aussieht, als merke er gar nicht, wie ich ihn aufnahm. Andere Photographen besuchte ich in Paris, das für dieses Metier das wichtigste Zentrum war. Hoyningen-Huene trat mir in in seinem Atelier als eine gutaussehende blonde Erscheinung entgegen; er arbeitete für »Vogue«, war ein großer Könner im Bereich der Modephotographie und hatte ein interessant nachdenkliches Profil. Auch zu Man Ray bin ich wieder gegangen, der sich für mich auf ein Sofa setzte und wie eine Eule melancholisch in die Kamera blickte. Immerhin erschien ich ihm, drei Jahre nach meinem ersten Pariser Aufenthalt, inzwischen offenbar soweit gereift, daß er mich seinerseits für photographierwürdig hielt und zwei Porträts von mir machte mit gestreiftem Pullover.

Als ich im Herbst 1932 aus Paris nach Berlin zurückkam, hatte ich erneut eine reiche Ausbeute von Negativen im Gepäck. Veröffentlicht habe ich davon jedoch nichts, es waren eher private Versuche, und ich bin noch heute erstaunt, daß sich mehr als fünf Jahrzehnte später Menschen dafür zu interessieren begannen und die Bilder in den 80er Jahren ausgestellt und veröffentlicht wurden.

Besonders überrascht hat mich dabei, daß am meisten die Porträts einer Frau gefragt waren, mit deren literarischer Wiederentdeckung ich ebenso wenig gerechnet hätte wie mit meiner photographischen: Annemarie Schwarzenbach. Mit ihr war ich nicht in Paris, sondern in Berlin bekannt geworden, als Rut Landshoff sie eines Tages zu uns brachte. Rut hatte mein Elternhaus gewissermaßen in ihr Programm Berliner Attraktionen eingebaut, denn sie konnte ihren zahlreichen durchreisenden Freunden nicht nur mondäne Clubs oder fragwürdige Kokainisten-Etablissements vorführen, sondern brauchte auch einen gediegenen bürgerlichen Ort, wo allen Neuerungen zum Trotz die Welt noch wundersam in Ordnung schien. Ich weiß nicht mehr, wann es genau war, daß sie mit Annemarie vorbeikam, doch ist mir noch lebhaft gegenwärtig, wie mich bei ihrem ersten Anblick schier der Schlag traf. Denn Annemarie war – ich muß dies immer wieder sagen – das schönste Lebewesen, dem ich je begegnet bin. Ich habe später auch Greta Garbo kennengelernt, deren Gesichtszüge vielleicht noch makelloser wirkten, aber Annemarie war ein Mensch, von dem man zunächst wirklich nicht wußte, ob sie Mann oder Frau war;

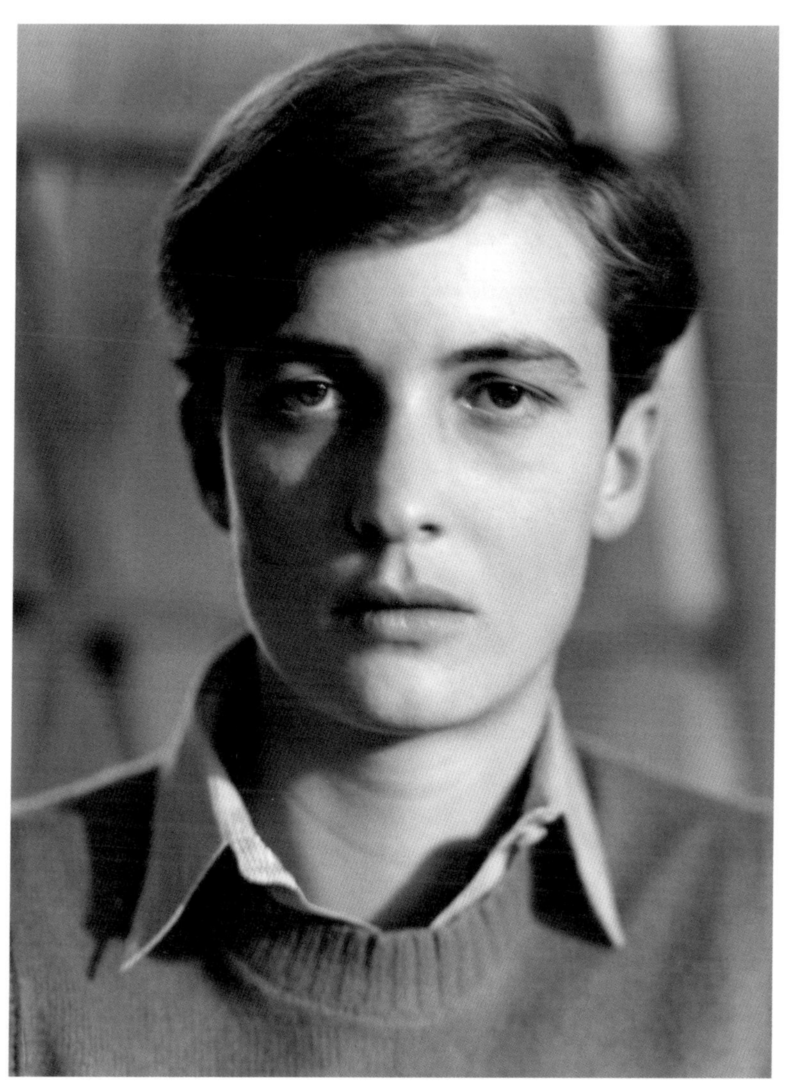

wie der Erzengel Gabriel vor dem Paradiese stehend erschien sie mir, und ich habe in den folgenden Jahren, als ich sie häufiger sah, immer wieder versucht, diesen Eindruck photographisch festzuhalten.

Annemarie war ein außerordentlich liebenswürdiger Mensch und ließ sich klaglos photographieren, ja, zeigte sogar ein gewisses Interesse an meinen Arbeiten. Die Photos, die ich in Italien, Frankreich und Holland gemacht hatte, gefielen ihr augenscheinlich gut, und so entstand im Frühjahr 1932 der Plan, eine gemeinsame Spanien-Reise zu unternehmen, wo sie schreiben und ich photographieren könnte. Annemarie machte damals gerade in Berlin Station, um von dort zu einer großen Rußland-Reise aufzubrechen, doch dann geschah es, daß sich Ricki Hallgarten, der Freund von Klaus und Erika Mann, das Leben nahm, was zur Absage des Vorhabens führte. In diesen Tagen brachte sie mich mit Lilly Abegg zusammen, die in Berlin die Photo-Agentur »Academia« führte und die sich spontan für unsere Spanien-Idee begeisterte. Hemingways Ruhm war gerade auf dem Höhepunkt, und alles schwärmte von Pamplona. Auch die Pyrenäen galten als interessant, seit Tucholsky darüber sein Buch geschrieben hatte, und man fuhr plötzlich nach dem geheimnisvollen Gebirgsnest Andorra, um dort Regen und Nebel zu erleben.

Auch wir wollten all dies sehen, und nach den verschiedensten Vorbereitungen kam es schließlich wirklich dazu. Im Frühjahr 1933 trafen wir uns in Südfrankreich, um von dort mit dem Auto nach Spanien aufzubrechen. Annemarie hatte einen weißen Mercedes »Mannheim« und wirkte sehr weltmännisch-vornehm, wenn sie am Steuer dieses Wagens saß. Sie rauchte damals ziemlich viel und hatte einen speziellen Zigarettenanzünder im Auto, was mir alles namenlos imponierte. Ich bewunderte überhaupt ihre ganze Art: ihre Schönheit und die Eleganz ihrer Bewegungen, auch wenn ich ahnte, daß ihr dies

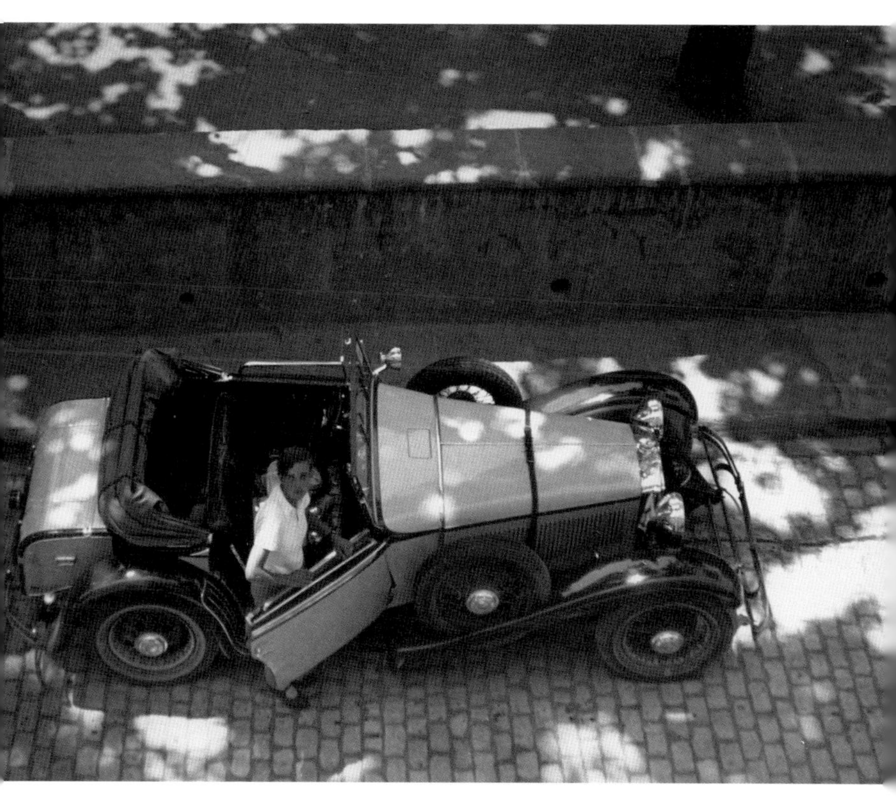

womöglich gar nicht so recht war. Denn in ihrer Schönheit blieb sie allein und war ein sehr einsames, unglückliches Wesen. Es ist mir in meinem Leben mehrfach passiert, daß ich bestimmte Eigenschaften an Freunden bewundert und geliebt habe – diese aber lieber für etwas anderes oder auf andere Weise gern gehabt worden wären. So ging es mir auch bei Annemarie, obwohl wir uns ausgezeichnet verstanden und die gemeinsame Reise sehr genossen haben.

Über Gerona gelangten wir zunächst nach Barcelona; von dort ging es nordwestlich über den Monserrat Richtung Pyrenäen, wobei mir nur noch der Name des Orts Seo de Urgel erinnerlich ist. Wir besuchten Loyola, das erst kurz zuvor von den Jesuiten verlassen worden war, so daß es noch etwas Sensationelles hatte, als Frau diesen Ort besichtigen zu dürfen. In Andorra goß es dann tatsächlich, und wir hielten uns nicht lange auf, sondern fuhren bald Richtung Pamplona weiter. Es war zwar nicht die Zeit der Fiesta, doch wir blieben ein paar Tage dort, um die Atmosphäre zu verspüren, die Hemingway so eindrücklich beschrieben hatte. Über Bilbao und San Sebastian kehrten wir schließlich nach Frankreich zurück. Eigenartigerweise hat mich diese dreiwöchige Reise, so interessant sie war, nicht nachhaltig geprägt. Spanien blieb mir – ganz anders als Italien – fremd, und mich hat, wenn ich später dort war, eigentlich nur der Prado interessiert. Woran dies lag, weiß ich bis heute nicht.

Den Endpunkt der Reise bildete schließlich Zürich, wo ich Feilchen traf. Es war Frühling 1933, und alles hatte sich grundlegend verändert. Die Nazis waren an der Macht, die Presse in Deutschland war gleichgeschaltet, und die »Academia«-Agentur sah keine Möglichkeit mehr, meine Photos zu veröffentlichen, es sei denn, ich wäre einverstanden, mich Annelise Brauer zu nennen. Dies kam für mich natürlich nicht in Frage, ich sagte: Entweder mein Name bleibt, wie er ist, oder die

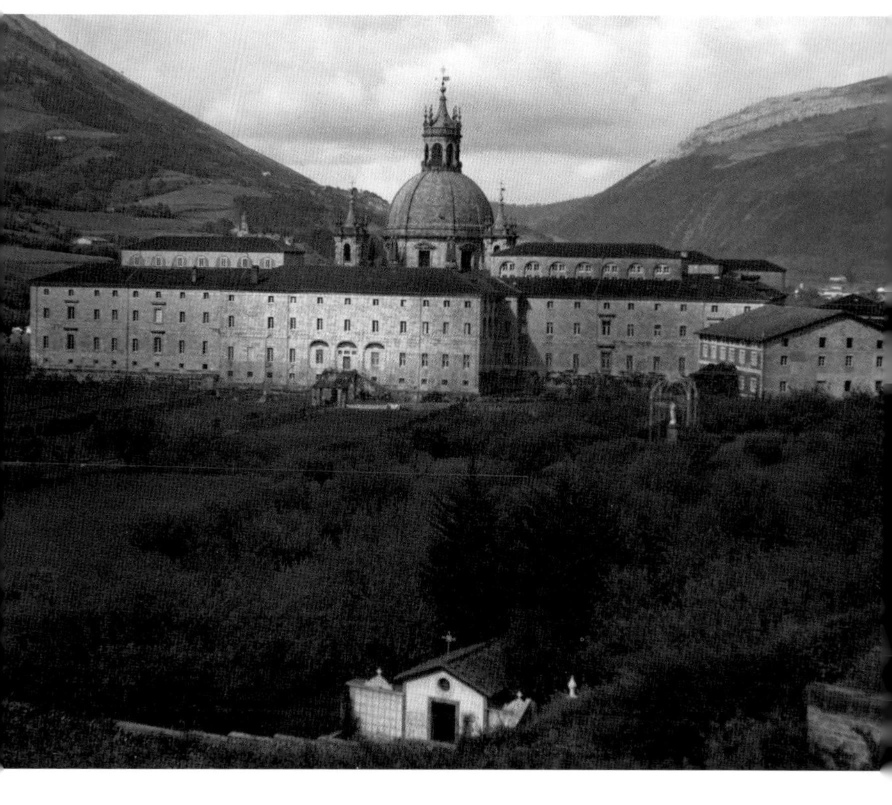

Bilder erscheinen nicht. Die »Academia« hatte keine Courage, und die Photos blieben unpubliziert. »Nicht-Arier«, so hieß es, durften nicht mehr gedruckt werden.

Dieser Begriff »Nicht-Arier« ist etwas, das mir noch bis ins hohe Alter hinein Kopfschütteln bereitet, denn niemand konnte und kann vernünftigerweise verstehen, was ein »Nicht-Arier« sein soll. Kürzlich ist ein Buch mit dem Titel »Jüdische Frauen des 19. und 20. Jahrhunderts« erschienen, und in diesem Buch figuriere auch ich als Photographin Marianne Breslauer, obwohl ich gar keine jüdische Frau bin. Erst Hitler hat mich zu einem »Nicht-Arier« gestempelt, ungeachtet der Tatsache, daß wir irgendwo sogar einen protestantischen Pastor in der Familie hatten und ich als Christin aufgewachsen und erzogen worden bin. »Wir sind die nicht-arischen Christen«, lautete der erste Vers eines treffenden Vierzeilers, der damals kursierte: »Wir sind doch auch ganz nett. / Der erste in unseren Listen / Ist Jesus von Nazareth.« Die Strophe machte auch ich mir zu eigen, ohne zu wissen, daß sie von meinem lieben verehrten Franz Hessel stammte, mit dem ich in diesen Jahren so oft und auf so schöne Weise zusammen war. Dieser Vers faßte es treffend zusammen: Von meiner Herkunft und Erziehung war ich christlich aufgewachsen, hatte Weihnachten gefeiert von Kindesbeinen an. Meine Familie war gänzlich assimiliert, und nicht zuletzt dies machte Preußens spezielle Eigenart aus: Friedrich der Große war tolerant gewesen, hatte Hugenotten und Juden nach Berlin kommen lassen, so daß nach wenigen Generationen eigentlich jeder wirkliche Berliner jüdische oder französische Großeltern hatte, wenn nicht gar zwei. Und war es nicht Fontane gewesen – hugenottischen Urprungs auch er –, der anläßlich seines 75. Geburtstages dichtete: »Du bist der Mann der Jagow und Lochow, / Der Stechow und Bredow, der Quitzow und Rochow / … / Aber die zum Jubiläum kamen, / Das waren doch sehr, sehr andere Namen / … / Die auf ›berg‹

und ›heim‹ sind gar nicht zu fassen, / Sie stürmen ein in ganzen Massen, / Meyers kommen in Bataillonen, / Auch Pollaks und die noch östlicher wohnen; / … / Stellen mich freundlich an ihre Spitze, / Was sollen mir da noch die Itzenplitze! / Jedem bin ich was gewesen, / Alle haben mich gelesen, / Alle kannten mich lange schon, / Und das ist die Hauptsache: / Kommen Sie, Cohn.« Cohn ist ganz sicher gekommen, denn die Berliner Treue, die all dies zusammenhielt, ist sprichwörtlich.

Doch nun war man also ein »Nicht-Arier« und durfte seine Photos in Deutschland nicht mehr publizieren, obwohl man als junge deutsche Frau von einer deutschen Presseagentur nach Spanien geschickt worden war.

In Zürich eröffnete sich allerdings eine andere Möglichkeit. Zu Annemarie Schwarzenbachs Bewunderern zählte auch Arnold Kübler, der Redakteur der »Zürcher Illustrierten«. Er war sofort bereit, unsere Spanien-Reportagen zu drucken und tat dies auch. Durch das große Format der »Zürcher Illustrierten« kamen die Photos schön zur Geltung, und Kübler fragte mich kurz darauf, ob ich nicht auch die »Pfeffermühle«, die gerade in Zürich gastierte, für ihn photographieren wolle. Nichts lieber als das, sagte ich, und so habe ich all die Mitglieder des Cabarets kennengelernt, Therese Giehse, die der Kopf der Gruppe war, Erika Mann, Sybille Schloß, blond und hübsch, Magnus Henning und wie sie alle hießen. Die einzige, die ich wirklich schön photographiert habe, war allerdings die kleine Valeska Hirsch. Sie war so entzückend in Lindtberg verliebt, und ich dachte, man müsse was für sie tun, und sei es nur durch die Qualität ihrer Porträts. Erika Mann dagegen habe ich miserabel aufgenommen – vielleicht weil ich einfach Leute lieber habe, die unscheinbar und bescheiden sind.

Über eine eigene Dunkelkammer verfügte ich in Zürich zwar nicht, doch die Stadt wimmelte von Leuten, die aus Deutschland weggegangen waren – unter ihnen auch Hans Finsler, den

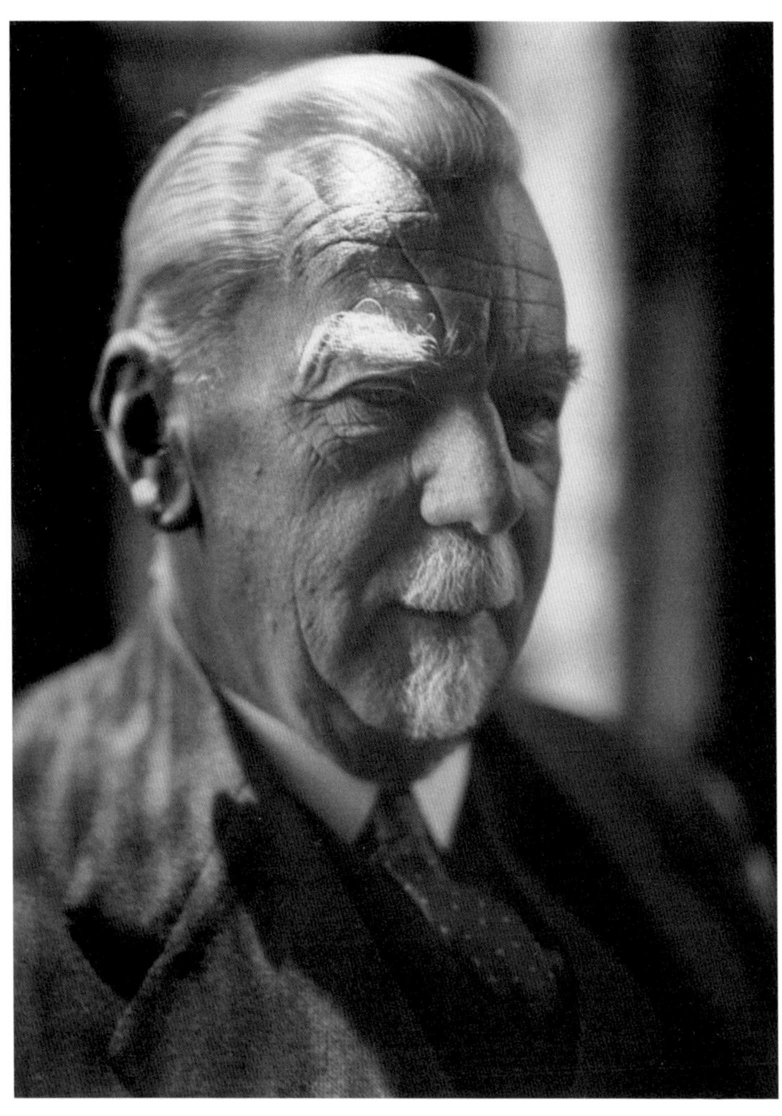

ich über meine Freundinnen von der Burg Giebichenstein kannte. Er hatte Deutschland direkt nach der Machtergreifung der Nazis verlassen, war in seine Schweizer Heimat zurückgekehrt und hatte die Leitung der Photoabteilung an der Zürcher Schule für Gestaltung übernommen. In deren Labor vergrößerte ich nun meine Bilder, darunter auch eines, das den Porträtierten zu einem Kommentar veranlaßte, dessen ironische Nuancen mich noch heute erfreuen. Es war der bedeutende Kunsthistoriker Heinrich Wölfflin, zu dem man mich aus irgendeinem Grund gerufen hatte. Er wohnte in einem der schönsten klassizistischen Privathäuser Zürichs (kurz nach Ende des Krieges unbegreiflicherweise abgebrochen) und setzte sich mit professoraler Souveränität vor der Kamera in Positur. Als ich ihm das fertige Photo vorlegte, sagte er mit sichtlichem Wohlgefallen: »Hier habe ich den Ausdruck einer gewissen Bonhommie, von der ich nicht ungern habe, wenn man sie mir nachsagt.« Dies war fürwahr ein schöner Satz, zitierfähig für alle Zeiten, und wir amüsierten uns ausgiebig darüber.

Vergaßen wir dabei, was um uns politisch geschah? Es mag sich heute kaum glaubhaft anhören, aber damals nahmen wir Hitler mit seinem merkwürdigen Äußeren und seiner entsetzlichen Sprache noch nicht wirklich ernst. Wir vermochten uns schlicht nicht vorzustellen, daß er tatsächlich ein ganzes Volk in sein Gefolge bringen konnte, so sehr uns die neuesten Ereignisse auch frappierten.

Feilchen war in diesen Dingen ahnungsvoller. In Düsseldorf hatte er eine Auktion bei Paffrath erlebt, die von SA-Leuten gesprengt worden war, da auch Werke ›entarteter‹ Künstler zum Ausruf kommen sollten. Niemand hatte eingegriffen, als die Bilder von den Braunhemden auf offener Szene beschlagnahmt wurden. Für Feilchen war von diesem Moment an klar, daß in einem Land, wo dergleichen Willkür ohne Einschreiten der Polizei und ohne rechtliche Folgen geschehen konnte, keine Sicherheit mehr gegeben war. Und dies war kein Einzelfall, sondern überall erlebte man Ähnliches. Uniformierte Nazis störten Veranstaltungen, die ihnen nicht paßten, und machten Krawall. Im Berliner Mozartsaal ließ Goebbels während der Filmvorführung von Remarques »Im Westen nichts Neues« weiße Mäuse los, so daß die Leute kreischend davonrannten. Überall gab es derartige Aktionen, und niemand schritt dagegen ein. Angesichts dieser Ereignisse war Feilchens Schlußfolgerung ebenso einfach wie weitreichend. Er sagte sich: »Hier kann ich nicht bleiben«, packte nach dem Erlebnis bei Paffrath von einem Tag auf den anderen die Koffer und verließ Deutschland. Dies war die Situation, als wir uns in Zürich trafen.

Vorausblickend, wie er war, hatte Feilchen die Entwicklung allerdings kommen sehen. Wie bereits erwähnt, unterhielt er seit 1932 ein Büro in Paris. Außerdem existierte nach wie vor die Filiale in Amsterdam, die von Dr. Helmuth Lütjens geleitet wurde. Feilchen versuchte zudem, in Zürich eine Niederlassung der Firma zu eröffnen, scheiterte aber bereits am banalen Umstand, daß in der Schweiz eine Einzelfirma nicht auf Paul Cassirer lauten durfte, wenn dieser schon gestorben war – von den unüberwindlichen fremdenpolizeilichen Hindernissen einmal ganz zu schweigen.

Immerhin war es Feilchen gelungen, mit Wilhelm Wartmann, dem Direktor des Zürcher Kunsthauses, eine Ausstellung zur französischen Malerei des 19. Jahrhunderts zu arrangieren. Es war nicht die einzige Verabredung dieser Art, die Feilchen traf, um seinen jüdischen Kunden und Freunden die Möglichkeit zu verschaffen, ihre wichtigsten Bilder außer Landes zu bringen. Vermögende Familien wie Mendelssohn, Bruno Cassirer, Fürstenberg, Liebermann usw. sahen sich plötzlich den widerwärtigsten Schikanen ausgesetzt und waren um jede Möglichkeit froh, ihren Kunstbesitz dem drohenden Zugriff der Nazis zu entziehen. Zuerst schickte Feilchen eine Gruppe ausgezeichneter französischer Bilder aus deutschen jüdischen Sammlungen nach Wien, wo sie in der Neuen Galerie von Otto Nirenstein-Kallir gezeigt wurden. Wenig später, d.h. im Sommer 1933, fand die Ausstellung des Zürcher Kunsthauses statt. Sie umfaßte insgesamt 37 Leihgaben aus »nicht-arischem« deutschem Privatbesitz, darunter neun Bilder von Manet (auch die erwähnte »Linge« war darunter), drei von Degas und sechs von Toulouse-Lautrec. Die ganze Ausstellung zählte 103 Nummern. Zuletzt wurden die Bilder vom Dezember 1933 bis Januar 1934 im Museum Boymans in Rotterdam gezeigt. Keines der Gemälde ist anschließend nach Deutschland zurückgekehrt. Waren ihre Besitzer bereits emigriert, so wurden die Werke an sie weitergeleitet; die übrigen blieben in Holland und konnten alle gerettet werden – teils als Leihgaben in verschiedenen Museen, teils im Cassirer'schen Haus in der Keizersgracht. Als der Krieg ausbrach, vergrub man sie in den Dünen, wo sie die Zeitumstände glücklich und unversehrt überdauerten.

Noch ahnten wir jedoch von all dem nichts, sondern waren so naiv zu glauben, Hitler und die Nazis seien eine Art Spuk, der bald wieder verfliegen würde. Keiner von uns hatte Hitlers »Mein Kampf« gelesen, und so dachten wir, man müsse nur Geduld haben und guten Mutes bleiben.

»Beschäftigter Müssiggang« vor unheimlicher Kulisse

Die Jahre, die nun folgten, waren eine Art Tanz auf dem Vulkan. Bald ging es darum, Menschen zu retten, Familienmitglieder aus Deutschland herauszuholen. Für alles brauchte jeder Geld. Viele versuchten, sich durch den Verkauf von Bildern die nötigen Mittel zu Ausreise und Einreise, zu Aufenthaltsgenehmigungen und Schiffspassagen zu verschaffen. Auch wenn die Kunst in jener Zeit noch keine Investition zum Zwecke der Spekulation war (was sie heute weitgehend geworden ist), so zeigte sich doch, daß ein gutes Bild – auch damals schon an erster Stelle van Gogh und Cézanne – der sicherste Weg zu Geld war. Von all dem war Feilchen als deutscher Jude wie als internationaler Kunsthändler unmittelbar betroffen.

Als ich ihn nach der Spanien-Reise in Zürich sah, kam er bereits aus Amsterdam. Eigentlich aber lebte er von nun an mehr oder weniger im Auto, mit dem er unablässig in der Weltgeschichte herumfuhr, um Sammler, Kunden, Freunde und Künstler zu besuchen. Auf zahllosen dieser Reisen habe ich ihn begleitet, und so merkwürdig es klingt, war diese politisch und wirtschaftlich schwierige Zeit für uns eine der glücklichsten. Wir genossen das Vagabundische unserer Existenz, fuhren hier- und dorthin, machten alle möglichen Umwege, Zwischenhalte und Abstecher, ergötzten uns an irgendeinem frugalen Imbiß inmitten schönster Landschaft oder trafen Freunde in fernen Städten und Cafés. Oft war auch Grete Ring mit uns, die wir irgendwo aufpickten und andernorts wieder absetzten. Zwischen Taschen und Koffern eingeklemmt saß sie auf dem Rücksitz, unterhielt uns mit allerlei amüsanten Kommentaren, machte bisweilen auch ein Schläfchen, und wenn sie aufwachte, rief sie mit gespielter Entrüstung: »Sagt mir die Wahrheit, wo sind wir jetzt? Sagt mir die Wahrheit!« Dieses gemeinsame Reisen haben wir sehr genossen und uns immer sehr wohl miteinander gefühlt. Niemand wußte zwar, was kommen würde, doch besaß unser Leben vielleicht gerade darum eine so eigentümliche Leichtigkeit.

Hinzu kam, daß der Kunsthandel ohnehin ein Beruf ist, bei dem Arbeit und Vergnügen, Geschäft und Muße unmerklich ineinander übergehen. Von Grete Rings Vater stammte der treffende Ausdruck, Kunsthandel sei »beschäftigter Müßiggang«. Man besucht Bekannte, verbringt einen Nachmittag oder Abend mit ihnen in angenehmer Unterhaltung, und am Ende kommt es womöglich zu einem Kauf oder Verkauf. In der Mehrzahl der Fälle geschieht zwar nichts dergleichen, doch aus etwaigen Kunden sind vielleicht Freunde geworden, und beim nächsten zwanglosen Zusammentreffen ergibt sich ein Geschäft. Hierin lag vielleicht Feilchens größtes Talent, daß sich die unterschiedlichsten Leute ihm freundschaftlich verbunden fühlten, ohne daß er es von seiner Seite darauf angelegt hätte. Es ergab sich einfach durch seine Art, wobei er allzu große Vertraulichkeit nicht selten dadurch zu vermeiden wußte, daß er beispielsweise bat, doch lieber beim »trauten Sie« zu bleiben. Und oft wunderte er sich darüber, daß die Leute ihn für irgendetwas Bedeutendes hielten, wo er doch völlig unprätentiös war, keinerlei gesellschaftliche Allüren hatte und nichts anderes sein wollte als einfach der Feilchenfeldt. Geradezu berühmt aber war seine Großzügigkeit; wo wir auch Bekannte und Freunde in Cafés trafen, immer galt er als derjenige, »qui paye pour tout le monde«. Gerade in der Zeit der Emigration verstand sich diese Bereitschaft (und die Fähigkeit dazu) alles andere als von selbst, und es ist mir noch heute ein Rätsel, wie er es in diesen Jahren fertigbrachte, daß wir von finanziellen Problemen weitgehend verschont geblieben sind. Er war ein Genie in diesen Dingen, obwohl oder gerade weil ihm an Geld an sich überhaupt nichts lag. Er lebte eigentlich immer gleich, ob er nun Geld hatte oder nicht. In allen Lebenslagen blieb er von einer phänomenalen Uneigennützigkeit und half denen, die ihm nahestanden, wo er nur konnte.

Selbst die nächsten Freunde aber verstreute die Emigration in alle Himmelsrichtungen, und wir waren ständig in Holland, Frankreich, der Schweiz und in Italien unterwegs. Unsere erste Fahrt in dieser Zeit führte uns im Juni 1933 nach Rapallo, wo Kokoschka in Nöten war und festsaß. Kokoschka gehörte seit gut zwei Jahrzehnten zu den Künstlern der Galerie Cassirer, und Feilchen verband mit ihm eine lange wechselvolle Beziehung. Denn Kokoschka war von einer sprichwörtlichen Unzuverlässigkeit; beispielsweise verkaufte er Bilder, die längst Feilchen gehörten, ungeniert an Dritte, so daß es häufiger zu Meinungsverschiedenheiten kam. Ein solcher Fall lag auch diesmal wieder vor. Gänzlich mittellos, war Kokoschka in Paris von einem holländischen Maler namens Bob Gesinus-Visser aufgelesen worden, der mit einer vermögenden Hamburger Kaufmannstochter verheiratet war und in Rapallo eine noble Villa besaß. Dort sollte Kokoschka nun malen, was ihm offensichtlich eine ungemütliche Vorstellung war, denn er nahm sich Rudolf Levy als unterhaltsamen Begleitschutz mit. In der Tat war die vornehme Atmosphäre des Hauses ziemlich beengend; Feilchen und ich bemühten uns zwar, als vorzeigbare und bürgerlich feine Leute aufzutreten, doch die Tatsache, daß ich dort ohne Strümpfe erschien, war in den Augen unserer Gastgeber ›unmöglich‹. Der Herr des Hauses scheute sich nicht, mich um Vervollständigung meiner Bekleidung zu ersuchen, und war leicht entsetzt, als ich ihm sagte, daß ich gar keine Strümpfe besäße. Da stellte sich Rudolf Levy dazwischen und sagte: »Frau Cézanne ist auch immer ohne Strümpfe gegangen« – was meine Rettung bedeutete, auch wenn ich dadurch noch

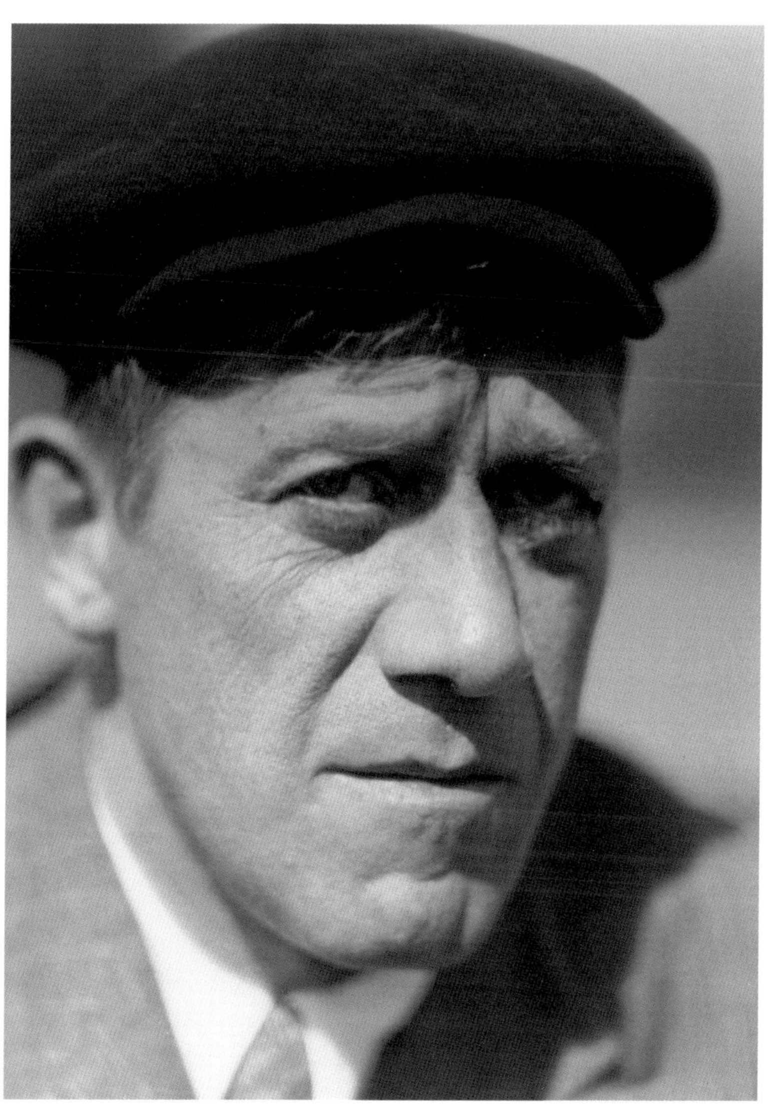

nicht hoffähig wurde. Man merkte mir jungem Wesen wohl an, daß ich im Ruf stand, eine Mischung von Wandervogel und Waldnymphe zu sein, wie Vitale Bloch dies ausgedrückt hatte (wobei ich bemerken muß, daß mir diese Charakterisierung nur in ihrem zweiten Teil einigermaßen gefiel). Levy aber habe ich seit diesem Moment in mein Herz geschlossen, und ich darf gar nicht daran denken, wie er später umgekommen ist. Er tauchte zu Beginn des Krieges in Italien unter, war aber nicht vorsichtig genug, als auch dort die Razzien und Deportationen begannen. Vielleicht war es ihm in seinem Versteck nur langweilig geworden, wer weiß. Jedenfalls erwischte man ihn, als er in Rom in einem Café saß, und nahm ihn mit – auf Nimmerwiedersehen. Er war ein hinreißender Mensch – umwerfend komisch und liebenswürdig. Damals in Rapallo brachte er uns damit zum Lachen, daß er fortwährend Schiller zitierte, und zwar jeweils nur den einen seltsamen Satz: »Sei's eine seltne Pflanze, sei's ein Ammonshorn«. Das ergab zwar nicht den mindesten Sinn, wurde aber immer komischer, je öfter er die Worte voll hehren Ernstes aussprach.

Mit Kokoschka dagegen, dem ich damals zum ersten Mal begegnete, verstand ich mich weniger gut. Er sah zwar wundervoll aus und war auch ein großer Künstler. Aber er hatte eine Art, Leute charmieren zu wollen, die mir fast auf die Nerven ging. Ich hatte und habe es bis heute nicht sonderlich gern, wenn Charme zu dick aufgetragen wird. Er merkte übrigens sehr schnell, daß mir seine Art widerstrebte, aber sie war einfach seine zweite Natur geworden, die er nicht ablegen konnte. Trotzdem war er auch für mich unwiderstehlich, und wir sind nach und nach wirklich Freunde geworden. Und wie er mir später geholfen hat, ist mir unvergeßlich geblieben.

Zunächst aber war es an Feilchen, Kokoschka zu helfen. Auch in Rapallo lief die Einigung zwischen beiden in der bereits mehrfach erprobten Weise ab: Feilchen gab nochmals Geld und erhielt dafür die Bilder, die ihm eigentlich schon gehörten. In einem von Kokoschkas später veröffentlichten Briefen schlug sich dies mit den Sätzen nieder: »Mit Feilchen bin ich ausgesöhnt jetzt, er hat mich vor sechs Wochen besucht und 1000 Fr. dagelassen, ich habe ihm die schuldigen Bilder mitgegeben, und jetzt warte ich, bis er wieder eine Wurzen findet, wo er eine Million Schulden machen kann mit einem toten Meister und mich erhalten wird können.« Einstweilen jedenfalls war Kokoschka aus dem goldenen Käfig von Gesinus-Visser erlöst, und wir konnten wieder unserer Wege gehen.

Mein Weg führte – sehr zum Entsetzen von Therese Giehse, die dies gar nicht fassen konnte – am Ende des Sommers wieder zurück nach Berlin. Hier fand ich die Situation sehr verändert vor. Draußen in Dahlem merkten wir von den Aufmärschen der Nazis zwar relativ wenig, doch drangen die neuen Machtverhältnisse rasch in jedes Leben. Ariernachweise wurden verlangt, so daß man sich plötzlich mit seinen Ahnen zu beschäftigen hatte, die einen bis dahin herzlich wenig interessiert haben mochten. Curt Valentin fand dies alles völlig lächerlich, bis sich – zu seinem grenzenlosen Erstaunen – alle seine vier Großeltern als Juden entpuppten. Ein Großvater war Julius Stettenheim, der unter dem Pseudonym Wippchen als Journalist und Kabarettist die Berühmtheit eines echt Berliner Originals erlangt hatte. Doch auch dies zählte nun nicht mehr, und Curt mußte sich mit der Tatsache auseinandersetzen, daß man ihn als Volljuden einstufte und er Deutschland wohl besser verließ. Flechtheim hatte diesen Schritt bereits getan und die Galerie seines Namens wurde von einem gewissen Buchholz ›arisiert‹, was dieser allerdings – im Gegensatz zur sonstigen Praxis – auf recht anständige Art tat. Er entsandte Valentin nach New York, wo er als Dependance die »Buchholz Gallery« eröffnen sollte, ein Unternehmen, mit dem Valentin bald sehr erfolgreich wurde.

Bei Swarzenski stellte sich die Lage nicht viel anders dar; auch er hatte jüdische Wurzeln und konnte sich leicht ausrechnen, daß aus seiner akademischen Karriere in Deutschland nichts mehr werden würde. Da half es auch nicht, daß seine Frau eine ›rein arische‹ Kunsthistorikerin war. Als einzige Lösung blieb beiden die Emigration. Zunächst ging Swarzenski nach Boston, wo auch sein Vater war, der Direktor des Frankfurter Städel. Dann erhielt er einen Ruf an das berühmte Institute for Advanced Studies in Princeton. Hier wirkte er dann viele Jahre als sogenannter »research fellow«, ein Titel, der ihm so gefiel, daß er sich fortan als »Such-Buben« bezeichnete. In dieser Funktion baute er eine enge Zusammenarbeit mit dem emigrierten Warburg Institut in London auf.

Anders lag der Fall bei meinem Freund Alf Hentzen. Groß und gutaussehend, befriedigte er schon vom Äußeren das Idealbild eines deutschen Mannes. Über das, was um ihn geschah, machte er sich zudem erstaunlich wenig Gedanken. Es sei doch – meinte er in aller Harmlosigkeit zu mir – gar nicht so schlimm, wenn die Juden gehen müßten; das eröffne doch ganz andere Chancen für die Stellung. Was da aus ihm sprach, war die ebenso entsetzliche wie typische Borniertheit des deutschen Bürgertums, das nur gerade an sich selbst dachte und nicht im entfernten auf die Idee kam, ein naher Freund könne womöglich jetzt als Jude gelten und von Verfolgung bedroht sein. Hentzen hatte jedenfalls nicht das mindeste Empfinden für die Ungeheuerlichkeit seiner Bemerkung, war im übrigen aber weder Nazi noch irgendwie Rassist. Doch vielleicht war gerade diese Ahnungslosigkeit das Schlimme und der eigentliche Grund für Hitlers Sieg. Zu Hentzens entwaffnender Ignoranz gehörte es dann auch, daß er nach dem Krieg mit der Bitte zu uns kam, ihm bei der Entnazifizierung zu helfen. Da er zweifellos ein netter Mann war und wir sein gutes Gewissen ohnehin nicht hätten stören können, taten wir ihm den Gefallen.

Zwischenzeit, Wartezeit

Bleiben oder nicht bleiben – dies wurde nach und nach zu einer unausweichlichen Frage. Und zu einem Zwiespalt. Feilchen war weggegangen, meine Eltern aber hatten die feste Absicht, dies nicht zu tun. An eine Gefahr für Leib und Leben glaubten sie nicht, sondern nahmen an, der braune Spuk würde früher oder später wieder vergehen. Im übrigen fragten sie sich mit Recht, wovon sie außerhalb Deutschlands leben sollten. Mein Vater war inzwischen ein älterer Herr und wußte, daß es mit 67 Jahren schwer sein würde, in einem fremden Land ein Auskommen zu finden. Da blieb man besser, sagte er sich; den Schikanen würde man versuchen auszuweichen – oder sie ertragen lernen.

Auch ich blieb, allerdings ohne dies zu wollen. Feilchen reiste mit mir zwar unentwegt durch halb Europa, doch von seinem Junggesellentum konnte er deswegen noch nicht lassen. Heiraten war schlicht nicht seine Sache. Auch um ihn herum glaubte niemand, daß er sich wirklich einmal mit Trauschein und Siegel würde festlegen wollen. Eine Cousine von ihm, die gleich alt ist wie ich, kann sich noch heute kaum darüber beruhigen, daß ich Feilchen schließlich doch »bekommen« habe. Sie hielt ihn für das männliche Non plus ultra und konnte nicht glauben, daß ein weibliches Wesen es je fertigbringen würde, ihn ehelich davonzutragen. Tatsächlich mußten die Dinge auch erst reifen, und es war vielleicht dieses Hin und Her zwischen Deutschland und der Emigration, das das Verbindende zwischen uns fraglos werden ließ. Langsam lernte ich die meisten seiner Kollegen und Kunden kennen, und selbst engste Freunde wie Ernst Bloch gewöhnten sich daran, daß

Feilchen nun regelmäßig mit mir im Schlepptau erschien. Bloch sahen wir 1933/34 mehrfach in Zürich, wo er in einem kleinen Appartement an der Zollikerstraße wohnte. Als wir ihn eines Tages dort besuchten, passierte es, daß Feilchen auf irgendetwas Unebenes trat und sich mit der Frage: »Was liegt denn da?« bückte. Es war Blochs Portemonnaie, nach dem er schon seit Tagen verzweifelt gesucht hatte. Bloch war über diesen Fund völlig perplex und fühlte sich in seinem Glauben bestärkt, daß zwischen Feilchen und dem Geld eine magische Verbindung bestehen müsse.

Möglicherweise wurde eben diese Ansicht für Feilchen zum Verhängnis, als Bloch wenig später seine zweite Frau Karola kennenlernte. Sie war dogmatische Kommunistin und sah in Feilchen offenbar den Klassenfeind. Jedenfalls brachte sie Bloch dazu, nach der Heirat den Kontakt zu seinem alten Studienfreund und langjährigen Verleger aufzugeben. Ganz verstanden haben wir dies Ende einer engen Freundschaft nie, denn Bloch war sonst nicht der Typ des verbissenen, linientreuen Linken. Schon vom Äußeren her wirkte er ganz anders mit seinem temperamentvollen Gesicht und dem tiefen Haaransatz, der einen immer wieder überraschte. Er hatte etwas kolossal Unbeschwertes und konnte sehr kurzweilig und amüsant erzählen. Sogar Selbstironie war ihm nicht fremd. Ich erinnere mich, daß wir ihn – es wird wohl im Jahr 1934 gewesen sein – in einem Florentiner Straßencafé trafen und er uns die Anekdote erzählte, wie er einst mit dem Zug nach Ludwigshafen gefahren war und dabei einen Bekannten aus seiner Heimatstadt traf. Der fragte ihn: »Na, Ernst, was machst du denn so?« Und Bloch sagte: »Ich studiere Philosophie.« Da war der andere ganz verwundert und erzählte, sie hätten einen Stammtisch, zu dem gehöre auch einer, der nie etwas sage. Die anderen machten sich immer einen Spaß daraus, ihn zu sticheln und aufzuziehen, doch er lasse sich dies ganz ruhig und ohne Widerrede gefallen.

»Einmal war es ihm aber genug«, fuhr Blochs Bekannter fort, »plötzlich stand er auf, meinte: ›Ihr könnt mich alle mal!‹ und verschwand. ›Das ist also mal ein Philosoph‹, sagten wir, aber daß man das auch studieren kann, hab ich nicht gewußt.«

Wenig später verschwand Bloch aus unserem Blickfeld, wenn auch aus anderen Gründen als der duldsame Stammtisch-Philosoph. Feilchen hatte noch geholfen, einen Verleger für Blochs neues Werk »Erbschaft dieser Zeit« zu finden, dann brach der Kontakt ab. Publiziert wurde das Buch im Verlag von Emil Oprecht, der in diesen Jahren zu einem unserer besten Freunde wurde. Feilchen pflegte von ihm zwar spöttisch zu sagen, Oppi sei ja »nur Sortimenter«, doch schätzten wir ihn ungemein hoch. Oprecht war ein absolut unerschrockener Mensch; er verlegte ein nazi-kritisches Buch nach dem anderen, setzte sich rastlos für die Emigranten ein und ließ sich in seinem Engagement von nichts und niemandem einschüchtern – weder von den Schweizer Behörden, die ihn bald unmißverständlich zur »Mäßigung« mahnten, noch von den Nazis, auf deren schwarzen Listen er ganz oben stand. Feilchen und Oprecht erwogen immer wieder eine verlegerische Kooperation, denn die literarischen Neigungen waren in Feilchen noch immer sehr lebendig. Außerdem wirkten die Folgen des Schwarzen Freitag während der ersten Emigrationsjahre noch deutlich nach, und es war unter den Bedingungen des Exils nicht leicht, als Kunsthändler zu existieren. Damals dachte ich manchmal, es würde Feilchen vielleicht sogar mehr entsprechen, eine literarische Zeitschrift oder etwas derartiges zu machen. Als Redakteur oder Herausgeber konnte ich ihn mir jedenfalls gut vorstellen, und auch er selbst wußte wohl, daß er auf diesem Gebiet ungenutzte Talente besaß.

Mit dem Schreiben allerdings verband ihn eine eher unglückliche Liebe. In diesem Punkt ähnelte Feilchen seinem Vater, der seinen Arztberuf geringschätzte und stattdessen den Ehrgeiz darein setzte, ein Theaterstück nach dem anderen zu schreiben und als Bühnenautor berühmt zu werden. Keines dieser Dramen, die zuletzt einen ganzen Schrank füllten, sah sich je gedruckt oder wäre gar über die Bretter gegangen, die ihm offenbar die Welt bedeuteten. Von der literarischen Qualität dieser Erzeugnisse war der Sohn fast peinlich berührt, sah sich allerdings in ähnlicher Weise scheitern, wenn er selber zur Feder griff. Auch Feilchen fand keinen eigenen, literarischen Ton, so ausgeprägt sein Stilempfinden für die Werke anderer Autoren sonst sein mochte. Einen einzigen Aufsatz habe ich von ihm gedruckt gesehen, und zwar in einem Almanach des Oprecht Verlags, der damals erschien. »Wir stehen schaudernd vor dem Ende«, hob der Text an, was mich noch Jahre später schallend lachen machte, denn dramatisches Pathos schien mir überhaupt nicht zu Feilchens subtiler Wesensart zu passen. So blieb er nach diesem literarischen Fehlversuch beim Kunsthandel und hat nach 1933 das verlegerische Metier, aus dem er ursprünglich kam, trotz mancher entsprechender Pläne und Erwägungen nie mehr ausgeübt.

Glücklicherweise war er in diesen Jahren der Ungewißheit mit einigen Sammlern verbunden, die ungeachtet der Zeitumstände bereit und interessiert waren, hochwertige Kunstwerke zu erwerben. Von Remarque war schon die Rede, der in Ronco saß und ebensowenig wußte wie wir, was die politische Situation auf längere Sicht für ihn bedeutete. Er kaufte bei Feilchen zunächst das erwähnte Tänzerinnen-Pastell von Degas, das sich als eine Art Auslöser für den Aufbau einer ganzen Sammlung meist kleinerer qualitätvoller Werke entpuppte.

Der zweite Sammler war der amerikanische Industrielle Barnes, mit dem wir 1935 in Paris zusammentrafen. Eines Tages kam Feilchen halb außer sich angelaufen, ein Kollege, mit dem er viel zusammenarbeitete, suche verzweifelt einen

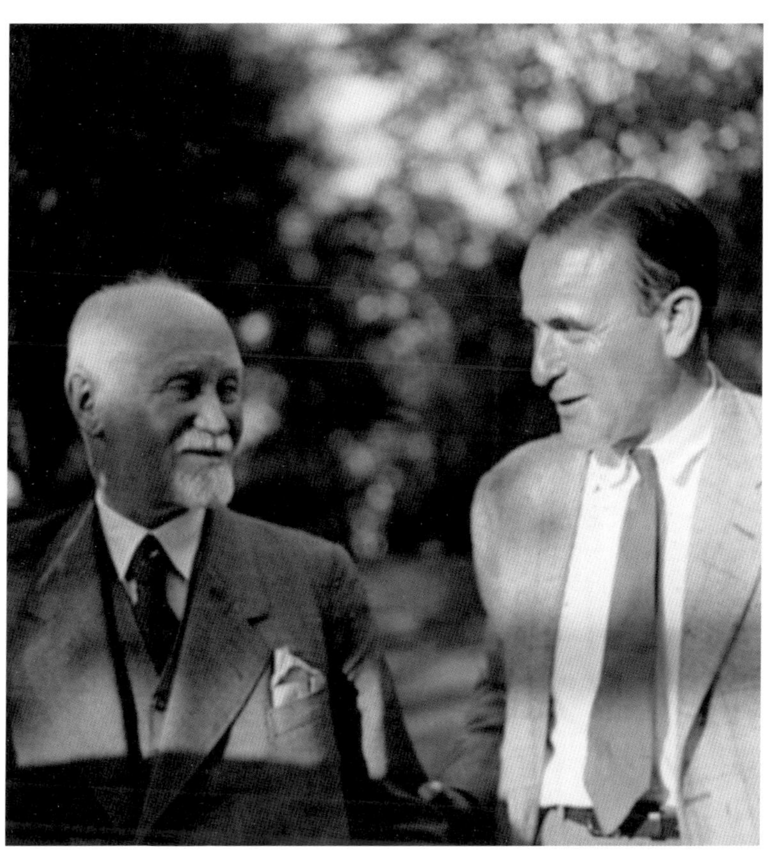

Photographen – Barnes brauche ein Bild von sich. Mit meiner Kamera wurde ich in die Galerie Bignou beordert und lichtete den Herrn ab. Er saß ruhig da, zierte sich in keiner Weise vor der Kamera, und die Bilder gelangen vorzüglich. Erwin Blumenfeld, der unterdessen mit Feilchens Hilfe sein Atelier in Paris aufgeschlagen hatte, machte mir rasch einige Abzüge, und so konnte ich, kaum daß ein Tag vergangen war, dem großen Sammler aus Amerika die Ergebnisse meiner Bemühungen vorweisen. Barnes war von den Photos entzückt, bedankte sich herzlich und schenkte mir seine Bücher mit persönlicher Widmung. Kurz darauf war er es, der die »Linge« von Manet kaufte und damit endlich den Schwierigkeiten ein Ende bereitete, in die Feilchen nach dem Schwarzen Freitag von 1929 geraten war. Dabei ging Barnes davon aus, das Werk unter dem seinerzeitigen Einkaufspreis erworben zu haben. Noch viele Jahre später bildete es für ihn ein Hauptvergnügen, Feilchen unter die Nase zu reiben, wie günstig er zu dem Bild gekommen war. »Below cost«, wiederholte er mehrfach schadenfroh, als wir 1950 bei ihm in Philadelphia zu Besuch waren und vor dem Bild standen. Uns kümmerte dies wenig, zumal ich die Photos, die ich 1935 von ihm in Paris gemacht hatte, in seiner herrlichen Sammlung an der Wand hängen sah.

Der dritte Sammler, mit dem wir in den 30er Jahren in engem Kontakt standen, war der Bankier Franz Koenigs. Er stammte ursprünglich aus Deutschland, lebte in Haarlem, hatte sein Geschäft jedoch unmittelbar neben dem Cassirer-Haus in Amsterdam. In meinen Augen ist er einer der interessantesten und kultiviertesten Kenner, denen ich je begegnet bin. In seinem Haus in Haarlem verwahrte er wundervolle Altmeister-Zeichnungen in großen Schränken. Er wurde schon seit längerem von Lütjens betreut, kam nun aber, da jetzt fast alle Cassirer'schen Geschäfte über die Filiale in Amsterdam abgewickelt wurden, auch mehr mit Feilchen in Kontakt. Fast

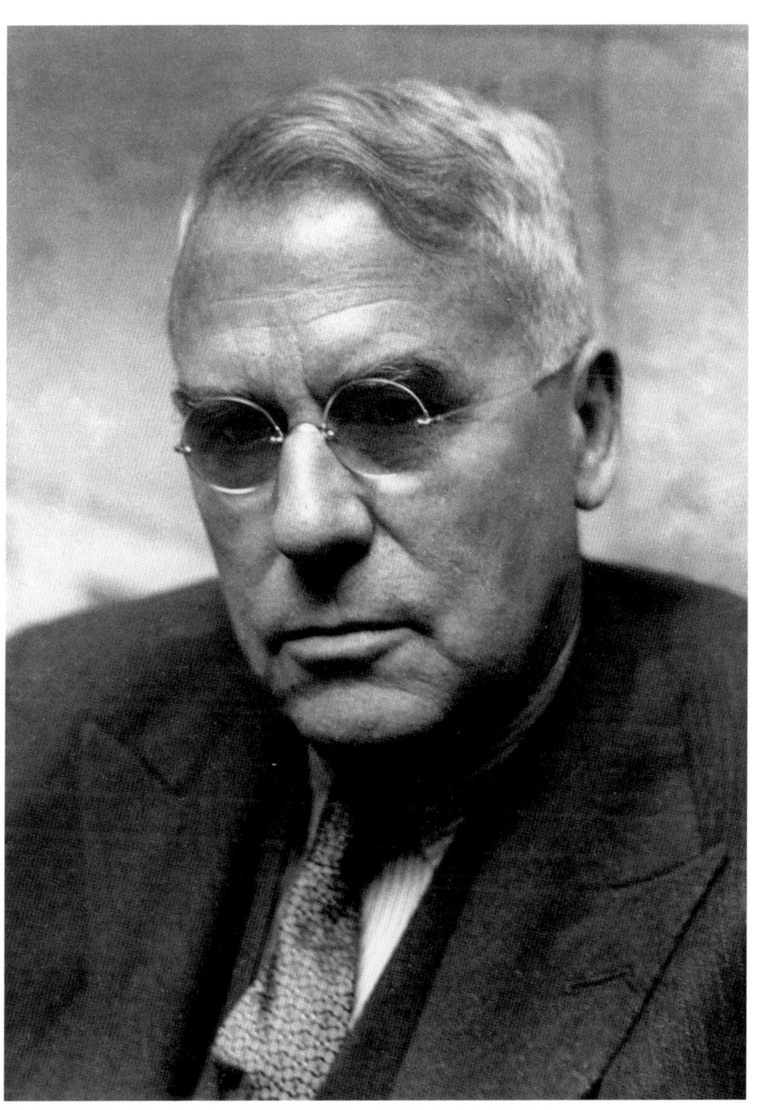

jeden Tag schaute er zu einem kleinen Lunch im Cassirer-Haus vorbei, und so entwickelte sich ein sehr reger freundschaftlicher Kontakt. Manchmal empfand es Feilchen fast als Schwierigkeit, so anspruchsvolle Sammler, wie Remarque, Barnes oder Koenigs es waren, gleichzeitig zufriedenstellen zu müssen.

Um so betrüblicher war es, welch unglückliches Schicksal die Sammlung Koenigs zuletzt hatte. Ende der 30er Jahre geriet Koenigs in finanzielle Schwierigkeiten und mußte seine Sammlung verpfänden. Zu diesem Zweck wurde sie im Rotterdamer Museum eingelagert, doch blieb sie dort nicht lange. Denn als der Einmarsch der Deutschen drohte, benötigte der jüdische Bankier, der das Material belehnt hatte, sein Geld aus verständlichen Gründen wieder zurück. So wurde alles an den großen Rotterdamer Sammler van Beuningen verkauft, der indes so nobel war, die Blätter dem Museum erneut als Schenkung zu übergeben. Aber auch dies sollte noch nicht die Lösung sein, denn die Deutschen nahmen bald im Auftrag von Hitler und Göring einen Großteil der Werke mit. Am Ende verschwand die Sammlung in den Wirren der letzten Kriegsmonate. Es heißt jetzt, man habe sie in Rußland wiederentdeckt und Rotterdam solle sie zurückerhalten. Daß es sich bei den Blättern um Teile der ehemaligen Sammlung Koenigs handeln muß, hat man daran erkannt, daß auf den Passepartouts die Namen der Künstler in Lütjens' Handschrift notiert sind. Koenigs allerdings ist inzwischen schon seit 50 Jahren tot. Geschäftlich unentwegt auf Reisen, starb er im zweiten Kriegsjahr, als er beim Aufspringen auf einen anfahrenden Zug abglitt und von den nachfolgenden Wagen überrollt wurde.

Unterwegs waren auch wir fortwährend, allerdings im Auto. Amsterdam, Paris, Südfrankreich, das Tessin, Zürich – dies waren die Orte, zwischen denen wir uns meistens bewegten.

Dabei trafen wir des öfteren auf Freunde, die ebenfalls einen Bogen um Deutschland herum machten und in gleicher oder umgekehrter Richtung fuhren. Besonders oft kreuzte sich unser Weg mit demjenigen von Therese Giehse und Erika Mann. Wenn wir wieder einmal an einer Grenze standen und darauf warteten, abgefertigt zu werden, so konnten wir fast darauf wetten, daß die beiden sogleich aus der entgegengesetzten Richtung auftauchen würden. Es war jenseits aller Wahrscheinlichkeit, wie oft wir uns auf diese Weise zufällig an Schlagbäumen trafen – sie in ihrem offenen Wagen, wir in unserem offenen Wagen. Wir tauschten rasch einige Neuigkeiten aus und fuhren dann wieder unserer Wege.

Zum Entsetzen meiner emigrierten Freunde bedeutete dies für mich immer wieder, nach Deutschland zurückzukehren. In Berlin angekommen, merkte ich jedoch von Mal zu Mal, wie der Kreis meiner dortigen Bekannten schon wieder um den einen oder anderen geschrumpft war. Ab Mitte der 30er Jahre wurden die Schikanen der Nazis empfindlicher, und wer nicht gleich nach Machtergreifung und Reichstagsbrand gegangen war, kam je länger je weniger umhin, sich ernsthafte Gedanken über die Zukunft zu machen.

Für meine Eltern hieß dies zunächst, daß sie beschlossen, Dahlem zu verlassen und nach Potsdam ins Elternhaus meines Vaters zu ziehen. Das schöne Haus an der Rheinbabenallee wurde in zwei Wohnungen unterteilt; in eine davon zog der amerikanische Konsul. Anders als meine Eltern wollte ich in Berlin bleiben, und so habe ich mir eine kleine Einzimmer-Wohnung im Sachsen-Palais an der Sächsischen Straße genommen; ich war gerade 25 Jahre alt, und diese eigene Bude war mein erster endgültiger Schritt in die Unabhängigkeit des Erwachsenenlebens. Hier kamen nun all die Freunde vorbei, die noch da waren, und ich hätte mich wie ein unbeschwerter Student oder Bohemien fühlen können, wären da nicht die ungemütlichen politischen Verhältnisse gewesen. Noch immer betätigte ich mich als Photographin, wenn auch mit sehr viel weniger Eifer und Enthusiasmus als früher, denn publizieren konnte bzw. durfte ich ja nicht mehr. Und langsam wurde klar, daß der Plan, meine Freundinnen im Abstand von jeweils 10 Jahren zu photographieren, durch den Gang der Dinge wohl erheblich erschwert werden würde.

Dennoch war diese Warte- und Zwischenzeit keineswegs nur problematisch. Meine Freunde wußten es sehr zu schätzen, daß ich neuerdings eine sturmfreie Bude hatte, und es gab einen recht lebhaften Betrieb in meiner kleinen Behausung. Wir gingen nach wie vor auch gerne aus, und bei einer dieser Gelegenheiten lernte ich – ausgerechnet im »Haus Vaterland« – Max Beckmann kennen. Ich glaube, es war Hentzen, der mich dorthin mitnahm. Das »Haus Vaterland« fand ich reichlich aufgedonnert und eigentlich unmöglich. Man saß an Tischen mit Telephonapparaten, wurde von wildfremden Herren per Anruf zum Tanz aufgefordert, und was derlei Mätzchen mehr waren. Eigenartigerweise schien Beckmann die Atmosphäre des monströsen Etablissements zu mögen. Er kam aus kleinen Verhältnissen und ließ sich vielleicht deswegen von all dem inszenierten Luxus beeindrucken. Jedenfalls liebte er es, angetan mit einem veritablen Frack, ins »Haus Vaterland« zu gehen, um dort Champagner zu trinken. An jenem Abend, als ich ihn kennenlernte, tanzten wir miteinander, und ich fand ihn sehr nett, wenn auch etwas zu ernsthaft und schwerblütig-deutsch. Seine Art blieb mir auch später fremd, doch empfand ich große Hochachtung vor ihm, als Künstler und als Mensch.

1937 ist auch er emigriert, denn er fürchtete, für die Kriegsindustrie zwangsverpflichtet zu werden. Das letzte Bild, das er in Berlin malte, war eine dunkle, fast schwarze Stadtsilhouette mit einem von Feuer geröteten Himmel. Mit diesem Bild tauchte er eines Tages bei Lütjens in Amsterdam auf.

Lütjens verehrte Beckmann seit langem sehr und quartierte ihn sofort im Haus an der Keizersgracht ein. Beckmann nahm mein Zimmer und mein Bett in Beschlag und trank – die Zeit verlangte nach Betäubung – in erstaunlich kurzer Frist all unsere Vorräte an Whisky und Champagner aus.

Im Frühjahr 1936 haben Feilchen und ich dann endlich in Amsterdam geheiratet. Gewußt haben davon nur meine Eltern und Grete Ring – überhaupt wollte ich nur heiraten, um meinen Eltern eine Freude zu machen. Sonst hatten wir niemandem von der bevorstehenden Hochzeit erzählt, die meisten unserer Bekannten dachten ohnehin, daß wir längst verheiratet seien. Grete Ring schickte eines ihrer unvergleichlichen Telegramme: »Viel Glück und viel Segen. Schwiegerhexe.« Der Beinamen Hexe kam von ihrer Gewohnheit, schon in Zeiten, wo dies noch gar nicht üblich war, andauernd zu fliegen: von Berlin nach London, von Berlin nach Amsterdam usw. Die Flugzeuge waren damals noch ganz kleine, fast armselige Maschinen mit nur acht Sitzen, und bevor Grete abflog telegraphierte sie: »Eintreffe Besenstiel dann und dann. Hexe.« Das hatte sie sich so ausgedacht, daß sie eine Hexe sei, auch weil sie das »Hexenhaus« in Sacrow hatte.

Unser Hochzeitstag fiel auf den 10. Mai. Im Laufe des Vormittags begaben wir uns zu zweit auf das Standesamt im Amsterdamer Rathaus, ohne näher zu wissen, wie sich die Dinge dort abspielen würden. Über die Zeremonie mußten wir dann beinahe lachen, denn man wurde zunächst gefragt, ob man tatsächlich heiraten wolle, man sagte »Ja«, »Ja«, und dann gab einem der Beamte wie auf einer Auktion den Zuschlag – mit dem Hammer, auf den Tisch. Das kam einigermaßen unerwartetet und hat uns sehr amüsiert. Nachdem wir uns sozusagen ersteigert hatten, sind wir in unser Haus an der Keizersgracht gegangen, wo sich wie gewohnt die Herren aus Koenigs' Bank zum Lunch einfanden. An diesem Tag waren neben Koenigs zwei weitere Herren da, denen wir eröffneten, sie dürften sich als Zeugen einer soeben vollzogenen Eheschließung betrachten. Die Gäste waren ob dieser unvermittelten Nachricht ein wenig verblüfft, ließen sich dann aber gern ein Glas Champagner in die Hand drücken, um das Ereignis mit guten Wünschen zu würdigen. Es wurde jedoch kein ausgedehntes Fest daraus, denn Feilchen und ich hatten vor, am Nachmittag noch wegzufahren – und zwar nach Deutschland. Wir wollten dort meine Eltern treffen, die noch immer nicht an Emigration dachten, und sie ein wenig an unserem ›freudigen Ereignis‹ teilhaben lassen. Sie hatten vorgeschlagen, daß wir uns am nächsten Tag in Wiesbaden sehen sollten. Es war das letzte Mal, daß Feilchen und ich vor dem Krieg zusammen durch Deutschland gereist sind.

Zunächst fuhren wir bis Düsseldorf und besuchten unseren Freund Alex Vömel, der dort die ehemalige Galerie Flechtheim leitete. Flechtheim war damals schon nach England ausgewandert, wo er ein Jahr später starb. Bei Vömel trafen wir auch seine Tochter, die sehr nett war. Von den Gesprächen des Abends ist mir nichts Genaueres im Gedächtnis geblieben, mit Ausnahme einer kleinen Szene. Als wir aufbrachen, fragten wir, wo man in der Nähe am besten übernachten könne. Alex empfahl uns ein Hotel – ich weiß nicht mehr, ob es der Drachenfels war oder ein anderes –, doch seine Tochter warf ein: »Ach nee, geht woanders hin, da sind so viele Juden.« Wir dachten, wir hören nicht recht, doch niemand widersprach. Da besuchte man als Emigrant alte Freunde, um per Nebensatz zu erfahren, es gebe noch immer zu viele Juden in Deutschland. Dabei wußten die Deutschen eigentlich fast nie, ob nun jemand Jude war oder nicht. Das Mädchen hatte sich, wie seinerzeit auch Hentzen, natürlich bei all dem nichts gedacht.

Wo wir dann unsere sogenannte Hochzeitsnacht verbracht haben, weiß ich nicht mehr. Es war für uns beide ohnehin ausgemacht, daß wir um dieses Ereignis kein Aufhebens machen würden. Am nächsten Tag trafen wir meine Eltern in Wiesbaden; abends waren wir alle bei Henckells, für die mein Vater gebaut hatte, zum Essen eingeladen. Es gab Sekt, Henckell trocken und Henckell privat, mein Vater galt als ein Freund des Hauses, und alles war sehr nett. Meine Mutter schenkte mir einen alten goldenen Ring aus ihrer Familie. Sie wußte zwar, daß ich nicht daran dachte, einen Ehering zu tragen, doch meinte sie, vielleicht würde einmal eine Situation kommen, in der es mir wichtig wäre, als verheiratete Frau zu erscheinen. Eigenartigerweise vergaß ich den Ring jedoch und habe ihn erst wieder zu Gesicht bekommen, als ich mit 90 Jahren in ein Pflegeheim ging und alle meine Habe hinter mir ließ. Da brachte ihn mir mein Sohn Walter, und dieser Ring blieb fast das einzige, was ich aus meiner früheren Welt mit hinübernehmen wollte.

Nach dem gemeinsamen Abend in Wiesbaden fuhren wir weiter in die Schweiz, wo Feilchen zu tun hatte. Ich bin wenig später allein nach Berlin zurückgekehrt, um mich dort, wie es sich gehörte, polizeilich abzumelden. Vom deutschen Konsulat in Amsterdam hatte ich einen neuen Paß bekommen – damals noch ohne ›J‹, das kam erst 1938 –, und mit diesem Papier bin ich auf dem Einwohnermeldeamt erschienen. Ich wurde von einem dicken Beamten empfangen, der mich und meinen neuen Paß gemütlich musterte und schließlich sagte: »Also, se hat 'n Männe jefunden! Aaber lieb, aaber lieb sind se doch!« Von der Polizei mit einem Schlager aus der »Lustigen Witwe« aus Nazi-Deutschland verabschiedet zu werden, hätte ich mir wahrlich nicht träumen lassen. So bin ich denn, begleitet von den guten Wünschen eines musikalischen Beamten, im Mai 1936 ganz regulär aus Berlin abgereist. Als Umzugsgut nahm ich die gesamte Cassirer'sche Bibliothek mit, die dadurch gerettet wurde. Deutschen Boden habe ich erst 1948 wieder betreten.

Keizersgracht, Amsterdam, und Rue Cassette, Paris

Das Eigentümliche an der zweiten Hälfte der 30er Jahre war, daß es ungeachtet der politischen Situation wirtschaftlich spürbar aufwärts ging. Plötzlich war die jahrelange Krise überwunden, und es herrschte neue Zuversicht. In Deutschland schrieb man den Aufschwung der Politik der Nazis zu, ohne zu bedenken, welche Rolle dabei vielleicht die Rüstung spielte. Aber auch in den anderen europäischen Ländern ging es wieder bergauf, und der Kunsthandel hatte ein paar kurze gute Jahre.

An die Zeit in Holland denke ich dabei immer mit größter Freude. Gerade in Amsterdam ist das Leben sehr angenehm, zumal wenn man sich damit begnügt, mit dem Fahrrad unterwegs zu sein. Es war ein großes Vergnügen für mich, ungezwungen durch die Stadt zu radeln, was die Holländer bekanntlich auch heute noch mit Vorliebe tun, obwohl die Stadt nicht mehr die gleichen Annehmlichkeiten bietet wie damals. Amsterdam an einem Sommernachmittag, kurz vor Sonnenuntergang, gehört wohl zum Schönsten, was eine Stadt an Eindrücken zeigen kann. In Vermeers »Ansicht von Delft« liegt genau dieses unvergleichliche Licht, das es wirklich nur in Holland gibt.

Man wird vielleicht meinen, daß die Stadt und ihr Licht mein Photographen-Auge besonders angesprochen haben muß. Das tat es auch, und dennoch habe ich nach meiner Übersiedlung nach Amsterdam kaum mehr photographiert. Ich richtete mir zwar noch eine Dunkelkammer ein, benützte sie jedoch nicht mehr. Das einzige, was ich noch aufnahm, waren die Gemälde, Aquarelle und Zeichnungen, die zu uns kamen und verkauft wurden, wobei mich Detailstudien am meisten interessierten. Im übrigen war es kein absichtsvoll getroffener Entschluß, daß ich mit dem Photographieren aufhörte. Es ergab sich nach und nach von selbst, da ich über Feilchen immer mehr in den Alltag des Kunsthandels hineingezogen wurde, mit ihm durch halb Europa reiste und gar keine Zeit mehr für die anstrengende Dunkelkammerarbeit fand. Das zunächst noch eingerichtete Labor haben wir irgendwann in eine Dusche umgewandelt.

Dies hatte im übrigen auch praktische Gründe, denn wir wohnten nun ja zu dritt an der Keizersgracht: Lütjens, Feilchen und ich. Lütjens, der über viele Jahre fast der alleinige Hüter des Hauses gewesen war, zeigte sich mir als neuer Dauerbewohnerin von der liebenswürdigsten Seite. Zwar kannte ich ihn schon seit Jahren von verschiedenen sporadischen Aufenthalten her, kam aber erst jetzt in näheren Umgang mit ihm. Lütjens stammte aus einer ebenso feinen wie konventionellen rheinländischen Familie, in die ein paar englische und holländische Verwandte untergemischt waren, auch etwas Indisches aus den Kolonien war noch dabei. Seine hervorstechende Eigenschaft war eine an Sprödigkeit grenzende Seriosität. Immer war er von unbeirrbarer Korrektheit, so daß er beinahe wie das Gegenteil des typischen Händlers wirkte. Tatsächlich konnte er – selbst gegenüber wichtigen Kunden – mit der größten Selbstverständlichkeit betonen, daß die wirklich guten Bilder natürlich nur an Museen verkauft würden. Einmal gelang ihm allerdings gerade auf diesem Weg ein bedeutender Verkauf; es handelte sich um ein Cranach-Porträt, von dem zwei Versionen existieren; eines davon hing in einem Museum. Der Kunde und Lütjens erörterten die Frage, welche Fassung die bessere sei, worauf Lütjens ebenso spontan wie ungerührt sagte: »Natürlich die im Museum.« Der Kunde stutzte zunächst, kaufte das

Bild dann aber doch – vielleicht weil ihn dieses merkwürdige Understatement beeindruckte. Berechnend war Lütjens in der Tat nie. Über all die Jahre hinweg war und blieb er die Verläßlichkeit und Unbestechlichkeit in Person – und unterschied sich damit angenehm von seinem Bruder, dem Kapitän des Kreuzers »Bismarck«. Dieser hatte anno 36 zwar noch die Courage besessen, beim Begräbnis von Grete Rings Vater in voller Admiralsuniform auf dem Friedhof zu erscheinen; wenig später aber ließ er sich von Hitler bei einer Privataudienz vollständig behexen, so daß ein fanatischer Nazi aus ihm wurde. Es war gespenstisch, zu sehen, welche Wirkung Hitler als Person offenbar auszuüben vermochte. Als dieser Bruder bald darauf bei uns in Amsterdam aufkreuzte, stritten er und Lütjens in meinem Zimmer so heftig miteinander, daß sie sich danach nie wieder sahen. Der Bruder ist im Krieg mit seinem berühmten Schlachtschiff untergegangen, während Lütjens unerschütterlich in Amsterdam ausharrte und das Schild »Paul Cassirer« immer schön blankgeputzt an der Haustür hängen ließ. Es war ein Schild aus goldglänzendem Messing, und jeder durfte es sehen. Lütjens' Charakter war wirklich einzig.

Amsterdam war indes nur eine Zwischenstation – so dachten wir alle. Unser eigentliches Ziel war England; dorthin sollte die Firma Paul Cassirer nach Feilchens und Grete Rings Vorstellung übersiedeln. Schon 1935 waren wir alle nach London gereist, um die dortigen Voraussetzungen zu erkunden. Es war das erste Mal, daß ich nach England kam, und es war ein bißchen abenteuerlich, denn wir fuhren mit dem Auto. Fähren nach heutiger Art gab es noch nicht, sondern jeder Wagen wurde einzeln von einem Kran an Bord gehievt und umständlich verstaut. Glücklich auf der Insel angelangt, hatte man sich mit dem Linksverkehr auseinanderzusetzen, doch ich brachte das Auto nach kurzer Eingewöhnung heil nach London. Dort gerieten wir mitten in die Feierlichkeiten zu irgendeinem Kron-

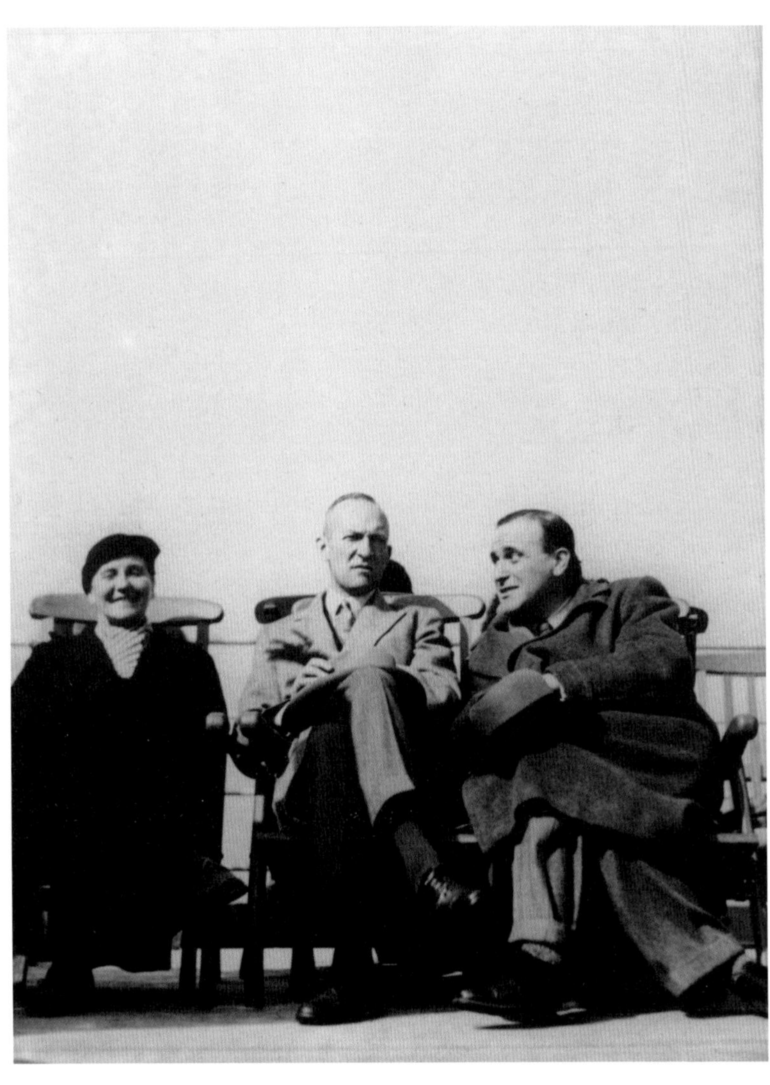

jubiläum von König Georg V., der stilgerecht und uns zu Gefallen in einer goldenen Kutsche durch London fuhr, begeistert gefeiert von seinen Landsleuten. Es war ein märchenhafter und zugleich verstörender Anblick, denn wir hatten natürlich auch die gänzlich anderen Bilder von Hitlers Aufmärschen im Kopf. Man freute sich über die alten monarchischen Zeremonien, wollte nicht an Deutschland denken und kam dennoch nicht umhin.

Die britische Filiale von »Paul Cassirer« hat Feilchen dann auch gegründet; sie wurde ab 1938 von Grete Ring geführt, nachdem sie die Berliner Firma liquidiert hatte und emigriert war. Feilchen allerdings ging nicht nach England, obwohl er dies lange vorhatte. Dies lag zunächst daran, daß in den Jahren vor dem Krieg Paris die wichtigste Drehscheibe des Kunsthandels war – zumindest für die Gebiete, die Feilchen interessierten. Frankreich blieb deswegen unser Hauptreiseziel. Oft fuhren wir noch in die Schweiz, nach Italien oder Österreich weiter. Gemeinsam war all diesen Reisen, daß man zuvor unzählige Stunden in den öden Wartesälen der Konsulate zubringen mußte; jedes Land verlangte ein Visum – und für jede Einreise oder Durchfahrt ein neues. Gegen die Langweile der Warterei wappnete ich mich mit einem eigenen ›Konsulatsbuch‹, das möglichst dick und unterhaltsam sein mußte. Lange Zeit war es Thackeray's »Vanity Fair«, das ich in einer handlichen Dünndruckausgabe immer bei mir hatte, um die langen Stunden auf erträgliche Weise hinter mich zu bringen.

Von Zeit zu Zeit erlebte man aber auch merkwürdige Dinge in diesen Wartesälen des Schicksals. Einmal sah ich im französischen Konsulat einen Jüngling, ich weiß nicht mehr, welcher Nationalität, der völlig hoffnungslos eine Anzahl Formulare betrachtete. Er bat mich, ihm beim Ausfüllen der Blätter zu helfen, und da sah ich, daß er unter »profession« das Wort »juif« eingetragen hatte. Zunächst mußte ich laut lachen, daß er confession und profession nicht auseinanderhalten konnte, doch dann hat mich die Sache recht nachdenklich berührt. Auch dieser junge Mann wollte, wie so viele, nach Paris – ob er dort hinkam und was aus ihm wurde, weiß ich nicht.

Wir hatten in Paris unterdessen ein Stammquartier: das Hotel »Paris-Dinard« in der Rue Cassette Nr. 29. Irma Blass hatte es vor Jahren aufgetan, und später stellte sich heraus, daß auch Rilke einstmals in diesem Haus gewohnt hatte. Es war ein typisches kleines Pariser Hotel, unprätentiös und wohnlich, so daß wir uns dort rasch zugehörig und ganz zuhause fühlten. Wir bekamen immer die gleichen Zimmer, und ich habe es sehr bedauert, als dieses lieb gewonnene Hotel in den 60er oder 70er Jahren plötzlich nicht mehr existierte.

Paris war voll von Freunden – Kunsthändler und Kunden, mit denen Feilchen seit langem in Verbindung stand, Photographen, die ich von früher kannte, Emigranten, die aus Deutschland gekommen waren, und andere Bekannte, die sich ohne zwingende Gründe auf Reisen befanden. Die einen hatten Geld, die anderen nicht – für alle aber war Feilchen der Mann »qui paye pour tout le monde«. Erwin Blumenfeld hatte sich mit seiner Unterstützung inzwischen in Paris angesiedelt und brachte uns fortwährend Leute vorbei: Man traf sich in Cafés und Bars und war im allgemeinen erstaunlich unbeschwert.

Zu den Freunden, die wir trafen, zählte auch Remarque, der inzwischen den Staatenlosen-Status überwunden und seine Bewegungsfreiheit wiedergewonnen hatte. Dazu bediente er sich zwar eines Notbehelfs, doch die Sache funktionierte: Remarque erwarb einen südamerikanischen Paß, zu dessen Ehren er auch seine frühere Frau ein zweites Mal heiratete. Die Ehe wurde dadurch, wie gesagt, nicht besser, aber Remarque hatte einen funktionstüchtigen Paß. Damit fuhr er unter anderem nach Venedig und lernte dort, im Kreis von Toscanini, Marlene Dietrich kennen. Die beiden hatten eine merkwürdige Gemeinsamkeit: Sie waren so sehr berühmt gewesen, und doch war der Glanz zu jener Zeit ein wenig verblaßt. Dieser leise melancholische Anflug gab ihnen in meinen Augen einen besonderen Zauber. Remarque ließ sich ein zweites Mal von seiner Frau scheiden und kam mit Marlene Dietrich nach Paris, wo sie zusammen lebten und wir viele gute Stunden miteinander verbrachten. Feilchen und ich mußten mit ihnen zum Beispiel in den Louvre gehen, wo wir aber kaum dazu kamen, Bilder anzuschauen, weil ständig Leute Autogramme von Marlene haben wollten. Irgendwann riß Remarque der Geduldsfaden, so daß er wutschnaubend dazwischensprang und in gebrochenem Französisch rief: »Regardez les tableaux!« Der Appell war nutzlos, denn die Leute fanden die junge Marlene weiterhin interessanter als die alten Bilder.

Ein anderes Mal waren wir dabei, als Marlene Dietrich für Remarque in einem Kino eine Privataufführung des »Blauen Engel« organisierte, den er tatsächlich nie gesehen hatte. Es waren nur ihre nahen Freunde da, und ich erinnere mich, wie während der Vorführung plötzlich noch Margo Lion hereinkam und sich unbemerkt in die hinterste Bankreihe setzte. Die Aufmerksamkeit, die sich Remarque und Marlene gegenseitig erwiesen, hatte manchmal etwas geradezu Rührendes. Andererseits konnte sich Remarque mit gewissen Eigenheiten in Marlenes Gefolge nicht recht befreunden. Denn sie hatte sich bekanntlich nicht von ihrem Mann scheiden lassen, der vielmehr bei allem dabei war, auch wenn er längst andere Freundinnen hatte. Auf seltsame Weise gehörten beide noch immer zusammen, und Remarque erzählte später, er hätte es nicht sonderlich geschätzt, daß jener Herr Sieber morgens, wenn er mit Marlene noch im Bett lag, plötzlich hereinkam und fragte: »Mutti, was gibt's heute zu Mittag, was soll ich einkaufen?« Dergleichen war zwischen den beiden vollkommen üblich und sie konnten nicht begreifen, daß es Remarque gegen den Strich ging. Zu allem Überfluß spielte in die Verhältnisse auch noch Sternberg hinein, den ich wundervoll intelligent und charmant fand, auch wenn er mir nur knapp bis zur Brust reichte. Remarques Liebe zu Marlene fand jedoch erst dann ein Ende, als Jean Gabin auftauchte, der alles nur Erdenkliche anstellte, um ihre Aufmerksamkeit zu gewinnen. Er machte beispielsweise auf den Champs-Elysées Feuer und war närrisch wie ein kleiner Junge. Dennoch ging Marlene bald zu ihm über – was sie später keineswegs hinderte, alle Hebel in Bewegung zu setzen, um Remarque noch kurz vor Kriegsausbruch die Einreise in die USA zu ermöglichen. Wenn es ernst galt, besaß Marlene diese berlinische Treue, die mir, wie gesagt, immer als etwas Besonderes unseres Menschenschlags erschienen ist. Und Tucholsky hat recht, wenn er über Marlene schrieb, sie sei im Grunde einfach »Mutterns Beste, sie, die Berlinerin«.

In Paris traf ich im übrigen auch einen anderen Berliner wieder, den ich zärtlich liebte und verehrte: Franz Hessel. Wann ich ihn kennengelernt habe, weiß ich heute nicht mehr, doch dies mag typisch sein für Hessels leise, unaufdringliche Art. Irgendwann trat er, kaum bemerkt, in mein Leben – vielleicht schon 1929 in Paris, vielleicht auch erst Anfang der 30er Jahre in Berlin – und gehörte seitdem in freundlichster Weise dazu. Dabei erinnere ich mich kaum an bestimmte Begebenheiten oder Erlebnisse; auch gehörte ich nicht unbedingt zu den Lesern seiner Bücher, die für meinen Geschmack etwas zu viel Betrachtung und zu wenig Handlung enthielten. Dennoch war er mir einer der liebsten Menschen, die ich damals kannte. Ich besuchte ihn noch in seiner Wohnung an der Berliner Friedrich-Wilhelm-Straße, wo er im hintersten kleinsten Zimmer hauste. Dort saß er an seinem großen, immer ziemlich unordentlichen Schreibtisch, rauchte Zigaretten und wirkte mit seinem beinahe kahlen Kopf älter, als er in Wirklichkeit war. Auch klang seine Stimme schon etwas brüchig, doch mochte dieser Eindruck auch daher rühren, daß er eher leise sprach. Besonders genoß er es, wenn ich ihn mit dem Auto durch die Stadt fuhr, was ich oft und ausgiebig tat. Länger als alle anderen Schriftsteller ist Hessel in Deutschland geblieben, lebte seit 1933 zurückgezogen im Bayerischen Viertel, und als ich ihn Anfang 1938 traf, war er nicht etwa nach Paris gekommen, um zu emigrieren, sondern fuhr nach kurzer Zeit wieder nach Berlin zurück. Was ihn damals, im Frühjahr 1938, am meisten beschäftigte, war nicht etwa die politische Situation, sondern die untrüglichen Anzeichen, daß sein Sohn Kadi inzwischen erwachsen geworden war. »Marianne«, sagte er und blieb fassungslos mitten auf der Rue de Rennes stehen, »das ist doch unvorstellbar, der Kadi hat eine Freundin.« Ich fand das mitnichten unvorstellbar, im Gegenteil: Gerade Kadi war mit seinem ausgeprägten Charme wie geschaffen dazu, eine Freundin zu haben. Hessel aber schüttelte nur den Kopf und fuhr wieder nach Deutschland zurück. In der ihm eigenen Arglosigkeit schrieb er mir von Berlin eine Karte, er hoffe, mich bald im Bayerischen Viertel wiederzusehen. Erst im November desselben Jahres ließ er sich von seiner Frau Helen dazu bewegen, Deutschland endgültig zu verlassen.

Hessel war jedoch nicht der einzige, der sich noch 1938 nicht vorstellen konnte, worauf die politische Entwicklung hinauslief. Auch wir dachten eine Zeitlang, die Verhältnisse würden sich unter dem Einfluß der besseren wirtschaftlichen Lage stabilisieren. So fiel es in eben diese Zeit, daß Feilchen erstmals Bilder in der ausdrücklichen Absicht kaufte, sie zu behalten. Es waren einige Aquarelle von Cézanne, die Vollard zusammengerollt irgendwo aus der Tiefe seines Fundus zog. Die Bilder sollten, so Feilchens Wunsch, die ›Mitgift‹ für seine Tochter sein. Denn seit kurzem wußten wir, daß wir Nachwuchs bekommen würden.

Dann aber griff Hitler nach der Tschechoslowakei. Mit seiner Forderung nach dem »Sudetenland« offenbarte er sein wahres Gesicht. In den Tagen der Münchner Konferenz rechneten wir alle plötzlich mit Krieg. Aber er kam nicht, und Chamberlain wurde als Friedensretter gefeiert.

Wenige Tage später gab es eine neue, Unheil verheißende Nachricht: Die Nazis ließen die Pässe aller »Nicht-Arier« einziehen, um sie mit einem ›J‹-Stempel zu versehen. Und wiederum nur kurz darauf kam es zur Pogromnacht des 9. November, der »Reichskristallnacht«. Dieses Ereignis war für uns das Ende aller Illusionen und mich ergriff eine panische Angst: Denn meine Eltern lebten noch immer in Deutschland. In der »Reichskristallnacht« waren sie auch kurz mitgenommen, dann aber wieder nach Hause geschickt worden. Bisher hatte mein Vater immer gemeint, er wäre so wenig jüdisch, daß es ganz unsinnig sei, irgendwelche Befürchtungen zu hegen. Nun aber wurde auch ihm klar, daß er und meine Mutter in Gefahr schwebten.

Zufällig war in jenen Tagen gerade ein guter Freund aus der Schweiz zu Besuch bei uns in Amsterdam: Dr. Konrad Peter Naegeli, der Stadtammann von St. Gallen. Naegeli spürte unsere große Besorgnis und sah, wie mich der Gedanke an meine Eltern nicht losließ. Da bot er uns an, daß sie sofort nach St. Gallen kommen könnten, wenn ihre finanzielle Lage gesichert sei.

Schon früher hatte Feilchen seine Bereitschaft erklärt, für meine Eltern zu sorgen, wenn sie in die Emigration gingen. Doch sie hatten abgewehrt, da sie für ihn keine Belastung sein wollten. Nun aber willigten sie ein, denn eine Möglichkeit, wie Naegeli sie eröffnete, konnte die Rettung bedeuten und würde wahrscheinlich so schnell nicht wiederkommen. Die Schwierigkeiten und Schikanen, die überwunden werden mußten, wenn man aus Deutschland hinauswollte, waren unterdessen erheblich gewachsen. Feilchen wußte dies zur Genüge, denn er versuchte bereits seit einiger Zeit, seine eigenen Eltern nach Holland zu bringen, was ihm schließlich auch gelang. Die »Reichsfluchtsteuer«, und wie die übrigen räuberischen Bestimmungen hießen, nahm den Auswanderern fast alles ab, von dem sie in der Fremde hätten leben können. Außerdem mußten zahllose erniedrigende Behördengänge unternommen werden, und so zog sich die Emigration meiner Eltern einstweilen hin.

Ein Trost war, daß Grete Ring und Friedländer zu denen zählten, die Deutschland noch 1938 verlassen konnten. Grete Ring brachte es sogar fertig, die Firma »Paul Cassirer, Berlin« ordnungsgemäß zu liquidieren, und ging dann nach England. Friedländer dagegen gehörte, ähnlich wie mein Vater, zu den Menschen, die von sich aus keine Schritte zur Auswanderung unternommen hätten, sondern eher geneigt waren, die Entwicklung in Deutschland abzuwarten – und wenn möglich zu ignorieren. Doch auch Friedländer wurde jetzt von allen Seiten gedrängt, so daß er schließlich auf ein Angebot des Rijksbureau für bildende Künste einging und nach Den Haag kam. Eine große Ermutigung war, daß es in Holland viele Menschen gab, die spontan und selbstlos bereit waren zu helfen. Einer von ihnen war unser Freund Jonkheer David Roell, der Direktor des Stedelijk Museums von Amsterdam. Im Sommer 1938 hatte Feilchen mit ihm eine große Ausstellung französischer Kunst organisiert und auf diesem Weg zahlreichen deutschen Sammlern die Möglichkeit verschafft, ihre Bilder außer Landes zu bringen und zu retten. Roell wußte, daß für Feilchen die Ausstellung vor allem diesen Zweck verfolgte, und unterstützte ihn dabei nach Kräften. Nach dem Krieg wurde Roell sogar Direktor des Rijksmuseums in Amsterdam, obwohl er nie studiert hatte und in keiner Weise gelernter Kunsthistoriker war. Er besaß jedoch ein höchst gebildetes Kunstgefühl, und sein Urteil war absolut untrüglich. Zur Kunst war er gekommen, als er in jungen Jahren auf der holländischen Gesandtschaft in Paris arbeitete und ein dortiges Museum eine Ausstellung über die niederländische Malerei organisierte. Da auf der Botschaft niemand von diesen Dingen etwas verstand, stellte man den jungen Roell für die Angelegenheit ab. Später hat er mir oft erzählt, wie er in der Ausstellung einen Mann vor Vermeers »Ansicht von Delft« ohnmächtig werden sah. Wer der Betreffende war, wußte Roell nicht und erfuhr erst im Nachhinein, daß es sich um einen Herrn namens Proust gehandelt habe. Der junge Botschaftsangestellte verband damals mit diesem Namen jedoch noch nichts.

Ein anderer Freund war Roells Kollege Jonkheer Sandberg, der ebenfalls im Stedelijk Museum arbeitete. Im Krieg spielte er bald eine abenteuerliche Rolle, da er sich sehr aktiv im holländischen Widerstand engagierte. Seinem und Roells Mut sollten wir wenig später viel zu verdanken haben.

Einstweilen waren wir aber noch in großer Unruhe. Feilchen drängte nach England, wo Grete Ring unterdessen die Niederlassung der Firma Cassirer gegründet hatte. Im Dezember 1938 fuhren wir zu ihr, um zu sehen, ob auch für uns die Möglichkeit bestand, nach England zu kommen und die Geschäfte vollständig dorthin zu verlagern. Alles wurde eingehend erörtert, denn wir wollten, daß unser Kind in England zur Welt käme und so automatisch die britische Staatsbürgerschaft erhalten würde. Auf diese Weise hätten auch wir zwanglos in England bleiben können.

Zu Weihnachten wollten wir jedoch nach Amsterdam zurück und fragten einen Arzt, ob ich – mittlerweile im sechsten Monat schwanger – diese Reise noch riskieren könne. Er meinte, dies sei ohne weiteres möglich, riet aber davon ab, das

Flugzeug zu nehmen, denn die kleinen Propellermaschinen flogen oft noch ziemlich unruhig. Da wir kein belgisches Durchreise-Visum bekamen, buchten wir ein Schiff, das direkt von Harwich nach Hoek van Holland ging. Auf der Fahrt stellte sich indes heraus, daß diese Schiffspassage mindestens so unruhig war wie ein Flug, denn einen stürmischeren Seegang habe ich später kaum je wieder erlebt. Das Boot schaukelte bedenklich, und Feilchen, den ich nie seekrank gesehen hatte, wurde abwechselnd grün und weiß im Gesicht. Ich hielt mich relativ gut, merkte aber, daß mit dem Kind etwas nicht in Ordnung war. Mir schien, daß es bereits versuchte, sich selbständig zu machen, und ich war froh, als wir endlich wieder festen Boden unter den Füßen hatten. Als ich Frau Koenigs meine merkwürdigen Reiseeindrücke schilderte, verordnete mir diese kluge und erfahrene Frau sofortige Bettruhe. Dennoch ging es nur noch einen knappen Monat, und Walter kam auf die Welt – ein Siebenmonatskind, aber gesund.

Diese unvorhergesehenen Ereignisse haben auf merkwürdige Weise unseren weiteren Lebensweg bestimmt. Mit Walters britischer Staatsangehörigkeit war es also nichts. Als Frühgeburt mußte das Kind noch eine ganze Weile im Krankenhaus bleiben und sollte vorerst nicht auf Reisen mitgenommen werden. Andererseits brauchte ich nach all den Geschehnissen etwas Erholung. In dieser Situation fanden wir eine Kinderschwester, die auf Anhieb den richtigen Umgang mit dem Baby fand und es ausgezeichnet betreute. Außerdem stellte sich heraus, daß Lütjens völlig vernarrt in den kleinen Walter war. Wir konnten kaum unseren Augen trauen, daß seine vornehme und steife Art wie weggeblasen war und er sich auf die rührendste Weise um das Kind kümmerte. Nach einigen Wochen spürte ich, daß ich Walter ohne weiteres in diesen Händen lassen konnte, und begleitete Feilchen wieder auf einer Reise.

Wir besuchten Paul Gachet fils in Auvers. Es war Frühling, und der sogenannte junge Dr. Gachet kostümierte sich ganz nach seinem Vater. Ich erinnere mich, daß er eine weiße Kappe trug und einen etwas merkwürdigen Anzug anhatte. Es hieß, er wolle ein Bild verkaufen, und ich träumte von dem van Gogh-Selbstporträt auf grün-blauem Grund, das jetzt, mit Recht, im Musée d'Orsay hängt. Es ging jedoch um einen anderen van Gogh – eine sitzende Frau mit einem Säugling im Arm, ein Bild nach Virginie Demond-Breton. Wir fanden das Werk beide eindrucksvoll – nicht nur weil wir soeben Eltern geworden waren –, und Feilchen kaufte es. Leider ist es jedoch nie zu uns gelangt. Die Kriegsereignisse kamen dazwischen, und ich habe es erst viel später auf einer Ausstellung in New York wiedergesehen.

Noch aber war Frieden, und überall wurde lebhaft mit Kunst gehandelt. Am 30. Juni 1939 versteigerte die Galerie Fischer in Luzern 125 sogenannte ›entartete Kunstwerke‹, die alle aus deutschem Museumsbesitz stammten. Feilchen und ich waren auf dieser Auktion anwesend. Feilchen hatte für seine Freunde die Parole ausgegeben, daß auf dieser Auktion nichts gekauft werden dürfe. Ein Grund war, daß die Erlöse als Devisen nach Deutschland gehen würden. Außerdem wies Feilchen darauf hin, daß die Bilder unrechtmäßig aus den deutschen Museen entfernt worden waren und dieses Unrecht sicher irgendwann rückgängig gemacht werden würde. Hier irrte er sich jedoch – auch nach dem Krieg geschah nichts, um den Museen die damals versteigerten Bilder zurückzugeben.

Auf der Luzerner Auktion wurde ungeachtet solcher Warnungen animiert geboten und gekauft. Neben mir saß Joseph von Sternberg und erwarb Kokoschkas »Towerbridge« aus der Hamburger Kunsthalle. Das teuerste Bild war das Selbstbildnis von van Gogh aus der Pinakothek in München. Es brachte den damals sehr hohen Preis von 175'000 Schweizer Franken und ging nach New York. Es hängt jetzt im Fogg Museum der Harvard University als Legat von Maurice Wertheim. Das Museum in Lüttich hatte einen Sonderkredit erhalten und erwarb einen Tahiti-Gauguin aus dem Städel in Frankfurt, das »Blaue Haus« von Chagall aus der Kunsthalle Mannheim, das für mich zu dessen schönsten Bildern zählt, sowie Picassos frühes Meisterwerk »Die Familie Soler« aus dem Kölner Wallraff-Richartz-Museum. Kokoschkas »Trancespieler«, das aus dem Museum in Breslau stammte, ging an das Museum in Brüssel. Dr. Othmar Huber aus St. Gallen kaufte die »Absinthtrinkerin« von Picasso, ehemals Hamburger Kunsthalle. Das Bild befindet sich jetzt im Kunstmuseum Bern. Für Basel erwarb Georg Schmidt eine Landschaft von Matisse, die aus dem Folkwang Museum in Essen kam. Schmidt hatte schon zuvor klug und vorausschauend einige Meisterwerke gekauft, allen voran die »Windsbraut« von Kokoschka aus der Hamburger Kunsthalle. So fraglich damals all diese Transaktionen waren, so scheint es aus heutiger Sicht doch vertretbar, daß diese Bilder gekauft wurden, da sie auf diese Weise immerhin vor der Zerstörung bewahrt blieben.

Nach der denkwürdigen Fischer-Auktion kehrte ich nach Amsterdam zurück, um nach dem kleinen Walter zu sehen. Tatsächlich hatte er sich in meiner Abwesenheit zu unser aller Zufriedenheit entwickelt. Er wurde kräftiger, und alles schien auf gutem Wege. Von den politischen Verhältnissen konnte man dies jedoch nicht behaupten. Man hatte das Gefühl, daß der Krieg jeden Tag ausbrechen konnte. Und noch immer waren meine Eltern in Deutschland. Da erhielten wir endlich die sehnlich erwartete Nachricht, daß sie nach St. Gallen ausreisen durften. Feilchen fuhr in die Schweiz, um alles vorzubereiten. Unterdessen spitzte sich die politische Lage immer weiter zu. Truppen wurden an Grenzen verschoben, und Hitler drohte. Auch ich wollte meine Eltern in Empfang nehmen, fuhr in die

Schweiz und kehrte erneut nach Amsterdam zurück. Feilchen blieb in Zürich. Es war ein entsetzliches Hin und Her. Immerhin aber: Meine Eltern waren nicht mehr in Deutschland, meine Eltern waren gerettet.

Wo aber sollten wir bleiben? Wir wußten es nicht. Eines Morgens im August rief mich Feilchen an – was damals ziemlich beschwerlich war, da man andauernd unterbrochen wurde – und fragte mich, was ich nun zu tun gedenke. Es war einer der bedeutsamsten Momente meines Lebens, so schien mir. Plötzlich hatte ich ganz stark das Gefühl, daß ich Feilchen womöglich nie mehr wiedersehen würde, wenn ich jetzt nicht zu ihm führe. Auch war ich eigentümlich sicher, daß dem kleinen Walter in Amsterdam nichts passieren könne. Und der Arzt hatte gesagt, daß man Frühgeburten mindestens ein Jahr lang in Ruhe lassen solle. So beschloß ich, am nächsten Tag den Zug Richtung Schweiz zu nehmen. Es wurde eine unheimliche und außerordentlich beschwerliche Reise. Fortwährend blieb der Zug irgendwo stehen. Man sah Truppentransporte und wußte nicht, ob und wann es weitergehen würde. Als ich schließlich, um viele Stunden verspätet, in Zürich ankam, deutete Feilchen auf einen ausfahrenden Zug und sagte: »Da fährt Grete.« Sie war soeben aufgebrochen und versuchte, in umgekehrter Richtung nach Holland und von dort nach England zu gelangen.

Am Abend desselben Tages dirigierte Toscanini Verdis »Requiem« in Luzern. Für Feilchen gehörte dies zum Höchsten; unbedingt wollte er Toscanini hören. Es war ein bewegendes, unvergeßliches Konzert. Und am nächsten Tag war Krieg.

Von nun an hatte ich nur noch eines im Sinn: Den kleinen Walter zu mir zu holen. Ich setzte alle Hebel in Bewegung; auch Lütjens tat, was er konnte. Doch die Sache war kompliziert, vor allem weil Walter keine Nationalität und keine Papiere hatte. Wir hatten ihn bei seiner Geburt nicht dem deutschen Konsulat gemeldet, so daß es ihn offiziell gar nicht gab. Ich schrieb Briefe auf Niederländisch nach Holland, ohne die Sprache zu beherrschen – während der Jahre in Amsterdam hatte ich nicht für nötig befunden, sie zu lernen. Dieses Manko wurde mir eine Lehre: Als ich nach dem Krieg zum ersten Mal wieder nach Amsterdam zurückkehrte, konnte ich die Sprache fließend und habe es noch heute gern, mich auf Holländisch zu unterhalten. Damals aber, in den ersten Kriegswochen, wäre guter Rat teuer gewesen, wenn sich unsere Freunde nicht so fabelhaft für uns eingesetzt hätten. Roell und Sandberg waren es, die eine Lösung fanden. Sie sprachen mit Vlugt, dem Bürgermeister von Amsterdam, der eine große Persönlichkeit war. Er entschloß sich, das Kind einfach in den Reisepaß unserer Kinderschwester einzutragen und dazu zu schreiben: »Dieses Kind wird in die Schweiz gebracht, wo sich seine Eltern befinden.« Basta. Und tatsächlich haben sich nicht nur die Belgier, sondern sogar die Franzosen mit diesem handschriftlichen Vermerk begnügt; als die Kinderschwester und Lütjens sich im Dezember 1939 mit dem Zug auf den abenteuerlichen Weg Richtung Schweiz begaben, ließen sie die beiden anstandslos mit dem Kind die Grenzen passieren. Auch die Schweizer machten nur ein freundliches Gesicht, als das eigenartige Paar mit dem Baby auf dem Arm an ihrer Grenze Einlaß begehrte.

Je weiter diese Zeit zurückliegt, desto unwahrscheinlicher scheint es mir, daß wir so gnädig durch all diese Fährnisse geschlüpft sind, zumal wir im Grunde keine Vorstellung davon hatten, in welchen Gefahren wir schwebten. Lebhaft spürten wir allerdings schon damals, daß wir Glück gehabt hatten: Walter war bei mir; meine Eltern hatten Deutschland im letzten Moment verlassen können und waren dank der Hilfe Konrad Naegelis in St. Gallen untergekommen; auch Feilchens Eltern waren in der Zwischenzeit aus Holland in die Schweiz gelangt und lebten in Vevey; Grete Ring schien in England in Sicherheit. Von den gefährdeten Personen unseres näheren Verwandten- und Freundeskreises war nur Friedländer noch in Holland, als die deutschen Truppen das Land überfielen. Er mußte, wie alle Emigranten, die Westküste verlassen und nach Amsterdam gehen. Dort holte man ihn wenig später ab. Zunächst brachte man ihn nach Deutschland, und zwar in ein Gefängnis nach Münster. Die Nachricht von Friedländers Verhaftung gelangte bis nach Berlin und kam Göring zu Ohren. Dieser wiederum wußte sehr genau, wer Friedländer war, der – ohne es zu wissen – für Göring zahlreiche Expertisen über alte deutsche und holländische Bilder geschrieben hatte. Ein Fachmann wie Friedländer war selbst für Göring unersetzbar, und so entsandte er einen Gestapo-Mann nach Münster, der den prominenten Häftling freiließ. Als man Friedländer aus der Zelle holte, war er etwas unwillig und sagte dem Wärter: »Können Sie mich nicht endlich einmal in Ruhe schlafen lassen?« Man ließ ihm die Ruhe jedoch nicht, sondern transportierte ihn zurück nach Holland, wo er fortan unbehelligt blieb und den Krieg unbeschadet überstand.

So glücklich dieser Umstand auch war, so sehr gab er für manche nach 1945 Anlaß zum Argwohn. Da mußte doch etwas faul sein, wenn einer zwar abgeholt worden, danach aber wieder frei gekommen war. Als ob es eine Schande wäre, daß Friedländer über eine so große kunsthistorische Bildung verfügte, daß sie sogar Göring schützenswert erschien. Wenn Friedländer später von all diesen Ereignissen erzählte, tat er es mit derselben vornehmen Zurückhaltung, die ihn in allem auszeichnete. Ein leises Schmunzeln entlockte ihm lediglich die Tatsache, daß er in seinem ganzen Erwachsenenleben nur von zwei Menschen geduzt worden war: von jenem Gefängniswärter in Münster und später von meinem zweiten Sohn Konrad, als dieser vier Jahre alt war.

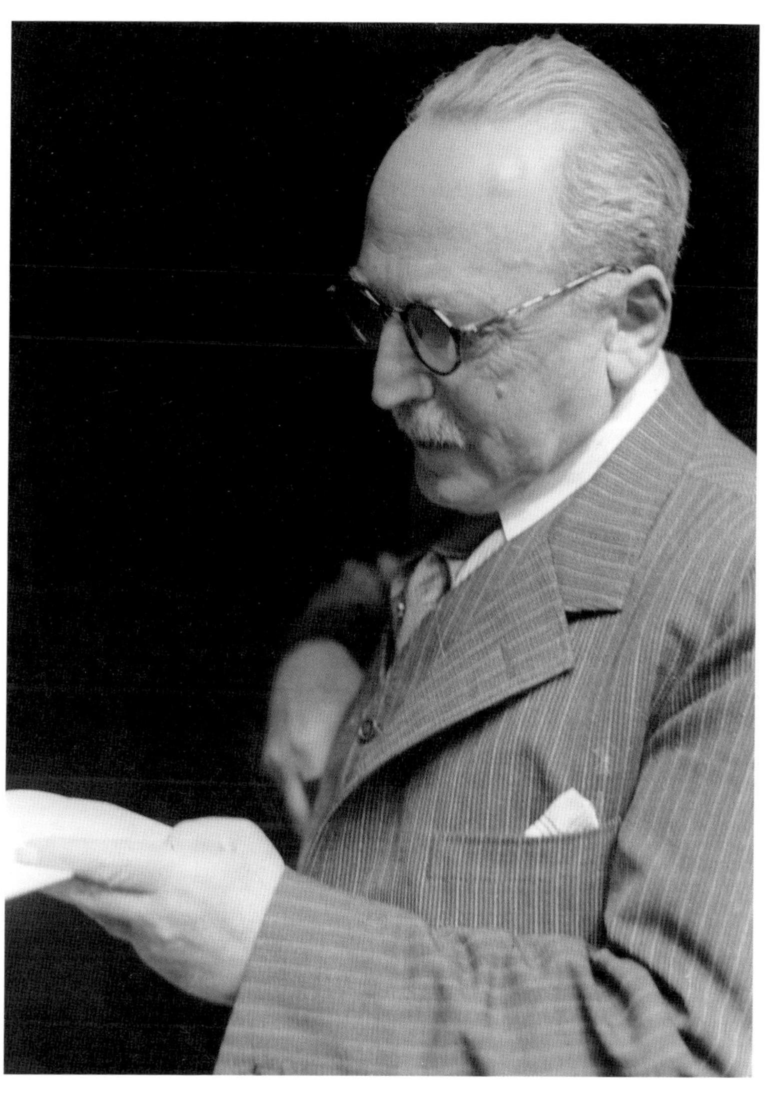

Während des Krieges in der Schweiz

Die Ereignisse des Jahres 1939 – die Geburt von Walter, die unvorhergesehene Übersiedlung in die Schweiz, der Ausbruch des Krieges – bedeuteten das Ende meiner Jugend. Was folgte, war eine Zeit ständiger großer Unsicherheit – nicht nur wegen der kriegsbedingten Bedrohungen, sondern auch wegen der heiklen materiellen Lage. Als Emigrant durfte Feilchen in der Schweiz weder als Kunsthändler noch sonstwie arbeiten. Diese Einschränkung sollte fast ein ganzes Jahrzehnt bestehen bleiben; erst 1948 durfte er seinem Beruf wieder offiziell nachgehen. Dennoch mußten wir ja von irgendetwas leben, und Feilchen hatte sich gegenüber meinen Eltern dafür verbürgt, daß er sie durchbringen würde. Meine Eltern seien meine Mitgift gewesen, scherzte er mitunter, womit er durchaus recht hatte. Denn eigenartigerweise war es in erster Linie die Sammlung meines Großvaters Lessing, die uns half, einigermaßen anständig über die Runden zu kommen. Die Sammlung bestand im wesentlichen aus alten kunstgewerblichen Stücken, die nicht unter die »Reichsfluchtsteuer« gefallen waren, so daß sie mein Vater legal in die Schweiz hatte mitbringen können. Diese alten Möbel, Teller und Vasen, auch kleine Plastiken etc. ließen wir nun nach und nach bei Fischer in Luzern versteigern und lebten davon. Auch wenn ich zum Glück sagen kann, daß wir auf diese Weise keine Not leiden mußten, so entwickelte ich doch – ganz gegen meine sonstige Art – einen gewissen Geiz. Was ich ausgab, war nicht mein, sondern Feilchens Geld, das er schwierig genug erwarb, so daß man damit nicht leichtfertig umgehen durfte. Er hat mich oft genug dafür verspottet, denn er blieb auch in dieser schwierigen Zeit, wie er immer gewesen war: großzügig, umsichtig und vorausblickend, so daß wir von allen wirklichen Härten verschont geblieben sind.

Die Voraussicht sagte uns damals allerdings auch, daß die Situation in der Schweiz rasch prekär werden konnte. Hier war man zwar sicherer als in Holland – das war uns allen klar –, doch wirkliche Sicherheit gab es, wenn überhaupt, nur noch jenseits des Atlantik. Wie aber dort hinkommen? Remarque hatte es mit Marlenes Hilfe noch geschafft; im März 1939 war er in New York angekommen. Seit Kriegsbeginn konnte man mit einer solchen Möglichkeit jedoch kaum noch rechnen. Da kam Feilchen eines Tages angelaufen und erzählte, man könne legale Haitianische Pässe kriegen und über diesen Umweg nach den USA gelangen. Das war im Frühjahr 1940. Nach einigem Hin und Her beschlossen wir, diese Möglichkeit zu versuchen. Die Pässe, das Affidavit und die Schiffspapiere gab es allerdings nicht umsonst, sondern sie mußten bezahlt werden. Man mußte sie aus Irland beschaffen, und das Geld ging an einen Mann von einer Zürcher Bank. Dann kam die Reise nach Genua – von dort sollte unser Schiff gehen. Wie immer mußte man warten; es waren einige Wochen, die wir in Nervi verbrachten. Es wurde Juni, und da trat Italien in den Krieg ein. Auf ein Schiff in die neue Welt brauchte man danach nicht mehr zu hoffen.

So sehr ich erleichtert war, daß das karibische Abenteuer an mir vorüberging und wir in Europa bleiben würden, so schwierig war die Situation damit geworden. Denn nun saßen wir in Nervi fest und konnten nicht mehr einfach in die Schweiz zurück. Es kam ein Telegramm von Marlene Dietrich, ob sie uns irgendwie helfen könne. Auch Rut Landshoff meldete sich in diesem Sinn. Diese berlinische Treue, die ich seit je als etwas Einmaliges empfinde, stärkte zwar unsere Moral, vermochte an unserer Lage jedoch nichts zu ändern.

Da geschah ein weiteres tragisches Ereignis: Feilchens Mutter starb in Vevey. Stadtammann Naegeli erfuhr von unserem doppelten Unglück und war sofort ein zweites Mal bereit, uns zu helfen. Unterstützung kam auch von Kurt Düby, der Anwalt war und alle möglichen Hebel in Bewegung setzte. Wie und mit welchen Gründen die beiden es fertigbrachten, uns eine erneute Aufenthaltsgenehmigung zu verschaffen, weiß ich heute nicht mehr. Tatsache aber bleibt, daß wir in die Schweiz zurückkehren konnten und dort so taten, als seien wir nie weg gewesen. Amtlich hat es unsere Nervi-Haiti-Episode nie gegeben, und so kam ich wieder in St. Gallen bei meinen Eltern unter, während Feilchen sein Zelt wie gewohnt im Zürcher Hotel St. Peter aufschlug. Irgendwie sollte die Schweiz unser Schicksal sein, und ich war jeden Tag meines Lebens glücklich, daß wir wieder hier sein konnten.

Allmählich entstanden gewisse Grüppchen von Freunden und Bekannten, die sich in einer ähnlichen Situation befanden und wiederfanden. Ein Mittelpunkt für alle Freunde waren »Oppis« – Emil und Emmi Oprecht –, bei denen sich alles einfand. Von besonderer Wichtigkeit war außerdem das Schauspielhaus. Dort hatte Maria Becker ihr erstes Engagement. Unvergeßlich die Uraufführung der »Mutter Courage« mit Therese Giehse in der Titelrolle. Sehr gute Freunde wurden in dieser Zeit Kurt und Erika Düby. Er tat, was er als Anwalt tun konnte, um den Emigranten das Leben leichter und erträglicher zu machen. Wir blieben auch über diese schwierigen Tage hinaus eng miteinander verbunden. Oft gesellte sich außerdem eine mir gleichaltrige Engländerin zu uns: Elisabeth Montague, Aristokratin und Mitglied der englischen Armee, für die sie in Frankreich tätig gewesen war. Von dort hatte sie sich in die Schweiz retten können. Inwieweit sie damals noch mit dem britischen Nachrichtendienst zu tun hatte, weiß ich nicht; im »Nebenberuf« war sie jedenfalls Schauspielerin, und ich lernte sie kennen, als sie gerade in einer englischen Aufführung von Shaw's »Candida« mitspielte. Sie wurde eine gute Freundin und blieb es weit über die Kriegsjahre hinaus. Nach dem Krieg zog sie zu Grete Ring und bewohnte in ihrem Londoner Haus ein Zimmer.

Mit dem Kreis der Emigranten in Zürich traf ich allerdings nur sporadisch zusammen. Ich war vorwiegend in St. Gallen, lebte mit Walter in der Wohnung meiner Eltern in der Speicherstraße und harrte der Dinge, die da kommen sollten. Ich habe St. Gallen damals sehr lieb gewonnen; es war eine malerische Stadt mit einem wundervollen Marktplatz, auf dem es den ganzen Krieg über das schönste Obst und Gemüse gab. Selbst die Kunst mußte ich nicht missen, denn der Stadt war soeben die Sturzeneggersche Gemäldesammlung übergeben worden, die im Museum bewundert werden konnte.

Der Anschein einer gewissen Sicherheit, den all dies ausstrahlte, trog jedoch. Mit dem Einmarsch der Deutschen in Frankreich drohte Hitlers Siegeszug unaufhaltsam zu werden. In der Schweiz machte sich beinahe Panik breit; man glaubte, Hitler werde nicht mehr lange mit einem Angriff zögern und auch noch die Schweiz schlucken. Angesichts dieser Gefahr meinten wir, es sei womöglich besser, im Tessin zu sein, wo man es wenigstens mit den Italienern und nicht mit den Deutschen zu tun bekäme. Es dauerte nicht lange, und Feilchen hatte eine Bleibe in Ascona aufgetan. Remarque bot uns an, in seinem Haus in Ronco zu leben, doch da es direkt über dem Wasser lag, schien es uns für den kleinen Walter ungeeignet und gefährlich. So sind wir zunächst in die Casa San Materno gezogen, eine Villa, die der alte Bacharach sich hatte bauen lassen. Wir wohnten dort möbliert zur Untermiete: Feilchen, Walter und ich.

Zu jener Zeit in Ascona zu leben hatte fast etwas Geisterhaftes. Es war dort nämlich – ohne die vielen Touristen – schöner denn je. Seit langem gehörte die Gegend wieder einmal den

Schweizern allein; daneben blieb den wenigen Emigranten jede Menge Platz, sich auszubreiten. Abgesehen davon war es unter der südlichen Sonne auch wärmer und weniger bürgerlich eng als in St. Gallen, so daß man sich fast wie im Ausland fühlte. Man hätte beinahe sorglos werden können, wären da nicht die täglichen Zeitungsmeldungen vom Krieg gewesen. Außerdem kamen immer wieder Leute über die grüne Grenze – Franz Fein zum Beispiel – und erzählten Beunruhigendes genug.

Auch Zürcher Bekannte waren häufig da, allen voran die beiden »Weltwoche«-Redakteure Karl von Schumacher und Manuel Gasser. Aus heutiger Sicht ist kaum noch nachfühlbar, was die »Weltwoche« damals für ihre Leser bedeutete. Jede Woche wurde uns Mut zugesprochen. Schumacher schrieb Leitartikel, die unvergeßlich sind. Er war zwar ein schwieriger und scheuer Mensch, doch für Feilchen ein idealer Gesprächspartner. Die Sympathie beruhte auf Gegenseitigkeit, denn Schumacher erkannte sofort das Ungewöhnliche an Feilchens Wesen und bewunderte ihn außerordentlich. Fast täglich saßen sie Schach spielend und diskutierend zusammen; auch politisch verstanden sich beide sehr gut, so daß sie verschiedentlich darüber nachdachten, nach dem Krieg vielleicht in irgendeiner Weise zusammenzuarbeiten. Geworden ist daraus allerdings nichts.

Gasser wurde dagegen für mich ein idealer Freund und blieb es bis zu seinem Lebensende. Er betreute in der »Weltwoche« die Kunst und Kultur. Seine Beziehung zur Kunst, die er nie gelernt oder studiert hatte, war echt und auf eine sehr einleuchtende Art lebendig. Mit Gasser waren wir – ich erinnere mich dessen noch genau – an einem meiner Geburtstage in Zürich unverhofft bekannt geworden. Feilchen hatte – wie er dies fertig brachte, weiß ich noch heute nicht – eine Gänseleber besorgt und diese in seinem Hotelzimmer zu meinen Ehren zubereitet. Damit hatte es insofern eine spezielle Bewandtnis, als die Leber nach dem Rezept seines Großvaters, des Oberrabbiners Fabian Feilchenfeldt, ausgelassen werden mußte, was in der Tat vorzüglich schmeckte. Wir schickten uns gerade an, diese Delikatesse zu vertilgen, als unter den Gästen plötzlich ein auffälliger junger Mann mit einem weißen Hündchen erschien. Feilchen fragte ihn, was ihn so »moi rien, toi rien« hierherführe, eine Ausdrucksweise, die Gasser so entzückte, daß er tatsächlich mir nichts dir nichts blieb. Bald darauf sahen wir ihn auch in Ascona; nach einem längeren Militärdienst kam er aus der Gotthardgegend zu uns. Es regnete in Strömen, als er plötzlich völlig durchnäßt mit all seinen Militärsachen vor der Tür stand. Gassers und Schumachers Besuche waren für uns immer Ereignisse, die uns glücklich machen konnten, und wir haben viele schöne Abende zusammen verlebt.

Zu unseren Freunden zählte außerdem ein Mann, den wir zunächst nur von ferne kennengelernt hatten. Wenn wir auf irgendeiner Caféterrasse saßen, sahen wir ihn öfters mit wehendem Regenmantel und nebenherlaufendem Hund auf dem Rad vorbeifahren. Ich fand ihn sogleich faszinierend, und man sagte mir, das sei Rosenbaum, jener erfolgreiche Anwalt aus Zürich, der für Bührle den Kopf hatte hinhalten müssen, weil er bei ›non intervention‹ Waffen nach Spanien vermittelt hatte. Für diese Transaktion zugunsten der rechtmäßigen republikanischen Regierung hatte Rosenbaum mit seinem Namen gebürgt. Die Sache war aufgeflogen, bzw. irgend jemand, der auf den brillanten Rosenbaum neidisch war, hatte sie auffliegen lassen. Rosenbaum wanderte ins Gefängnis, verlor sein Anwaltspatent und war von einem Tag auf den anderen ruiniert. Alle dachten, Bührle würde Rosenbaum entschädigen, doch nichts dergleichen geschah. Dies war in kurzen Worten die Geschichte, wie sie erzählt wurde. Ob sie sich tatsächlich so zugetragen hat, weiß ich nicht, denn Rosenbaum hat auch später, als ich ihn gut kannte, nie ein Wort über die Hintergründe der Affäre verloren. Obwohl ihm offenbar flagrantes Unrecht zugefügt und er um seine ganze Existenz gebracht worden war, hat er dagegen nicht angekämpft. Er war ins Tessin gezogen, hauste in einer winzigen Hütte in Porta oberhalb von Brissago und streunte mit seinem Hund durch die Gegend. Eines Tages spielte Feilchen dann mit ihm in einem Café Schach, und so lernten wir diesen ungewöhnlichen Mann näher kennen. Er hatte eigenartige, fast schläfrig wirkende Klappaugen, wie ich sie bei keinem anderen Menschen gesehen habe. Feilchen meinte allerdings, auch Paul Cassirer habe solche Augen gehabt. Auf Frauen übte Rosenbaum eine enorme Ausstrahlung aus – alle waren wie wild auf ihn, rannten ihm die Bude ein, brachten sich seinetwegen um und machten andere verrückte Sachen. Tatsächlich war er auf eine sehr spezielle Art attraktiv. Aus Aline Valangin, seiner früheren Ehefrau, habe ich mir dagegen weniger gemacht. Sie gab sich für mein Gefühl zu souverän, komplett und vollkommen. Immerhin durfte originell an ihr gelten, daß sie – aus Vevey stammend – hintereinander zwei Ehemänner mit Vornamen Wladimir hatte. Der zweite war Wladimir Vogel, der Komponist. Das muß ihr, denke ich, erst mal jemand nachmachen. Im Gegenzug brachte es Rosenbaum übrigens fertig, zwei Frauen aus Vevey zu haben, denn auch Anne de Montez, die er später heiratete, stammte von dort. Mit ihr, die eine reizende Frau war, hatte er dann zwei Kinder.

Damals aber war Rosenbaum noch dabei, sich eine neue Existenz im Tessin aufzubauen. Feilchen dachte, aus ihm würde vielleicht einmal ein richtiger Kunsthändler werden, der auch ins Ausland ginge usw. Es zeigte sich aber, daß Rosenbaum keinerlei Lust hatte, sich aus Ascona wegzubewegen, wo er bald jeden kannte und mit den Menschen sehr gut auskam. Gerade auch zu den einfachen Leuten hatte er einen sehr guten Draht, und es war vielleicht das Bezeichnendste an ihm, daß er mir einmal erzählte, am meisten sei ihm bei der ganzen Affäre

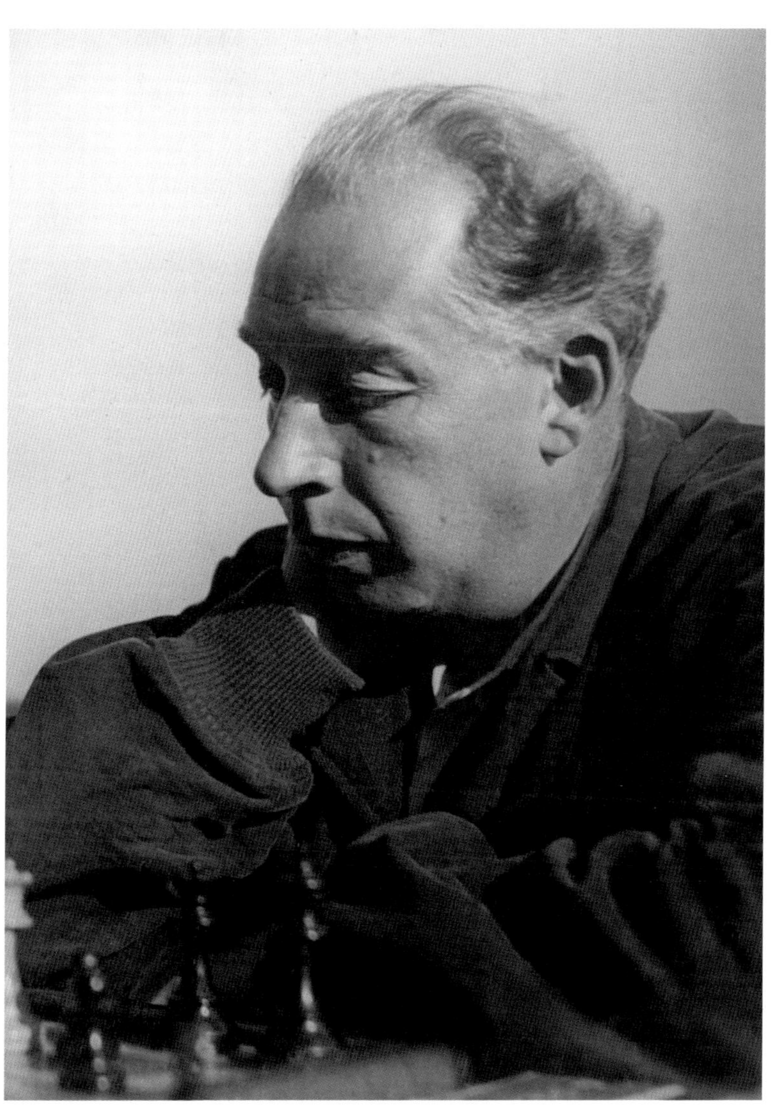

der Umstand nahegegangen, daß man ihn aus der Armee ausgeschlossen hatte. Mich hat dies sehr berührt, denn die einfachen Leute liebten ihn tatsächlich und sahen in ihm, was er in seinem Kern war. Aus diesem Grund hat er auch im Tessin bald gut Fuß gefaßt; ihm vertraute man ohne weiteres alles mögliche an: alte Sachen, Bilder, Häuser usw., und auch wir sind zuletzt über ihn zu unserem Haus in Ascona gekommen.

Begonnen hat alles im Frühjahr 1942, d.h. zu einer Zeit, da man langsam wieder zuversichtlicher zu werden begann. Eine direkte Bedrohung schien für die Schweiz nicht mehr zu bestehen, nachdem Hitler sich gegen Rußland gewandt hatte. Ich erinnere mich noch gut an den Tag, an dem wir vom Beginn des Rußlandfeldzugs erfuhren; da sagte Feilchen nur kurz: »Jetzt hat Hitler den Krieg verloren.« So war es, obwohl es noch Jahre dauern sollte. Immerhin konnte man jetzt langsam Hoffnung schöpfen.

In dieser Stimmung gingen wir eines Frühlingstages spazieren und sahen in einem Geschäft ein blaues Salatbesteck. »Gott, das hätte ich gern«, meinte ich, denn mir erschien dieses Salatbesteck irgendwie als etwas Wunderbares. Feilchen fragte zunächst nur: »Was willst du damit? Für ein Salatbesteck brauchst du eine Schüssel.« Wir wohnten, wie gesagt, damals möbliert und besaßen dergleichen nicht. Dann fuhr er fort: »Für eine Schüssel brauchst du einen Tisch; für einen Tisch mußt du ein Zimmer haben, wo er drin steht. Also ein Haus – wollen wir ein Haus kaufen?« »Nichts lieber als das«, sagte ich. Damit war der Plan gefaßt. Wir waren uns auch sofort einig, daß wir Rosenbaum fragen würden, denn nur er würde etwas finden, was wir annähernd zahlen konnten. Wir baten ihn also, sich nach einer Behausung für uns umzusehen, eine kleine Klitsche würde genügen. Die Idee war tollkühn, denn wir hatten nicht im mindesten das Geld zu dergleichen Plänen. Der Frühling und die aufkeimende Gewißheit, nicht mehr fliehen oder auswandern zu müssen, ließ uns den Gedanken an ein Haus jedoch sehr verlockend erscheinen.

Einige Monate gingen ins Land, und plötzlich rief uns Rosenbaum an. Es war um die Weihnachtszeit. Er habe unser Haus gefunden, sagte er. »Liegt es am See?« wollten wir wissen. »Nein«, antwortete er stoisch. »Hat's einen Garten«, fragten wir weiter. »Nein«, sagte er abermals. »Hat es wenigstens Aussicht?« drangen wir in ihn. »Nicht im mindesten«, bekannte er ungerührt; »kommt nur, kommt nur, ihr werdet schon sehen.« Auch wenn die Sache nicht gerade umwerfend klang, sind wir sofort hingefahren, um zu sehen, was es mit Rosenbaums lakonischen Andeutungen auf sich hatte. Und tatsächlich war das Haus in seiner Art etwas Besonderes: ein altes Gebäude, mitten im Dorf, mit einem kleinen Hof und einem Portico. Nach vorne hin war alles offen, während es sich nach hinten an andere Häuser anlehnte. Obwohl wir keine Ahnung hatten, wie wir es zahlen sollten, haben wir uns sofort entschieden, das Haus zu kaufen. Und in den kommenden Wochen stellte Feilchen einmal mehr seine Gabe unter Beweis, selbst in den unmöglichsten Situationen Geld aufzutreiben. Wir mußten sogar noch die Leute auszahlen, die in dem Haus wohnten, und schließlich alles von Grund auf renovieren. Doch irgendwie brachten wir es fertig – nicht zuletzt durch die Hilfe meines Vaters, der als Architekt über die nötige Erfahrung verfügte, wie man mit solch einem alten Haus am besten umging. Die Umbauarbeiten dauerten zwar eine halbe Ewigkeit – noch herrschte in der Schweiz allgemeine Mobilmachung, und die Arbeiter waren zum großen Teil im Aktivdienst –, im Frühjahr 1944 aber konnten wir einziehen.

Es war gut, daß wir endlich einen festen Platz gefunden hatten, denn unterdessen war ich ein zweites Mal schwanger geworden und die Geburt stand kurz bevor. Im Gegensatz zur ersten Schwangerschaft entwickelte sich alles normal und programmgemäß – ich hatte nur eine Befürchtung: Daß das Kind an Hitlers Geburtstag auf die Welt kommen könnte. Ich sagte dies meinem Arzt, der mir empfahl, nicht an diese Eventualität zu denken, sie würde sonst eintreffen. Ich scheine meine Gedanken jedoch nicht genügend beherrscht zu haben, denn das Kind – wiederum ein Sohn – suchte sich eben doch jenes fatale Datum aus. Immerhin sollte sich herausstellen, daß es Hitlers letzter Geburtstag blieb. Außerdem versuchten wir dadurch einen Gegenakzent zu setzen, daß wir dem Kind die Vornamen unseres großen Wohltäters Naegeli gaben und es Konrad Peter nannten.

Das Kriegsende haben wir schließlich auf eigentümliche Art erlebt. Schon längere Zeit kannten wir den Grafen von der Heydt, der nicht gerade auf unserer Wellenlänge lag, dem in Ascona jedoch nicht auszuweichen war. Er bekundete immer wieder die Absicht, uns mit einem bedeutenden Sammler aus seiner Bekanntschaft in Kontakt zu bringen. Wie sich herausstellte, meinte er Emil Bührle, den Waffenfabrikanten. Im Frühling 1945 stimmte Feilchen einem Treffen schließlich zu, und man vereinbarte einen Termin. Die Wahl fiel auf den 8. Mai. Als das Datum da war, schwiegen an diesem Tag zum ersten Mal die Waffen. Der Krieg war endlich vorbei. Überall läuteten die Glocken. Und Herr Bührle mußte sich gefallen lassen, daß wir vorzogen, die Bekanntschaft mit ihm vorerst zu vertagen.

Nach 1945

Mai 1945 – es war Frieden. Die Gefahr war vorüber; am Anfang war man fast taub vor Erleichterung. Eine große Ungewißheit aber blieb: Was war mit Verwandten und Freunden geschehen, von denen man seit längerem ohne Nachricht war? Lebten sie noch? Hatten sie sich retten können? Unzählige Gerüchte kursierten, und vielfach dauerte es Monate, bis man auf irgendwelchen Wegen Verbindung aufnehmen konnte oder Nachricht erhielt.

Erst nach dem Krieg ist uns in vollem Umfang deutlich geworden, wie ahnungslos wir gewesen waren. Niemand von uns hatte ja – ich sagte dies schon – Hitlers »Mein Kampf« gelesen; daß er die Juden wirklich alle umbringen, ausrotten wollte, war uns unvorstellbar erschienen. Daß Hitler auf einen Krieg zusteuerte, hatte man kommen sehen. Die systematische Vernichtung der Juden aber lag jenseits aller Denkbarkeit. Man wußte, daß es den Antisemitismus gab, man hatte gesehen, wie er täglich schlimmere und gemeinere Formen annahm – ich lebte ja noch bis 1936 in Berlin und habe es miterlebt. Es stand außer Frage, daß man unter diesen Bedingungen Land und Heimat verlassen mußte und daß dies auch das Ziel der Nazi-Politik war. Was dann jedoch die Deportationen und die Lager bedeuteten – das erfuhren wir erst nach dem Kriege. Auch wir hatten geglaubt, man würde die Juden enteignen und sie ›umsiedeln‹, wie es damals hieß. Wir dachten, daß es sich um Arbeitslager handelte – schrecklich genug all das. Aber es war unvorstellbar – und ist es noch immer –, daß unser deutsches Vaterland uns allen plötzlich nach dem Leben trachten und Millionen Menschen umbringen würde. Dabei hatten wir

Hitler und die Nazis zunächst als einen Spuk betrachtet, der bald verfliegen würde.

Um so unwahrscheinlicher ist es, daß wir und fast alle unsere Verwandten davongekommen sind. Niemand von uns ist übrigens geflohen, ich muß das betonen; alle sind regulär ausgereist – meine Eltern allerdings schon unter großen Schikanen. Was die nächste Verwandtschaft betraf, sind wir verschont geblieben.

Nur die jüngste Schwester meines Vaters und ihr Mann Paul Salinger, der frühere Partner meines Vaters, sind nach Theresienstadt deportiert worden und dort, wie es hieß, ›gestorben‹. Und dann gab es noch die furchtbare Geschichte von Feilchens Schwager und dessen Sohn. Dieser Schwager hieß Beck, kam ursprünglich aus Danzig und war der Mann von Feilchens einziger Schwester. Feilchen tat alles, daß sie aus Deutschland herauskonnten. Beck gelang es, nach Prag zu emigrieren, während sein Sohn noch ganz jung nach den Niederlanden ging und dort als Lehrling in einer Druckerei unterkam. Als dic Deutschen kamen, konnte er bei den Eltern seiner Freundin, die sehr mutige, hilfsbereite Leute waren, untertauchen. Das Unglück wollte es jedoch, daß sein Vater unmittelbar vor dem deutschen Einmarsch ebenfalls nach Holland kam. Er hatte schon das Affidavit und die Papiere für die Schiffspassage nach Amerika, wollte aber zuvor noch einmal seinen Sohn sehen. Er erkannte zwar die Gefahr und tauchte ebenfalls sofort unter, nahm sich aber offenbar nicht genug in Acht, so daß er bei einer Razzia verhaftet wurde. Als der Vater ausblieb, meldete sich der Sohn bei der Polizei und ging mit ihm. Der Vater wurde deportiert, während der Sohn noch eine Weile in einem Lager in Holland gewesen zu sein scheint. Dann verliert sich auch seine Spur.

Diese Zusammenhänge haben wir erst nach dem Krieg aus verschiedenen Nachrichten in Erfahrung gebracht. Feilchen besaß noch eine Karte, die der Neffe aus dem Lager geschrieben hat; von diesem letzten Lebenszeichen ausgehend, versuchten wir, Auskunft über sein Schicksal zu erhalten, doch Genaues konnten wir nicht herausfinden.

Mit dieser Karte hatte es noch eine andere, eigenartige Bewandtnis, denn sie erinnert mich an einen Mann, mit dem wir damals in Ascona häufiger zusammentrafen: Oskar Schlag. Er war einer der merkwürdigsten Menschen, denen ich je begegnet bin. Er hatte bei Schrenck-Notzing als Medium gearbeitet und besaß – auch wenn ich vorher nie dergleichen geglaubt hätte – tatsächlich mediale Fähigkeiten. Von seiner Gestalt und seinem Aussehen her machte er im übrigen keineswegs diesen Eindruck, im Gegenteil, er sah aus wie ein bayerischer Bauer. Auch er war, obwohl kein Jude, aus Deutschland emigriert; er ahnte oder wußte wohl, was kommen würde. Wie wir hatte er zu den Leuten gehört, die mit Haitianischen Pässen aus Europa wegzukommen versuchten. Wir sahen ihn ab und zu in Ascona, und als er uns eines Tages besuchte, lag die Karte des Neffen zufällig auf dem Tisch. Feilchen fragte ihn: »Was halten Sie davon?« Schlag schaute kaum hin und sagte nur: »Der ist tot.« Er hatte nicht die geringste Ahnung davon, wer diese Karte geschrieben hatte, und doch stimmte, was er sagte: Der Neffe war tot.

Ich kann nur wiederholen, daß ich nie an hellseherische Fähigkeiten geglaubt habe, doch Oskar Schlag besaß sie. Das Besondere an ihm war jedoch, daß er diese Begabung nicht ausnutzte. Wie Rosenbaum, der seine Suggestionskraft als Redner bewußt nicht einsetzte, weil er sie als etwas Gefährliches erkannt hatte, so machte auch Schlag von seinen medialen Fähigkeiten keinen Gebrauch. Er arbeitete später als Graphologe in Zürich, sagte aber, daß er die Schriften der Kunden eigentlich nie ansehe. Er pflegte das betreffende Schriftstück nur etwas zu zerknüllen und es eine Weile lang in der Hand zu halten. Dann gab er seine Analyse ab. Und dabei war Schlag wirklich kein Scharlatan. Einmal hatte ich beispielsweise den großen Schlüssel von unserem Haus in Ascona verloren, und als ich ihm davon erzählte, sagte er mir sofort, wo ich ihn finden könne. Ich habe auch Türen auf seinen bloßen Willen hin zugehen sehen.

Eines Tages hatte ich mit ihm ein geradezu gespenstisches Erlebnis. Ich las damals gerne die Bücher von Evelyn Waugh und erzählte ihm – Feilchen war auch dabei – von der Geschichte »Mister Lovedays little Outing«. Diese Erzählung handelt von einem Mann, der ein Mädchen vom Rad geworfen, vergewaltigt und umgebracht hatte und dafür ins Irrenhaus gekommen war. Dort führte er sich 20 Jahre lang ordentlich auf, so daß man ihm nach all dieser Zeit eine Uhr schenkte und ihm einen Tag freigab. Als der Mann in die Klinik zurückkehrte, machte er einen ausgesprochen frohgemuten Eindruck und sagte, er habe noch etwas erledigen müssen, nun aber sei er glücklich und zufrieden. Am nächsten Tag stand dann in der Zeitung, daß ein Mädchen vom Rad geworfen, vergewaltigt und ermordet worden sei. Als ich Schlag erzählte, wie sehr mich diese Erzählung beschäftige, merkte ich, daß ich mich plötzlich nicht mehr bewegen, nicht mehr aufstehen konnte. Diese Geschichte war etwas, das Schlag anging und in seine Sphäre hineinspielte, so daß er mich, ohne es zu wissen, mit der Kraft seiner Aufmerksamkeit förmlich hypnotisierte. Feilchen merkte damals sofort, was mit mir geschehen war, und begann, zwischen Schlag und mir auf und ab zu gehen. So hat er den unheimlichen Bann gebrochen, von dem ich nie gedacht hätte, daß es ihn geben könne.

Die unglaublichste Geschichte, die wir damals erfuhren, stand jedoch nicht in Beziehung zu Oskar Schlag, sondern betraf meine Schwester Edith. Mein Glück kannte fast keine Grenzen, als wir wieder von ihr hörten. Edith hatte Deutschland kurz nach meiner Emigration ebenfalls verlassen und war nach Meran gezogen; dort lebte sie als Bewegungstherapeutin, wie man heute sagen würde. In dieser Zeit war in Italien zum ersten Mal eine große Kinderlähmungsepidemie ausgebrochen. Niemand war darauf vorbereitet, so daß die Krankheit die schlimmsten Folgen hatte. Edith begann sich damit zu beschäftigen und brachte es fertig, Kindern wieder das Laufen beizubringen, bei denen dies kein Mensch mehr für möglich gehalten hätte. Sie entwickelte eine spezielle Gymnastik und bewirkte damit wahre Wunder, so daß sie bald im Ruf stand, alle Lahmen wieder gehend machen zu können. Auch einem Kind der Familie Olivetti hatte sie geholfen, die sie dann (und mit ihr noch viele andere Emigranten) schützten, als im Krieg die Verfolgungen und Deportationen begannen. Dann aber passierte es, daß ihr Sohn einigen Gestapo-Leuten in die Arme lief, als er gerade schwimmen ging. Sie stellten fest, daß er sowohl Deutsch als auch Italienisch konnte und fragten ihn, ob er für sie dolmetschen wolle. Er sagte ja, mußte dann aber seine Papiere zeigen. Die Folge war, daß er zunächst in ein Gefängnis nach Turin und anschließend in ein Internierungslager in Südtirol kam. Als Edith davon erfuhr, tat sie, was damals keiner begriff: Sie ging mit. Es war dies schon gegen Ende des Krieges. In jenem Lager trafen sie jedoch Leute, die ihnen halfen, obwohl sie Nazis waren. Sie gaben Edith den Rat, sich – als ob überhaupt nichts wäre – mit ihrem Sohn am letzten früheren Wohnsitz in Deutschland zu melden, und ließen sie ziehen. Tatsächlich befolgten die beiden den Rat und schlugen sich irgendwie bis nach Potsdam durch. Der Sohn kam daraufhin noch in den letzten Kriegstagen in ein Auffanglager an der Elbe, während Edith in einem Rehabilitationszentrum in Potsdam arbeitete. Nach Kriegsende schlossen sie sich unabhängig voneinander einem Treck von befreiten italienischen Kriegs- und Lagergefangenen an, die Richtung Süden zogen. So kam es, daß sich Mutter und Sohn plötzlich gegenüberstanden und verwundert feststellten, daß sie beide überlebt hatten. Nach einigen Wochen erreichten sie schließlich Meran. Ihre alte Haushälterin Mizzi dachte, sie sähe Gespenster, als die beiden unversehrt im Türrahmen standen.

Ich selber habe Edith einige Wochen später wiedergesehen, ohne sie allerdings sprechen zu können. Sie kam nach Brissago, aber die Grenze war noch geschlossen. Weder sie noch ich konnten die Beamten bewegen, uns zueinander zu lassen. So sah ich sie nur in einiger Entfernung jenseits des Schlagbaums stehen, groß und schön: Sie lebte!

Nach diesen Zeiten der Ungewißheit und des glücklichen Wiedersehens begannen sich die Dinge langsam wieder zu normalisieren – dies zumindest in der unzerstörten Schweiz. Für uns stellte sich zugleich die Frage, wie und wo wir neu beginnen sollten oder konnten. In den ersten Monaten nach dem Krieg stand für uns keineswegs fest, daß wir in der Schweiz bleiben würden. Unser Plan war vielmehr, nach England zu gehen, wie wir dies 1938 schon versucht hatten; auch war ja Grete Ring dort. Doch mit unseren Staatenlosenpapieren konnten wir vorderhand nicht reisen. Außerdem war das Londoner Haus, in dem »Cassirer Ltd.« seine Räume hatte, bombardiert worden, so daß sich einstweilen nicht absehen ließ, wie es mit der Firma weitergehen würde. In dieser Situation schien Amsterdam die gegebene Alternative, wo Lütjens unverändert im Cassirer-Haus an der Keizersgracht lebte und die dortigen Geschäfte führte. Als wir 1946 erstmals zu ihm fuhren, merkten wir jedoch schnell, daß die wirtschaftlichen Voraussetzungen in den Niederlanden noch problematisch waren. Außerdem lebten meine Eltern und Feilchens Vater nach wie vor in der Schweiz.

Von diesem Besuch ist mir auch in Erinnerung geblieben, daß Lütjens uns zu Beckmann führte, um zu überlegen, ob

Feilchen ihn in Zukunft vertreten könne. Lütjens verehrte Beckmann sehr und hatte ihn, wie bereits erzählt, lange Zeit im Hause beherbergt. Auch Feilchen achtete Beckmann hoch, spürte aber ein gewisses Unbehagen vor der allzu ernsten Art seiner Kunst. Als wir Beckmann in seinem Atelier besuchten, war von Anfang an Befangenheit in der Luft. Während wir uns die Bilder anschauten, lief er die ganze Zeit nervös herum und summte verlegen vor sich hin. Zuletzt kam Feilchen auch zum Schluß, daß die Sache für ihn nicht ging. Die Bilder waren ihm zu deutsch, zu expressionistisch, und er sagte dies Beckmann in aller Offenheit. Soviel ich mich erinnere, verstand Beckmann dies durchaus und war nicht gekränkt über die Absage, zumal Feilchen vorschlug, daß Lütjens als Direktor der Amsterdamer Firma ihn selbständig vertreten könne. Am Ende kam es jedoch nicht dazu, sondern Valentin meldete sich aus den USA und schloß mit Beckmann einen Vertrag. Im Rückblick betrachtet war dies durchaus das Richtige, denn Valentin verhalf Beckmann in Amerika zum endgültigen Durchbruch, so daß es ein großes Geschäft für beide wurde. Als wir 1950 zum ersten Mal nach New York fuhren, trafen wir Beckmann auf einer Party wieder; er stand etwas verloren herum, weil er fast kein Englisch konnte. Feilchen erging es ähnlich, und so gesellten sich beide zueinander, prosteten sich mit ihren Whiskygläsern zu und riefen immer nur vergnügt: »Sure! Sure!« – dies war dank Karl May offenbar das einzige englische Wort, das sie kannten. Es war ein herzliches Wiedersehen, und wir alle waren fassungslos, als wir wenige Wochen später erfuhren, daß Beckmann kurz darauf gestorben war.

Ende 1947 entschied sich, daß Feilchen in der Schweiz eine Firma gründen durfte. Zwar konnten wir das Geschäft nicht nach Paul Cassirer nennen – Verstorbene waren, wie gesagt, in der Schweiz nicht als Namensgeber von Einzelfirmen zugelassen. Dergleichen erschien uns jedoch unerheblich angesichts der Möglichkeit, endlich den Zustand der Ungewißheit zu überwinden. Feilchen hatte unter der Unmöglichkeit, seinen Beruf auszuüben, jahrelang sehr gelitten; zur Untätigkeit verdammt zu sein, hatte seine Neigung, ins Grübeln zu geraten, mitunter auf problematische Weise verstärkt – zumal er genötigt war, nach außen hin fortlaufend ein »keep smiling« zu bewahren. Nun aber hatten wir endlich eine Zukunft. Feilchen erhielt eine Arbeitsbewilligung und konnte im Schweizer Kunsthandelsverband um Aufnahme nachsuchen. Dieser Antrag war nochmals eine Klippe, mußte man doch mit Vorbehalten, sei es aus Neid oder anderen Gründen, rechnen. Nach einigen sehr warmherzigen Worten von Fritz Steinmeyer stimmten die anwesenden Mitglieder Feilchens Aufnahme jedoch zu. Daß 50 Jahre später unser Sohn Walter Präsident eben dieses Verbandes sein würde, konnten wir uns damals nicht vorstellen; es mag ein Beispiel für die schöne und keineswegs selbstverständliche Integrationskraft der Schweiz sein, der wir viel zu danken haben.

Der Neuanfang wurde zuletzt noch durch ein weiteres Ereignis begünstigt: Wir fanden in Zürich ein Haus, das ganz unseren Wünschen und Vorstellungen entsprach und das bis heute unser Lebensmittelpunkt geblieben ist. Es war ein altmodisches, sympathisches Haus mit schön proportionierten Räumen. Am 5. Januar 1948 sind wir in die Freiestraße 116 eingezogen.

Feilchen war gerade unterwegs, so daß die Einrichtung der Wohnung ganz mir überlassen war. Ich verteilte unsere Möbel ohne große Überlegung in den verschiedenen Zimmern und dachte, all dies würden wir bei Feilchens Rückkehr ja noch ändern. Doch nichts dergleichen geschah; alles blieb fünf Jahrzehnte lang mehr oder weniger am gleichen Ort.

Im Frühjahr 1948 hatten wir zudem keine Zeit zu umständlichen Einrichtungserwägungen. Vom jahrelangen Druck befreit, voller Unternehmungslust und mit ausgeruhtem Kopf stürzte sich Feilchen in die Tätigkeit. Diese frühen Jahre in Zürich zählen zu den aufregendsten Zeiten meines Lebens. Etwas aufzubauen gehört vermutlich zum Schönsten, was es für einen tätigen Menschen gibt. Es kamen Freunde, Kunden und Bilder aus aller Welt. Sogar nach Deutschland sind wir damals schon gefahren. Wir wollten die Ausstellung über den »Blauen Reiter« in München sehen und hätten uns nach der Naziverfolgung nur selber ein zweites Mal bestraft, wenn wir uns diesen Wunsch versagt hätten. Der Eindruck des zerstörten Landes war jedoch deprimierend.

Ein erster Höhepunkt dagegen war, daß Fürst Franz Josef II. von und zu Liechtenstein Feilchen die Altmeisterzeichnungen seiner Sammlung zum Verkauf übergab. Für mich war der Einzug der großen ledernen Liechtenstein-Mappen in die Freiestraße ein Wunder. Diese Blätter hatte seit Jahrzehnten kein Mensch gesehen, und nun lagen sie vor uns auf dem Tisch. Dabei erinnere ich mich, daß die Zusammenarbeit mit dem Fürsten zu Beginn beinahe ins Wasser gefallen wäre. Feilchen hatte nämlich plötzlich Lust verspürt, ins Kino zu gehen, und vergaß darüber völlig, daß der Fürst mit seinen Leuten kam. Er sah sich also in aller Ruhe Oliver Twist an, während bei uns die hohen Herren saßen und warteten. Für so etwas liebte ich Feilchen über alles. Glücklicherweise tat seine Kino-Eskapade der Sache keinen Abbruch, und so sahen wir bald all die großen Sammler bei uns, die sich in der Freiestraße quasi die Türklinke in die Hand drückten. Allen voran kam Frits Lugt, der bedeutende holländische Kenner, der in Paris lebte; dazu Graf Seilern aus London und die amerikanischen Museumskuratoren. Feilchen hatte von Liechtenstein auch noch eine größere Anzahl von graphischen Blättern übernommen, die bei uns gar nicht Platz hatten. Da sich in der Eile nichts besseres finden ließ, mietete er in Kilchberg eine Kegelbahn. An den langen Wänden hingen und legten wir die Blätter aus, die trotz der unkonventionellen Umgebung binnen kurzem verkauft waren. Bei den Zeichnungen ging der erste Verkauf an die CIBA, die eine Gruppe altdeutscher Blätter erwarb; sie wurden dann 1959 dem Kupferstichkabinett des Basler Museums von der CIBA geschenkt.

Einer der tiefen Eindrücke der damaligen Zeit war auch die Bekanntschaft mit Prof. Leopold Ruzicka. Ich werde seinen ersten Anruf bei uns nie vergessen, den zufälligerweise ich entgegennahm. Ruzicka sagte unvermittelt, daß er viel Geld habe und damit wichtige holländische Bilder kaufen wolle, um sie dem Zürcher Kunsthaus zu schenken. Als ich darauf etwas sprachlos war und keine Antwort wußte, sagte er heftig: »Und jedes Wort, das ich sage, ist wahr.« Es war in der Tat so, und das großartige Resultat seines Engagements kann man heute im Kunsthaus Zürich besichtigen.

Dabei fällt mir ein Zwischenfall ein, der sich auf der Vente Schloss am 25. Mai 1949 in Paris abspielte. Die Sammlung Schloss bestand aus holländischen und flämischen Altmeister-Bildern. Als Feilchen und ich das Vesteigerungslokal betraten, war die Auktion bereits in vollem Gange; soeben wurde ein Frauenbild von Cornelis de Vos ausgerufen. Prof. Ruzicka sah uns kommen und winkte freudig – mit dem Erfolg, daß das Bild ihm unversehens zugeschlagen wurde. Ruzicka war etwas überrascht, machte aber, großzügig wie er war, keine weiteren

Umstände. Ich nehme an, daß jenes Frauenporträt noch heute unter den Bildern seiner Sammlung im Zürcher Kunsthaus figuriert.

1950 reisten wir zum ersten Male in die USA. Es mag eigenartig erscheinen, daß Feilchen nicht schon früher nach Amerika gefahren war, doch war er lange Zeit der Ansicht, die neue Welt sei ihm fremd. Remarque, Valentin und andere ermunterten ihn jedoch, sein Vorurteil aufzugeben, und nach einiger Zeit gab Feilchen dem Zureden seiner Freunde nach. Und als wir dann in New York auf der 57th Street standen, war er kaum zu halten. Er wirkte wie das Schlachtroß, das die Trompeten hört. Auf beiden Seiten der Straße und auf mehreren Etagen: überall Kunsthändler, amerikanische und aus Europa emigrierte – es war kaum zu glauben. Wir besuchten einen nach dem anderen, trafen alte Freunde und machten neue Bekanntschaften – man war wie im Rausch. Der Markt war um so vieles größer, als wir es kannten. Von allem gab es mehr, und auch die Qualität dessen, was die Händler anboten, war zum Teil sehr erstaunlich.

Von unseren Freunden hatte besonders Curt Valentin sein Glück gemacht. Die Emigranten, die nach Amerika kamen, hatten überwiegend Bilder von deutschen Expressionisten mitgebracht und ihm verkauft: Kirchner, Barlach, Beckmann, Kokoschka; daneben setzte er sich auch sehr für Klee ein. Diese Künstler stellte er in seiner Buchholz-Gallery aus und verhalf ihnen auf dem amerikanischen Markt zum Durchbruch. Im Gegensatz zu früher verdiente er ganz ansehnlich Geld und war in bester Form. Als wir ihn besuchten, sah Feilchen einen Klee, der ihm ausnehmend gut gefiel, so daß er das Bild kaufte: »Nachts der Mond« hieß das Blatt. Es war wirklich wunderschön. Curt sagte, er würde es uns mitbringen, wenn er nächstens nach Paris komme; jetzt brauche er es noch in seiner Ausstellung. Wir freuten uns darauf, doch als wir Curt wenig später in Europa sahen, gestand er uns verlegen, das Blatt sei verschwunden. Überall habe er gesucht, auch bei Kollegen nachgefragt, die er in der Zwischenzeit besucht hatte – nichts. Er zeigte Feilchen eine Reihe von Photos anderer Klee-Bilder, und obwohl darunter sehr schöne waren, sagte Feilchen immer nur: »Nachts der Mond« und kein anderes. Es dauerte ein Jahr, es dauerte zwei Jahre, doch das Blatt blieb verschollen.

Eines Tages waren Curt und Feilchen bei Kahnweiler in Paris. Man sah Bilder an, Valentin lehnte sich an einen Schrank und hielt sich oben daran fest. Da spürte er etwas, faßte über sich, und es war tatsächlich »Nachts der Mond«. Das Blatt hatte die ganze Zeit auf dem Schrank gelegen, kein Mensch hatte je Staub gewischt oder aufgeräumt, und so hatte es volle zwei Jahre dort geschlummert. Curt muß es wohl seinerzeit beiseite gelegt haben, um es nicht mit Sachen von Kahnweiler zu vermischen, und dann hatten beide das Blatt vergessen. Wir lachten uns halb tot über diesen Fund, nur Kahnweiler fand die Sache überhaupt nicht lustig. Er gehörte leider zu den Menschen, die keinerlei Humor haben, sondern glauben, immer und überall unglaublich seriös sein zu müssen. Wenn auf einem Stück Papier nur ein kleiner Bleistiftstrich von Picasso auszumachen war, so mußte dies gleich mit tiefstem Ernst behandelt werden. Dergleichen fiel uns eher schwer, weswegen wir nie so recht warm mit ihm wurden. Im übrigen kannten wir Kahnweiler recht gut und sahen ihn oft – am häufigsten in Konzerten oder in Theateraufführungen. Er hatte die Angewohnheit, sich immer genau in die Mitte des Saals zu setzen; wo man auch hinkam, leuchtete einem seine Glatze exakt aus dem Zentrum des Zuschauerraums entgegen, als sei dies der Punkt, wo man mit dem Zirkel einstechen müsse.

Einer der besten Freunde, die wir damals unter den Kunsthandelskollegen hatten, war Arthur Kauffmann. Ihn kannten wir schon lange, denn er war vor seiner Emigration nach London Geschäftsführer bei Cassirers Auktionspartner Helbing in Frankfurt gewesen. Kauffmann besaß ein ungewöhnliches Maß an Bildung und Gespür für die Kunst. Sogar für Grete Ring war er eine Autorität, so daß sie ihn immer nur zärtlich »Pappi« nannte und sich oft auf seine Urteile berief. Die ganzen Jahre der Emigration waren wir in Kontakt geblieben und halfen uns gegenseitig mit Hinweisen. Eines Tages rief unser Zürcher Kollege Aktuaryus an und erzählte, Kauffmann sei auf der Suche nach einem Mann, der im 1. Weltkrieg in der gleichen Kompanie gewesen sei wie er und mit dem er sich besonders gut verstanden habe; der Mann sei Kunsthistoriker und überhaupt ein sympathischer Mensch gewesen. Bührle habe er geheißen, und Kauffmann wolle wissen, ob der Zürcher Waffenfabrikant und große Kunstsammler mit dem Gesuchten identisch sei. Feilchen schaltete nicht und meinte nur: »Ach, Quatsch.«

Aktuaryus gab sich damit jedoch nicht zufrieden und rief unseren Zürcher Kollegen Fritz Nathan an. Nathan war hellhöriger als wir, meldete sich bei Bührle und erzählte ihm die Geschichte. Die Folge war, daß Bührle ganz außer sich geriet vor Glück, seinen alten Freund Kauffmann wiedergefunden zu haben. Obwohl Feilchen sonst mit dem sprichwörtlichen Riecher begabt war, hatte er es ein zweites Mal verpaßt, mit Bührle auf vorteilhafte Weise in Kontakt zu kommen. Und dieses Mal war es folgenreich: Denn Bührle machte den Überbringer der freudigen Nachricht zu seinem persönlichen Berater. So war es Nathan, der Bührle in der Folge half, seine bedeutende Sammlung aufzubauen – und nicht Feilchen.

Unsere Kontakte zu Bührle, die sich wenig später ergaben, blieben deswegen mehr sporadischer Natur. Einmal konnte ihm Feilchen jedoch einen lang gehegten Wunsch erfüllen und ein Selbstbildnis von Cézanne vermitteln. Es war Frühling, und wir fuhren im offenen Wagen zusammen Richtung Elsaß, um dort Cézanne fils zu treffen. Alle paar Kilometer deutete Bührle mit ausgestrecktem Arm links oder rechts aus dem Auto und wies voll Genugtuung auf rauchende Schlote. »Weiter so, weiter so!« rief er – die Fabriken gehörten, wie er mit größter Selbstverständlichkeit zu erkennen gab, alle ihm. Es kümmerte ihn dann auch wenig, daß das Cézanne-Selbstporträt – es ist heute in seiner Sammlung zu besichtigen – einen erstaunlich sechsstelligen Betrag kostete. Feilchen und mir erschien die Summe geradezu astronomisch, und wir glaubten, dies werde wohl das teuerste Bild aller Zeiten bleiben. Die Einschätzung erwies sich bald als naiv, und ich habe im Rückblick fast das Gefühl, daß uns damals bei allem, was mit Bührle zusammenhing, das sonst recht verläßliche Gespür verließ.

In einem Fall lag Feilchen jedoch richtig, denn er dachte, daß sich Bührle und Kokoschka gut verstehen müßten, und das taten sie auch. Mit Kokoschka standen wir wieder in nahen freundschaftlichen Beziehungen, seit sein Werk im Frühjahr 1947 in der Kunsthalle Basel und im Sommer desselben Jahres im Kunsthaus Zürich gezeigt worden war. Die Ausstellungen wurden für uns zu einem großen Erlebnis, und Kokoschka selbst war tief beeindruckt, all seine Bilder wiederzusehen. In dieser Zeit fand auch ich zu einer herzlichen, unverbrüchlichen Freundschaft mit ihm. Damals ging Kokoschka mit Olda ins Wallis – nach Leuk, Sitten, Zermatt – und malte. Wie in alter Zeit fing Feilchen an, sein Werk wieder zu betreuen, und wir waren viel zusammen. Da kam Feilchen eines Tages auf die Idee, Bührle vorzuschlagen, sich doch von Kokokoschka malen zu lassen. Die Sache kam zustande, und sowohl Maler wie Modell hatten an der Sache viel Freude. Kokoschka ging zu Bührle ins Büro, und während ihm dieser geduldig saß, kamen immer wieder Arbeiter herein, um dem Chef stolz die neuesten Waffen zu präsentieren. Kokoschka schwärmte jedesmal von den »herzigen Granaten und Kanonen«, die er hatte sehen dürfen, und war von all dem Kriegsgerät augenscheinlich fasziniert.

Eine gewisse makabre Seite war Kokoschka keineswegs fremd, wie auch ich einmal feststellte, als ich mit ihm in Lausanne eine Ausstellung venezianischer Malerei besuchte. Da stand er vor dem Hl. Georg von Carpaccio und konnte sich an den zahlreich herumliegenden Gebeinen und Schädeln gar nicht sattsehen. »Das ist doch herrlich – diese Knochen!«, rief er ein ums andere Mal aus, und in der Tat – er hatte recht. Interessant war für mich auch zu sehen, wie unbefangen er mit den berühmten Werken früherer Kollegen umging und wie intuitiv er ihre Ausdrucksweise erfaßte, ohne sie deswegen kopieren zu wollen. Bei seinem Porträt Emil Bührles verzichtete er denn auch auf martialische Beigaben, sondern stellte ihn ganz friedlich und gewinnend dar. Tatsächlich entsprach dies Bührles Wesen, das an sich keineswegs unsympathisch war.

Als kurz darauf Werner Reinhart in Winterthur ebenfalls ein Porträt wollte, bestimmte Feilchen erneut Kokoschka dafür. Für diese beiden Aufträge hatte Feilchen eigentlich eine Kommission zugut, doch wollte er kein Geld, sondern sagte, Kokoschka solle unsere Söhne malen. Man schrieb das Jahr 1952, und Walter war damals 13, Konrad 8 Jahre alt. Kokoschka hatte seit der Zeit vor dem 1. Weltkrieg keine Kinder mehr gemalt; um so bereitwilliger griff er die Idee auf. Nur eine Bedingung knüpfte er daran: Konrad, der jüngere, dürfe sich nicht die Haare schneiden lassen, solange das Bild entstand. Konrads Haare hatten allerdings – ausschließlich durch meine Unachtsamkeit – damals gerade eine beträchtliche Länge erreicht. Er sah aus wie ein Hippie avant la lettre und mußte erdulden, daß man ihn in der Schule fragte, ob er ein Mädchen sei. Er ertrug es jedoch tapfer, überzeugt von der Wichtigkeit, ein Modell nach Kokoschkas Wünschen zu sein. Dies war nichts geringes, denn Kokoschka hatte es mit der Sache nicht eilig.

Begonnen hatte alles im Frühjahr im Gästezimmer unter dem Dach. Man schleppte zwei Tische hinauf, denn Kokoschka wollte die Buben sitzend darstellen und sie beim Malen in Augenhöhe haben. Die Skizze mit Ölkreide, die bereits die gesamte Anlage des Bildes enthielt, war innerhalb eines Tages fertig. Dann kam die Ausarbeitung. Tage, Wochen gingen ins Land, und noch immer war kein Ende abzusehen. Nach wie vor mußte Walter den Pullover tragen, den er bei den ersten Sitzungen angehabt hatte. Unterdessen war es jedoch Sommer geworden, und in unserem Gästezimmer herrschte brütende Hitze. Also verlegte man die gesamte Szenerie in den Keller. Dort verstrichen nochmals einige Wochen, das Bild wurde immer ›dichter‹, und schließlich erklärte es Kokoschka für vollendet. Die nachdenkliche Heiterkeit, die das Werk ausstrahlt, hat uns seitdem immer von einer unserer Wände entgegengeblickt.

Ungefähr zur gleichen Zeit muß es gewesen sein, daß im Zürcher Kunsthaus eine Ausstellung stattfand, deren innerer Sinn mir damals entging, die für mich jedoch bedeutsam wurde. Die Exponate reichten von gotischen Plastiken bis zu modernen Zeichnungen, ohne daß ich herausbekommen konnte, wie all dies zusammengehörte. Den kleinen Katalog schmückte auf dem Titel Cézannes »Junge mit der roten Weste«. In der Ausstellung hing ein weiterer Cézanne, auf dem nichts anderes zu sehen war als drei Totenköpfe. Ich war vollkommen fassungslos, denn, so eigentümlich dies klingen mag, mir schien das Bild etwas vom Schönsten, was ich je gesehen hatte. Ich fragte Direktor Wehrli, wem dieses wundervolle Bild gehöre, doch er sagte nur: Privatbesitz. Mit diesem Bescheid begnügte ich mich. Anfang 1953 fuhren wir nach Paris, und dort wurde uns plötzlich von den Erben Vollard ein Cézanne-Gemälde mit Totenköpfen angeboten. Ich erkannte es sofort – und Feilchen kaufte es. Wenig später kam das Bild bei uns an. Feilchen und ich packten es aus und schauten es uns lange an. Es war das letzte Mal, daß ich ihn gesehen habe – vor diesem Bild.

Am gleichen Abend fuhr ich mit dem Schlafwagen aus geschäftlichen Gründen nach Paris. Als ich zwei Tage später – es war der 9. Dezember 1953 – zurückkam, war Feilchen tot. Er war am Morgen gestorben. Die Diagnose der Ärzte lautete: Hirnschlag.

Es war unmöglich, diese Nachricht zu fassen. Ich war wie versteinert. Alles schien mit einem Schlag zu Ende.

Was mich hielt, waren zunächst meine Kinder. Walter stand an der Schwelle, erwachsen zu werde. Konrad war noch ganz auf mich angewiesen. Noch heute klingt mir sein fast trotziger Kindersatz im Ohr: »Jetzt stirb aber du nicht auch noch!«

Meine Freunde, Kollegen und Bekannten riefen mich bestürzt an, bekundeten mir ihr Beileid und fragten, was ich mit meinem ferneren Leben nun anfangen würde. Ich wußte es nicht. Es war ein so plötzlicher Abschied gewesen, und es dauerte eine Zeitlang, bis ich etwas geordneter nachdenken konnte. Immer wieder fragte ich mich nach den Gründen für diesen frühen Tod.

Denn Feilchen war nicht der einzige seiner Generation, der in dieser Zeit plötzlich starb. Im Jahr zuvor hatten wir Emil Oprecht verloren, ein Jahr jünger als Feilchen. Auch Grete Ring war 1952 einer langen schweren Krankheit erlegen; Kurt Düby war schon seit 1951 tot. Mir scheint, sie alle wurden mit einer Verzögerung weniger Jahre Opfer der widrigen Zeitumstände während des Krieges, wo sie fortlaufend gegen die Ungewißheit, die vielen kleinen Schikanen, Bedrohungen und Fesseln hatten ankämpfen müssen. Und was am meisten an den Kräften gezehrt hatte, war wohl jenes »keep smiling«, das bei allem bewahrt werden mußte. Ich glaube, daß diese andauernde Anstrengung über Feilchens Kraft ging und daß sein Tod eine Art Tribut dafür war. Wenn ich aus dem Abstand von fast 50 Jahren zurückblicke, so will mir scheinen, daß es für all dies auch Anzeichen gegeben hat, die ich damals nicht sah oder verstand. Feilchen hatte sich in jener Zeit verändert; er war in meinen Augen verletzlicher, empfindlicher geworden, und ich hatte die Sicherheit verloren, mich fraglos auf seine Gesundheit zu verlassen. Ich tat für ihn, was ich konnte, liebte ihn mehr denn je, aber es war eine leichte, skeptische Melancholie in diese Liebe getreten, deren Bedeutung ich erst heute erkenne. Doch was hätte mir diese Ahnung damals genützt. Ich war erst 44 Jahre alt und hatte nicht einmal die Hälfte meiner Lebenszeit erreicht.

Vor allem Remarque und Kokoschka bewährten sich in dieser Zeit als Freunde. Remarque rief mich jeden Abend an, versuchte mich zu trösten und beschwor mich, nicht in Verbitterung zu verfallen. Wir sprachen darüber, was ich tun sollte, und er bestärkte mich in der Absicht, den Kunsthandel weiterzuführen. Auch Kokoschka ermunterte mich nachdrücklich dazu und versprach, mir Bilder dafür zu geben, was er dann auch tat. Die größte Stütze war jedoch Lütjens, der keinen Zweifel daran ließ, daß er mir in allem zur Seite stehen würde.

Dennoch war es wohl die schwerwiegendste Entscheidung, vor der ich je gestanden bin. Nach und nach wurde es für mich zur Gewißheit, daß ich eigentlich gar keine andere Wahl hatte. Ich liebte die Kunst und die Beschäftigung mit ihr. Ich wollte Feilchen, der nicht mehr da war, keine Schande machen, keine brutta figura abgeben. Hauptsächlich aber hatte ich das Bedürfnis, für die Familie zu sorgen und meinen Söhnen weiterhin ein vernünftiges Leben zu bieten. Und so wurde aus mir eine Kunsthändlerin, was damals sehr neuartig war. Es gab kaum eine selbständige Frau, die sich in diesem Bereich mit wirklich qualitätvollen Bildern beschäftigte, doch ich fühlte den Wunsch, Feilchens Werk in gleicher Weise weiterzuführen. Was das Geschäftliche anbelangte, war ich noch sehr ahnungslos und geriet als reiner Amateur in die Dinge hinein. Letzten Endes gab es jedoch nur die eine wesentliche Frage: Ob ich Mitleid wollte oder ob ich die Herausforderung annahm, eine ernstzunehmende Geschäftsfrau zu werden. Ich entschied mich, das letztere zu versuchen.

Mein erster Besucher an der Freiestraße nach Feilchens Tod war Bührle. Kurz zuvor hatte er mit Feilchen noch verschiedene Probleme diskutiert. Er kam, stellte einige Werke zusammen, die ihn interessierten, und fragte zuletzt nach dem Preis. Ich nannte ihm den Betrag. Darauf sagte er mir die unvergeßlichen Worte: »Frau Feilchenfeldt, wollen Sie, daß ich mit Ihnen Mitleid habe, dann zahle ich den Preis. Oder wollen Sie, daß ich Sie ernstnehme, dann handle ich mit Ihnen.« – »Dann handeln Sie«, antwortete ich. Daß Bührle die beiden Alternativen so klar benannte, hat mir den Weg gewiesen. Es war von ihm eine unglaublich liebenswürdige Geste, die mir mehr half als jeder gutgemeinte Ratschlag.

Zu den unerwarteten hilfreichen Erlebnissen dieser Zeit zählt auch ein Anruf von Maurice Renou aus Paris. Er besaß eine Galerie am Faubourg St. Honoré und war schon ein älterer Herr, als ich ihn einige Jahre zuvor kennenlernte. Mit seiner rundlichen Figur erschien er mir wie eine Figur aus Balzacs »Comédie Humaine«, die ich immer wieder von neuem las. Renou stammte aus einer Familie, die gar nichts mit Kunst zu tun hatte; der Vater war ›fonctionaire‹ gewesen, eine Tätigkeit, die für mich allerdings undurchschaubar blieb. Renou war es zum Schicksal geworden, daß man ihn in jungen Jahren aus gesundheitlichen Gründen an die Côte d'Azur geschickt hatte. Das Haus in der Nähe von Cagnes, in welchem er zufällig landete, grenzte an den Garten eines anderen, und über den Zaun hinweg machte Renou bald die Bekanntschaft seiner Nachbarn. Sie baten ihn zu sich hinüber, und es stellte sich heraus, daß das Grundstück niemand anderem als Auguste Renoir gehörte, den Renou auf diese Weise kennenlernte. Renoirs Söhne wurden seine engen Freunde, und er verbrachte fortan sein Leben damit, Bilder von Renoir zu verkaufen. Den Sohn von Cézanne lernte er wenig später auf ähnliche Weise kennen, so daß auch Werke von Cézanne von da an durch seine Hände gingen. Das wichtige teure Selbstbildnis der Sammlung Bührle, von dem oben schon die Rede war, verdankt sich beispielsweise seiner Vermittlung. Über diese und andere Geschäfte kannten wir uns, doch nie hatte ich realisiert, daß wir darüber Freunde geworden waren. Um so tiefer war ich berührt, als Renou mich wenige Tage nach Feilchens Tod spät am Abend anrief und mir sagte, daß ich den Kunsthandel unbedingt weiterführen müsse. Er schloß damit, daß er mir voll Anteilnahme zurief: »On vous aidera, on vous aidera!« Ein ganz fremder Mensch, durch und durch Franzose, und plötzlich merkte ich: ein wirklicher Freund. In den folgenden Jahren bin ich oft in seiner Galerie gewesen und habe danach bei ihm und seiner Frau zu Mittag gegessen. Wir gingen zusammen den Weg vom Faubourg St. Honoré in die Rue Washington, um dort Fleisch, Salat und Gemüse einzukaufen. Renous »femme de ménage«, meist in einer Alkoholwolke stehend, bereitete all dies trefflich zu, und wir hatten manche gute Stunde miteinander.

Auch von meinen Zürcher Kollegen Kurt Meissner und Fritz Nathan, mit denen wir zuvor schon oft zu tun gehabt hatten, erfuhr ich viel Hilfe und Ermutigung. Ihre Haltung übertrug sich auch auf den Schweizer Kunsthandelsverband, bei dem ich freundlich, wenn auch zunächst ein wenig distanziert aufgenommen wurde. Die Vorbehalte, sofern sie überhaupt bestanden, legten sich aber bald.

Die Art und Weise, in der ich nun zu arbeiten begann, war von ganz einfachen Grundsätzen bestimmt. Ich kaufte nur, solange das Geld reichte. Nach den Schwierigkeiten, in die Feilchen mit der Sammlung Gallimard geraten war, hatte er sich zur Regel gemacht, nicht auf Kredit zu kaufen, eine Vorsichtsmaßnahme, die auch ich übernahm. Ich ließ mich deswegen allerdings nicht dazu verleiten, mit zweitrangigen Stücken mein

Glück zu versuchen. Vielmehr bemühte ich mich darum, nur das Beste zu kaufen, das natürlich teurer war als das Zweitbeste, das aber zuletzt doch immer zu einem guten Ende führte.

Außerdem erinnerte ich mich daran, wie Feilchen einmal fast streng gesagt hatte: »Jeder Bilderkauf und -verkauf muß so abgewickelt werden, daß alle Beteiligten zufrieden sind: der Käufer und der Verkäufer, der Experte und der Vermittler – es muß allgemeine Zufriedenheit herrschen.« Auch diese Lehre versuchte ich zu befolgen. Tatsächlich glaube ich heute, daß ein Geheimnis des Erfolgs in eben jener Kunst liegt, bei allen Beteiligten das Gefühl entstehen zu lassen, mit dem Kauf oder Verkauf genau das Richtige getan zu haben. Dies mag einfach klingen, bedarf aber meist eines ungewöhnlichen Maßes an Geschick, Feingefühl und Nachsicht. Wie oft sollte mir noch der prägnante Satz im Ohr klingen, den ich viele Jahre zuvor aus dem Munde des hochverehrten Professors Heinrich Wölfflin gehört hatte und den man als Motto über den gesamten Kunsthandel stellen könnte. Als er einst seine frühere Schülerin Grete Ring in der Galerie Cassirer besuchte, sagte er plötzlich: »Also, Sie beschäftigen sich damit, Leuten Bilder abzukaufen, die sie nicht hergeben wollen, und sie dann anderen zu verkaufen, die sie nicht haben wollen. Das haben Sie nicht bei mir gelernt.« Obwohl die Zeiten sich geändert haben, ist doch immer noch viel Wahres an diesem Ausspruch. Selbst leidenschaftliche Sammler mußten oft mit viel Mühe zu einem Ankauf überredet werden, und vielleicht ist es einer der Gründe für das immer stärkere Aufkommen der Auktionshäuser, daß dort der Käufer, wenn er einmal den Finger gehoben hat, nicht mehr zurück kann.

In einem Punkt aber wird eine Kunsthandlung wie die unsrige immer im Vorteil bleiben: im persönlichen Kontakt, in der fachlichen und menschlichen Verläßlichkeit. Aus Kunden werden Freunde und aus Freunden Kunden – dies war mehr als ein bloßer Wunsch: Es ist eine Erfahrung, die ich in all den Jahren häufig machen durfte. Allerdings gibt es dafür eine unerläßliche Voraussetzung: Daß Bilder nicht als bloße Objekte des Geschäftemachens und Geldverdienens behandelt werden, sondern daß die Qualität des Kunstwerks uneingeschränkt im Vordergrund steht. Ich glaube, daß in diesem Punkt zwischen mir und meinen Kunden immer Einigkeit herrschte. Wenn ich kaufte, war jedenfalls die Qualität und die Stärke meines Wunsches, das betreffende Bild zu besitzen, immer das einzig Ausschlaggebende. Und so erwarb ich schon zu Beginn in aller Unbefangenheit die damals besten, teuersten Bilder und fühlte, wie sehr mich das beglückte. Nach einiger Zeit spürte ich auch den Respekt der Umwelt, der mich ebenfalls erfreute.

Es wird immer wieder gesagt, ich sei die erste selbständige Kunsthändlerin gewesen. Dies stimmt nur für die ersten Jahre nach Feilchens Tod. Schon 1966 trat mein Sohn Walter in die Firma ein, nachdem er in Zürich Nationalökonomie studiert und in London erste Erfahrungen im Kunsthandel gesammelt hatte. Mit ihm zusammen nahm ich 1978 an der Hirsch-Auktion in London teil, die zu einem Höhepunkt meines kunsthändlerischen Lebens wurde. Wir hatten den Auftrag, altdeutsche Zeichnungen für verschiedene deutsche Museen zu kaufen und konnten uns gegen alle Konkurrenten durchsetzen. Walter bot an meiner Seite für das bekannte Dürer-Aquarell, das heute im Besitz der Kunsthalle Bremen ist, den atemberaubenden Betrag von 640'000 englischen Pfund, damals der höchste Preis für ein Werk auf Papier. Für diesen Zuschlag kamen wir sogar samt Photo auf die Titelblätter der englischen Boulevard-Blätter. Doch Kühnheit gehört dazu, wenn man den Beruf des Kunsthändlers auf hohem Qualitätsniveau ausüben will. Im übrigen darf ich mich diesbezüglich auf keinen geringeren als Goethe berufen, der zu Eckermann gesagt hat: »Die Berliner sind ein verwegener Menschenschlag.« Und da ich trotz meiner neuen

Zürcher Heimat und der 1957 erfolgten Einbürgerung in die Schweiz mich noch immer als Berlinerin fühle, glaube ich, daß etwas von dieser Verwegenheit in mir lebendig geblieben ist.

Nach dem Höhepunkt der Hirsch-Auktion beschloß ich, in die zweite Reihe zurückzutreten und meinem Sohn Walter die Geschäfte verantwortlich zu übergeben. Daß ich mit ihm bis zu meinem 90. Lebensjahr in bestem Einvernehmen zusammenarbeiten und ihm beratend zur Seite stehen konnte, gehört zu den großen Glückserfahrungen meines Alters. Daneben durfte ich verfolgen, wie mein zweiter Sohn Konrad Literaturprofessor in München wurde und sich heute eines hervorragenden Rufs als Wissenschaftler erfreut. Beide Söhne bescherten mir je zwei entzückende Enkelkinder und zuletzt erlebte ich sogar das seltene Glück, Urgroßmutter zu werden.

Um auf den Kunsthandel zurückzukommen, so möchte ich zum Abschluß Kurt Kusenberg zitieren, der einen geistreichen Essay über dieses Metier mit den Sätzen schloß: »Der Kunsthandel ist ein schöner Beruf, mit einem Stich ins Höhere; von Ästhetik und Bankkrediten unterbaut, eröffnen sich ihm unbegrenzte Möglichkeiten, auch in der Fehlspekulation. Gute Verbindungen sind alles. Die beste Verbindung ist die mit dem Glück.« Auch wenn das Alter jenseits der 90 Jahre seine prosaischen Seiten hat, so darf ich zum Glück doch dankbar sagen: Es war mir gewogen.

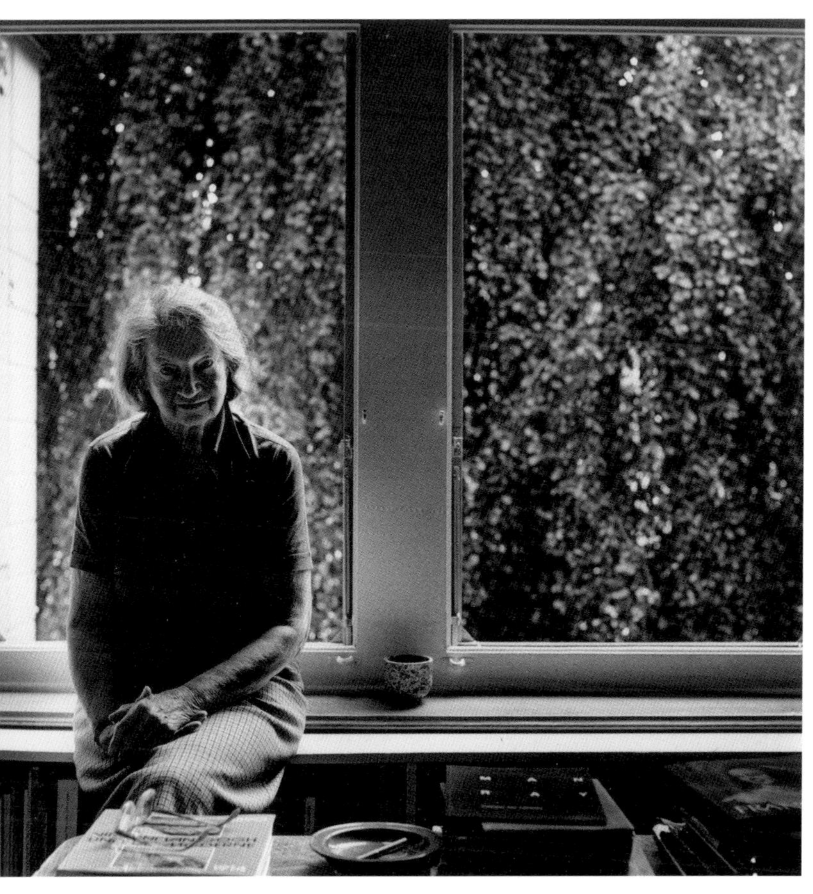

Nachbemerkung

Es war der Wunsch unserer Mutter, Marianne Feilchenfeldt, geborene Breslauer, ihre Lebenserinnerungen zu verfassen, um sie an ihre Freunde zu schicken. Alle, die sie in ihrem letzten Lebensjahr begleitet haben, wußten von diesem Projekt und warteten mit Spannung auf die Fertigstellung.

Daß es dazu kam, verdanken wir Bernhard Echte, der aus ihren Interviews, Texten und Vorträgen ein Manuskript erstellte, das sie intensiv mit ihm durchgearbeitet und autorisiert hat. Behilflich war auch Eva Maria Adam, die unsere Mutter im letzten Lebensjahr nicht nur betreute, sondern auch Texte von ihr diktiert erhielt.

Marianne starb am 7. Februar 2001. Am nächsten Morgen fanden wir im Briefkasten das vollständige Manuskript. Gemeinsam brachten wir es in die jetzige Form und gaben es zu Weihnachten 2001 als Privatdruck heraus.

Bis heute werden wir immer wieder auf das Buch angesprochen, so daß wir uns entschlossen haben, es anläßlich des 100. Geburtstags unserer Mutter in einer öffentlichen Ausgabe vorzulegen. Der Text blieb dabei unverändert, nur einige kleinere Fehler wurden korrigiert.

Da das Bild eine wesentliche Rolle im Leben von Marianne spielte, haben wir dem Buch eine Reihe ihrer Photos beigegeben, die in enger Beziehung zum Text der Einnerungen stehen.

Zürich, im August 2009

Walter und Konrad Feilchenfeldt

Abbildungsverzeichnis

Das Register erfaßt Eigennamen sowie Titel von Periodika. Fett gedruckte Ziffern verweisen auf Abbildungen, Ziffern in Klammern auf indirekte Nennungen.

Inhalt

Der Text dieses Buches wurde auf der Basis von
Aufzeichnungen, Artikeln und Interviews
zusammengestellt und redigiert
von Bernhard Echte

Vierte Auflage 2012
NIMBUS. Kunst und Bücher AG
Villa zum Abendstern, CH 8820 Wädenswil

Druck: AZ Druck und Datentechnik, Kempten
ISBN 978-3-907142-80-6
Printed in Germany